PRE-FAMINE IRISH SPEAKING BY DISTRICT ELECTORAL DIVISIONS

ULSTER AND COUNTY LOUTH

Based on 1911 population aged 60 and over

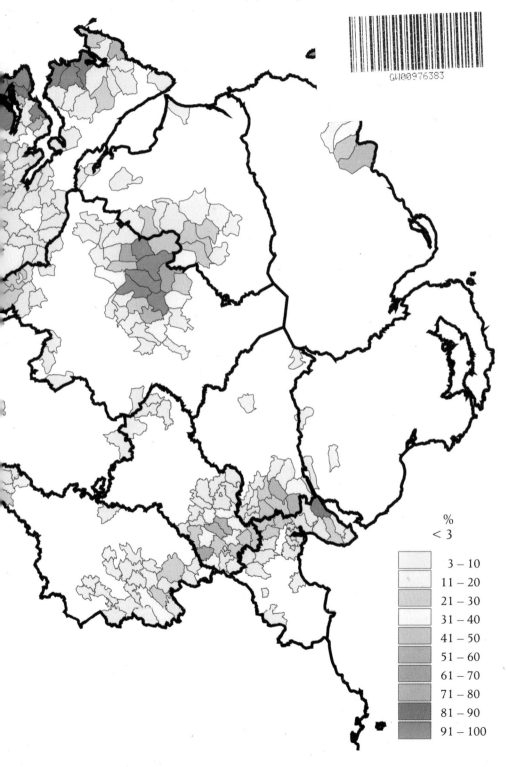

%
< 3

	3 – 10
	11 – 20
	21 – 30
	31 – 40
	41 – 50
	51 – 60
	61 – 70
	71 – 80
	81 – 90
	91 – 100

ULSTER GAELIC
VOICES

A Mhaolcholaim Dhil

le mórmheas

Róise

Ar tosach | Front row: Pádraig Ó Gallchobhair, Máire Nic Daibhéid (Tír Eoghain)
Sa chúl | Back row: Séamus Ó Néill, Micheál Ó Briain, Karl Tempel, Myles Dillon.

ULSTER GAELIC VOICES

Bailiúchán Wilhelm Doegen 1931

Eagarthóir | Editor
RÓISE NÍ BHAOILL

IONTAOBHAS ULTACH | ULTACH TRUST

Buíochas

Tá mé buíoch as cuidiú na ndaoine agus na n-eagras seo a leanas agus mé ag ullmhú an leabhair agus na ndlúthdhioscaí: Ciarán Ó Duibhín, Harry Bradshaw, Donnchadh Ó Baoill, Sorcha Nic Lochlainn, Acadamh Ríoga na hÉireann, Roinn Bhéaloideas Éireann, Tionscadal Logainmneacha Thuaisceart Éireann agus mo chomhghleacaithe Aodán, Gordon agus Dáithí as a gcomhairle agus a dtacaíocht.

Mo bhuíochas do Garret FitzGerald as cead a thabhairt an léarscáil atá ar an bhileog cheangail a úsáid.

Céad fhoilsiú | First published in 2010

Iontaobhas ULTACH | ULTACH Trust
6–10 Sráid Liam | William Street
Ceathrú na hArdeaglaise | Cathedral Quarter
Béal Feirste | Belfast
BT1 1PR
www.ultach.org

© Téacs | Text, Róise Ní Bhaoill
© Taifeadtaí | Recordings, Acadamh Ríoga na hÉireann | Royal Irish Academy

ISBN 978-0-9555081-1-0
Ulster Gaelic Voices: Bailiúchán Doegen 1931

Dearadh | Design: Dunbar Design
Clódóir | Printer: Nicholson & Bass

Faigheann Iontaobhas ULTACH tacaíocht ó Fhoras na Gaeilge

Clár | Contents

Réamhrá | Introduction

Dún na nGall | Donegal

Tír Eoghain | Tyrone

Lú | Louth

Aontroim | Antrim

Cabhán | Cavan

Ard Mhacha | Armagh

Doire | Derry

Réamhra | Introduction

An Ghaeilge i gCúige Uladh

Tá scagadh domhain déanta ag scoláirí éagsúla ar na próisis sóisialta agus stairiúla a ba chúis le meath na Gaeilge. Déanann an réamhrá seo forbhreathnú ar na próisis sin agus ansin scrúdú níos mine ar chuid den taighde a rinneadh ar na sonraí atá le fáil faoin Ghaeilge idir 1771 agus 1911 i réimse daonáirimh. Leagtar béim ar leith ar dhaonáireamh 1911.

Forbhreathnú

Diomaite de Laidin na hEaglaise, níl fianaise againn ar theanga ar bith eile ach an Ghaeilge i stair luath na hÉireann. D'fhág na Lochlannaigh a lorg féin ar an teanga i bhfoirm iasachtaí cosúil le *bád, stiúir, dorg, pingin, scilling,* agus i ndornán logainmneacha macasamhail 'Strangford', 'Waterford' agus 'Limerick', ach níor mhair an teanga a bhí acu mar urlabhra pobail in Éirinn.

Bhí tionchar i bhfad níos díobhálaí ag na hAngla-Normannaigh ar an Ghaeilge. Cé gur ghlac siad leis an Ghaeilge agus le cuid mhaith de ghnásanna agus chleachtais shóisialta na nGael, ba iadsan a chuir tús le próiseas sa 12ú haois a dhéanfadh athrú buan ar phatrún úsáidte na Gaeilge in Éirinn. Tugadh isteach an Laidin agus an Fhraincis mar theangacha riaracháin agus rialachais sna háiteacha a bhí faoina smacht, rud a rinne imeallú ar an Ghaeilge in eochair-réimsí poiblí. Tháinig laghdú ar úsáid na Gaeilge i measc na n-ord rialta chomh maith nuair a rinneadh athstruchtúrú ar an Eaglais in Éirinn, rud a thug buille trom eile do stádas na teanga. Cé gur cosúil gur úsáideadh an Ghaeilge go

The Irish language in Ulster

The social and historical processes which contributed to the decline of the Irish language are well documented. This introduction provides a general overview of those processes and examines in more detail some of the research carried out on data available on the Irish language in Ulster from a range of censuses for the period 1771 to 1911, with particular emphasis on the 1911 Census.

Overview

With the exception of the Latin of the Church, there is no record of any language other than Irish in the early historical period in Ireland. The Vikings influenced Irish largely in terms of borrowings such as *bád*/boat, *stiúir*/rudder, *dorg*/fishing, *pingin*/penny, *scilling*/shilling and in placenames such as Strangford, Waterford and Limerick, but their own language did not survive as a community language in Ireland.

The Anglo-Normans had a much more detrimental impact on the Irish language. Although they adopted the language and many of the social customs and practices of the native Irish, they began a process in the 12th century which would permanently change patterns of language use in Ireland. Latin and French became the languages of administration and governance in areas under their control, which effectively marginalised Irish in key high-status domains. The restructuring of the Church in Ireland also led to the reduction in the use of Irish within religious orders, dealing yet another blow to the status of the language.

leitheadach i measc na nAngla-Normannach, ba í an Fhraincis, agus ansin an Béarla, a bhí in uachtar i measc uasaicmí na mbailte móra agus dá réir sin, i lárionaid na cumhachta. Fá dheireadh an 16ú haois tuigeadh go maith gur ag an Bhéarla a bhí an gradam agus an caipiteal cultúrtha.

De thoradh fhorlámhas Shasana, go háirithe i dtréimhse na dTúdarach agus na Stíobhartach, bhí dlíthe na hÉireann á scríobh i mBéarla agus an tír a riar sa teanga sin. Lena chois sin, i ndiaidh an Reifirméisin, tháinig aicme eile riarthóirí chun tosaigh, na Nua-Ghaill, nach raibh meas dá laghad acu ar an Ghaeilge nó ar chultúr na nGael. De réir mar a rinneadh lárnú ar riarachán na tíre, chuaigh an dlúth-cheangal idir, ar thaobh amháin, an Béarla agus ceantair uirbeacha na cumhachta, agus ar an taobh eile, an Ghaeilge agus ceantair scoite tuaithe i dtreise. Ba é an Béarla a chaomhnódh stádas sóisialta na hard-aicme, agus ba é teanga na soghluaiseachta sóisialaigh é. Tháinig cúlú suntasach ar an Ghaeilge i measc na hard-aicme sa tréimhse seo. Bhí an Ghaeilge ag meath ón bharr anuas. Tháinig athrú ar an chianchleachtas a bhíodh ag na Taoisigh Gaelacha a gcuid páistí a chur ar altramas chuig teaghlaigh Gaelacha áitiúla agus thosaigh siad á gcur go Sasana le hoideachas a fháil. Lena chois sin, tháinig plandóirí nach raibh Gaeilge acu chun na tíre ar cuireadh, rud a d'fhág gur lonnaigh an Béarla i gceantair straitéiseacha ar fud na tíre agus gur fágadh Béarla ag réimse níos leithne aicmí sóisialta.

D'ainneoin na n-athruithe suntasacha sin, mhair na dámhscoileanna ina mbíodh filíocht, stair, ginealas, dinnseanchas agus a leithéid á dteagasc go dtí an chéad leath den 17ú haois. Bhí na scoileanna go fóill faoi phátrúnacht chéimlathas theaghlaigh áirithe, idir Ghaeil agus Angla-Normannaigh, rud a d'fhág réimse tábhachtach ard-stádais ag an Ghaeilge in áiteanna éagsúla ar fud na tíre. Cé nach raibh ach iarsma den aicme léannta phroifisiúnta sin fágtha faoi 1700, leanadh den chóipeáil ar lámhscríbhinní agus de chumadh na filíochta ar feadh céad go leith bliain ina dhiaidh sin. Ach de réir mar a bhí an 18ú haois ag dul isteach, gurbh amhlaidh a ba mhó a bhí stádas phobal na Gaeilge ag meath. Thiontaigh cuid mhaith acu sin a raibh uaillmhianta sóisialta – agus an deis – acu ar an Bhéarla. Mhair an patrún sin isteach san 20ú

It also appears that although there was widespread use of Irish among the Anglo-Normans, French, and later English, were the languages of choice among the upper classes in cities and towns, and therefore in the centres of power. By the end of the 16th century, the prestige and cultural capital associated with the English language was well-established and understood.

As a result of the domination of the English, particularly during the Tudor and Stewart periods, English became the language of law and administration in Ireland. Moreover, following the Reformation, a new class of administrators was introduced, who showed little respect for, or appreciation of, the Irish language or culture. As the administration of the country was increasingly centralised, the English language became more and more associated with urban centres of power and the Irish language with marginalised rural environments. English maintained the social status of the upper classes and was *the* language of social mobility. There was a substantial decrease in the use of Irish among the upper classes in this period. Gaelic chieftains began to change age-old practices of fosterage with local Gaelic families and began to send their children to England to be educated. In addition, Planters, who settled in strategic locations throughout the country, created English-speaking areas in which a range of social classes now spoke English.

Despite these significant changes, bardic schools, in which subjects such as poetry, history, genealogy, placenames and law were studied, continued to function until the first half of the 17th century. These schools enjoyed the patronage of both the Gaelic and Anglo-Norman hierarchy, thereby providing an important high-status domain for the language in various parts of the country. By 1700, these learned classes had all but disappeared, yet the practice of copying manuscripts and composing poetry in Irish continued for a further 150 years. However, as the 18th century progressed the status of the Irish-speaking community continued to diminish. Many of those who had social aspirations – or the opportunity to avail of them – became English speakers. This pattern continued well into the 20th century. For example, when evidence was being collected for the Gaeltacht Commission report of 1926, a school teacher in Fintown, Co. Donegal

haois. Mar shampla, nuair a bhítí ag bailiú eolais do Choimisiún na Gaeltachta i 1926, thuairisc múinteoir as Baile na Finne, Co. Dhún na nGall, gur labhair beagnach 800 duine sa chomharsanacht Gaeilge agus ar an 40 nó 50 nár labhair gur pháistí siopadóirí, múinteoirí scoile agus póilíní a mbunús.

Cé gur léir go raibh an teanga ag meath i gcuid mhaith den tír, léiríonn taighde Garrett FitzGerald gur mhair an Ghaeilge mar *lingua franca* ag tromlach phobal na hÉireann go dtí deireadh an 18ú haois. Lean an creimeadh teanga le linn an 19ú haois. Chuir bunú na Scoileanna Náisiúnta sna 1830í leis nó bhí cosc ar úsáid na Gaeilge iontu, fiú sa chás nach raibh Béarla ar bith ag na páistí. Bhí an slad a rinneadh ar phobal labhartha na Gaeilge de thairbhe Ghorta Mhóir 1841 ina chúis eile creimthe. Ach bhí próisis shóisialta eile ag cur ar an teanga fosta. Fá dheireadh an 19ú haois, ba cheantair iargúlta tuaithe, a bhí i measc na gceantar ba bhoichte in Éirinn, na limistéir ina raibh an Ghaeilge á labhairt go fóill. D'fhulaing na ceantair seo ráta ard imirce fosta, a mhair isteach san 20ú aois. Ainneoin gur léirigh daonáireamh 1891 go raibh Gaeilge go fóill ag 14% de phobal na hÉireann, ní raibh sí ach ag 3% dóibh siúd a bhí faoi bhun 10 mbliana d'aois.

Faoi dheireadh an 19ú haois, nuair a ba shoiléir go raibh gá le gníomh inteacht a chuirfeadh bac ar chreimeadh na teanga agus a spreagfadh athbheochan, thosaigh grúpaí éagsúla ag plé straitéisí leis an teanga a chaomhnú. Bhí Conradh na Gaeilge, a bunaíodh in 1893, ar cheann de na heagraíochtaí ab éifeachtaí a d'eascair as an tréimhse sin. Thug an Conradh fócas do ghluaiseacht na hathbheochana agus chuaigh sé i bhfeidhm ar an mheánaicme uirbeach go háirithe (ba lú i bhfad a thionchar ar na ceantair a raibh an teanga beo go fóill iontu). Bhí an-tionchar ag an eagraíocht ar rialtas nuabhunaithe an tSaorstáit (1922) a shainigh an Ghaeilge mar 'theanga náisiúnta', agus a bheadh mar an 'chéad teanga oifigiúil' i mBunreacht 1937.

Bhí dhá phríomhaidhm ag polasaí Gaeilge an stáit agus ba iad sin an Ghaeilge a chaomhnú sna ceantair sin ina raibh sí á labhairt go fóill, agus athbheochan na teanga sa chuid eile den stát. Ceann de chéad ghníomhartha an stáit nuabhunaithe nó Coimisiún Gaeltachta a bhunú le fianaise a bhailiú ar an Ghaeilge sna ceantair stairiúla ina raibh sí go

noted that almost 800 people in his area spoke Irish and that of the 40 or 50 who did not, most were the children of shopkeepers, school teachers and policemen.

Although there was clear evidence of language attrition throughout the country, Garret FitzGerald's research confirms that Irish remained the *lingua franca* of the majority of the population until the end of the 18th century. The introduction of the National School system in the 1830s exacerbated the situation, as the use of Irish was prohibited even in circumstances where pupils spoke no English at all. The Great Famine of 1841 also dealt an enormous blow to the Irish-speaking population and was another key factor in its decline. But other social processes were also brought to bear on the language. By the end of the 19th century, Irish was spoken mostly in remote rural areas which were some of the poorest areas in Ireland. These areas also suffered from high rates of emigration which lasted well into the 20th century. Although the 1891 Census revealed that 14% of the population of Ireland still spoke Irish, only 3% of those were under 10 years of age.

By the end of the 19th century, when it became apparent that action was necessary to arrest the decline of the Irish language and encourage revival, various groups began to discuss possible strategies for the maintenance of the Irish language. The Gaelic League, which was founded in 1893, was one of the most effective organisations to emerge from that period. The League provided a focus for the revival and, in particular, it influenced the urban middle classes (it was much less effective in the areas where the language was still spoken as a community language). The organisation also strongly influenced the newly-established Government of the Free State (1922) which designated Irish as the 'national language', later to become 'the first official language' in the 1937 Constitution.

The central planks of the Government's language policy were the preservation of the language in those areas in which it remained a community language and the revival of the language in the remainder of the state. One of the first actions of the newly-established state was to set up a Gaeltacht Commission to collect evidence from the public on the situation of the Irish language in the Gaeltacht. The Commission

fóill á labhairt mar theanga pobail. Chuir an Coimisiún amach an chéad tuairisc in 1926 agus, cosúil le leor tuairiscí eile ar an Ghaeltacht, rinneadh neamhiontas de bhunús na moltaí inti, ach gur úsáideadh í le teorainn na Gaeltachta a tharraingt. Tiomáineadh an polasaí teanga ón lár agus níor tuigeadh gur ghá teagmháil ghníomhach a dhéanamh leis na pobail áitiúla maidir le forbairt nó cur i bhfeidhm an pholasaí. Gan an cineál seo ionchuir ó phobail na Gaeltachta, d'aithin siad go raibh imeallú struchtúrtha agus cultúrtha á imirt orthu.

Ó thaobh chur chun cinn na hathbheochana, rinne an Saorstát croí-ábhar den Ghaeilge ar shiollabais na scoileanna agus bhí cáilíochtaí Gaeilge riachtanach do phostanna sa tseirbhís phoiblí. Ba í an earnáil oideachais príomháisíneacht na hathbheochana, agus cé gur éirigh leis an earnáil cainteoirí ar chumais éagsúla a chruthú, níor bunaíodh patrún seachadta idir-ghlúine nó na líonraí sóisialta nó na struchtúir a bhí riachtanach le pobail ghníomhacha teanga a bhunú taobh amuigh den Ghaeltacht.

Bhí laigí bunúsacha le cur chuige an stáit. Ní raibh tuigbheáil cheart ag na hÚdaráis ar an dóigh le pobal úr teanga a chruthú agus a chothú, nó ar an dóigh le tacaíocht cheart a thabhairt do na pobail ina raibh an teanga beo go fóill. Níor tuigeadh dóibh ach oiread nach dtiocfaí ualach na hathbheochana a fhágáil ar an chóras oideachais. Bhí an stát ró-uaillmhianach san iarracht a rinneadh teanga bhochtáin na tuaithe a úsáid ní amháin mar theanga riaracháin an stáit agus an chóras oideachais, ach fosta ina teanga ag meánaicme oilte uirbeach nach raibh baint acu léi roimhe sin. D'ainneoin na bhfiosraithe uilig maidir leis an dóigh leis an teanga a chur chun tosaigh agus a chaomhnú thar na blianta, is beag athrú a tháinig ar pholasaí an stáit ó bunaíodh é.

Mar sin féin, bhí buanna áirithe ag polasaí athbheochana an stáit. Léiríonn an iliomad suirbhéanna a rinneadh i bPoblacht na hÉireann go bhfuil ról tábhachtach ag an Ghaeilge i sícé chultúrtha na hÉireann, mar shainchomhartha tábhachtach aitheantais a ghineann go leor caipitil chultúrtha. Ach sin ráite, níl mórán tionchair ag an mheon dearfach sin ó thaobh na foghlama de, nó níos tábhachtaí, ar úsáid an teanga a fhoghlaimíonn daoine, ar an scoil de ghnáth.

produced its report in 1926, and like many other Government reports on the Gaeltacht, the recommendations made therein were largely ignored, although it provided the basis for delineating Gaeltacht boundaries. Language policy was driven from the centre and there was little understanding of the need to engage local communities in a meaningful way in either the development or implementation of such policies. Without this kind of 'buy-in' Gaeltacht communities were aware they were structurally and culturally marginalised.

With respect to the advancement of the revival, the Free State adopted Irish as a core curriculum subject and qualifications in Irish were necessary for public service. The educational sector was to become the key agency for Irish-language revival outside the Gaeltacht, and although it did produce Irish speakers of varying abilities, a pattern of intergenerational transmission of the language was not established, nor were there social networks or structures necessary to create a vital language community outside the Gaeltacht.

There were some basic weaknesses in the state's strategy. There was little understanding of the conditions required for the establishment, or support, of new language communities, or the continued support of the existing Gaeltacht communities. Neither did it understand that the educational sector could not bear the onerous responsibility for reviving the Irish language on its own. The state was overly ambitious in its official policy which envisaged that the language of the rural poor would become not only the vehicle of state administration and the education system, but also the language of an educated, urban, middle class with which it had not been formerly associated. Despite numerous investigations into how to promote and maintain the language over the years, this policy of making the education system the key agency for the production of Irish speakers has changed little since the foundation of the state.

Despite this, numerous surveys carried out in the Republic of Ireland have indicated that Irish remains an important part of the Irish cultural psyche, an important identity marker which accrues considerable cultural capital. Nevertheless, this positive attitude towards the language does not always translate into learning or, more importantly, using the language one has learned, usually at school.

Bhí difear mór sna cúinsí i sé chontae Thuaisceart Éireann i ndiaidh críochdheighilte i 1921/22. Bhí an rialtas, a bhí faoi smacht na nAontachtaithe, i gcoinne na teanga agus cuireadh srian ar an teanga i réimsí poiblí an stáit agus sa chóras oideachais. Bhí iarsmaí den Ghaeltacht stairiúil fágtha i mblianta tosaigh an stáit, i dTír Eoghain, Ard Mhacha, Aontroim agus Doire, ach bhí deireadh leo seo uilig fá 1991, nuair a cuireadh an chéad cheist faoin Ghaeilge i ndaonáireamh Thuaisceart Éireann. Léirigh an daonáireamh sin gur sna ceantair uirbeacha seachas sna ceantair tuaithe a ba mhó a bhí na cainteoirí Gaeilge, agus gur foghlaimeoirí a mbunús, taobh amuigh de dhornán páistí i nua-Ghaeltacht Bhóthar Seoighe in iarthar Bhéal Feirste.

Sonraí Daonáirimh faoi Ghaeilge Chúige Uladh

Tá sonraí ar fáil ar líon na gcainteoirí Gaeilge i gCúige Uladh, agus sa chuid eile den tír, ó na daonáirimh a rinneadh gach deich mbliana ó 1851 go 1911. Tá anailís déanta ag Brendan Adams agus Garret FitzGerald beirt ar shonraí na ndaonáireamh seo. Cuireann obair Adams forbhreathnú úsáideach ar fáil thar na seacht ndaonáireamh, mar a léirítear i dTábla 1 thíos. Léiríonn sé titim in uimhreacha na gcainteoirí sna contaetha uilig, agus i mBéal Feirste, go dtí 1881 nuair a mhéadaíonn na huimhreacha arís. Cuireann FitzGerald an fás seo síos don dóigh ar cuireadh ceist na Gaeilge ar cheistneoir an daonáirimh. Bhí ceist na Gaeilge mar fhonóta ar cheistneoirí dhaonáirimh 1851, '61 agus '71 agus tá baol ann nach bhfaca na freagróirí nó na háiritheoirí uilig an cheist, agus gur fhág sin uimhreacha na gcainteoirí níos ísle nó a ba chóir daofa a bheith. Cuirtear síos an fás sna huimhreacha idir 1901 agus 1911 do thionchar na hathbheochana. Méadaíonn na huimhreacha i ngach contae ach Dún na nGall agus an Cabhán. Is dóiche gur chuir imirce ón tuath chun na gceantar uirbeach macasamhail Bhéal Feirste, Dhoire agus an tSratha Bháin leis na huimhreacha. Cé gur léirigh Dún na nGall agus Tír Eoghain laghdú, is iontu sin amháin a léirítear patrún leanúnach caomhnaithe teanga don tréimhse.

Following partition in 1921/22, the situation in the six counties of Northern Ireland was markedly different. The Unionist-dominated government was hostile to the language and actively restricted its use in the public domain and within the education system. Vestiges of the historical Gaeltacht remained in the early years of the state, in Tyrone, Armagh, Antrim and Derry, but by 1991, when the first question on the Irish language was included in the Census of Northern Ireland, these language communities had died out. The census revealed that the majority of Irish speakers were located in urban rather than rural areas, and that Irish had, apart from a small number of children in the neo-Gaeltacht of the Shaws Road, in west Belfast, become the language of learners.

Census Data on Ulster Irish

Data are available on the numbers of Irish speakers in Ulster, and the rest of Ireland, from decennial censuses from 1851 to 1911. Both Brendan Adams and Garret FitzGerald have analysed these census data. Adams' work provides a useful overview of data across the seven censuses, as illustrated in Table 1 below. It demonstrates a decline in the number of speakers across all the counties, and in Belfast, until 1881 when numbers rise again. Fitzgerald attributes this increase to the way in which the question was presented on the census questionnaire. The Irish question appeared as a footnote in the 1851, '61 and '71 censuses and may not have been seen by all respondents or enumerators, thus leading to an underestimation of the numbers of Irish speakers. The increase in numbers for 1901 and 1911 is most likely the result of the effect of the Irish language revival. Numbers increase for all counties except Donegal and Cavan. It is also possible that rural migration to urban centres such as Belfast, Derry and Strabane may have contributed to the increase. Although both Donegal and Tyrone show a decrease in numbers, they are the only counties which demonstrate a steady pattern of maintenance over the period in question.

TÁBLA 1
Iomlán na gcainteoirí Gaeilge, idir dhátheangaigh agus aonteangaigh, i
ngach contae Ultach agus i mBéal Feirste do gach daonáireamh idir 1851
agus 1911

	1851	1861	1871	1881	1891	1901	1911
Aontroim	3,050	1,922	878	1,508	894	1,012	2,724
Ard Mhacha	13,736	8,965	3,924	6,887	3,486	4,487	2,792
Béal Feirste	295	325	294	1,126	917	3,587	7,595
Cabhán	13,027	7,627	3,358	7,004	3,410	5,425	2,968
Dún na nGall	73,258	71,326	63,135	71,764	62,037	60,677	59,313
An Dún	1,153	767	338	880	590	1,411	2,432
Fear Manach	2,704	1,678	359	1,270	561	1,005	1,563
Doire	5,406	3,932	1,384	3,660	2,723	3,476	4,039
Muineachán	10,955	7,417	5,102	6,604	2,847	5,324	5,430
Tír Eoghain	12,892	10,860	6,551	9,818	6,687	6,454	7,584
CÚIGE ULADH	136,476	114,819	84,923	110,523	84,152	92,858	96,440

Foinse, Adams 1979

Tá na sonraí is luaithe ar phobal labhartha na Gaeilge ar fáil ó obair
FitzGerald ar na meastacháin ar íosmhéid na gcainteoirí do
bharúntachtaí. Tá a chuid torthaí bunaithe ar eachtarshuíomh a
dhéanamh siar go 1771, go príomha ó na sonraí atá ar fáil ó
dhaonáireamh 1881. Measann sé gur labhraíodh Gaeilge go forleathan
ar fud na hÉireann go tús an 19ú haois, nuair a bhí Gaeilge ag thar
leath de na daoine óga uilig sa tír. Labhair 90% den phobal san iarthar,
an iardheisceart, agus an deisceart Gaeilge, agus ag leibhéil níos airde
ná sin i gcuid de na ceantair. Bíodh sin mar atá, bhí patrún soiléir
creimthe teanga le sonrú agus faoin chéad deich mbliana den 19ú haois,
bhí athrú suntasach ar an ráta creimthe i gcodanna éagsúla den tír. Ba
3% an ráta creimthe i nDún na nGall, i gConnachta agus i gCúige
Mumhan, ach bhí an ráta deich n-uaire níos airde sa chuid eile den tír,
ag thart faoin tríú cuid.

Níor tháinig Fitzgerald ar aon fhianaise de mharthanas na teanga i
mór-chuid oirthuaisceart Chúige Uladh ach d'fholaigh na sonraí ar na
barúntachtaí móra an fhianaise go raibh Gaeilge go fóill i Reachlainn

TABLE 1
Total number of Irish speakers, bilinguals and monolinguals, in each
Ulster county and in Belfast for each census from 1851 and 1911

	1851	1861	1871	1881	1891	1901	1911
Antrim	3,050	1,922	878	1,508	894	1,012	2,724
Armagh	13,736	8,965	3,924	6,887	3,486	4,487	2,792
Belfast	295	325	294	1,126	917	3,587	7,595
Cavan	13,027	7,627	3,358	7,004	3,410	5,425	2,968
Donegal	73,258	71,326	63,135	71,764	62,037	60,677	59,313
Down	1,153	767	338	880	590	1,411	2,432
Fermanagh	2,704	1,678	359	1,270	561	1,005	1,563
Londonderry	5,406	3,932	1,384	3,660	2,723	3,476	4,039
Monaghan	10,955	7,417	5,102	6,604	2,847	5,324	5,430
Tyrone	12,892	10,860	6,551	9,818	6,687	6,454	7,584
ULSTER	136,476	114,819	84,923	110,523	84,152	92,858	96,440

Source, Adams 1979

FitzGerald's work on the estimates for baronies of the minimum level of Irish speakers provides the earliest data on the Irish-speaking population. His findings are based on extrapolating backwards to 1771, primarily from data available from the 1881 census. He estimates that Irish was still widely spoken in Ireland until the beginning of the 19th century, when over half of all the young people in Ireland spoke Irish. In the west, the south-west and the south of Ireland over 90% spoke Irish and levels of Irish speaking within parts of these regions were even higher. However, a clear pattern of language attrition was emerging and by the first decade of the 19th century a significant change in the rate of decline was apparent for different parts of the country. The rate of decline in Donegal, Connacht and Munster was 3%, while it was ten times higher for the remaining twenty counties, at approximately a third.

FitzGerald found no evidence of Irish survival in large tracts of north-east Ulster but the data for the large baronies masked the fact that Irish was still spoken in Rathlin and by at least 40% of young

agus go raibh sí ag ar an laghad 40% den aos óg i nGlinntí Aontroma sa tréimhse idir 1771–1781. Bhí an Ghaeilge á labhairt ag idir 40–60% de dhaoine óga i gcoda eile den Chúige fosta: oirdheisceart Ard Mhacha, deisceart an Chabháin, Muineachán agus lár Thír Eoghain.

Fá aimsir an ghorta ní raibh an Ghaeilge ach á caomhnú féin i limistéar tíre thart ar thríocha míle ó chósta an iarthair agus an deiscirt. Agus fiú sna ceantair sin, bhí creimeadh suntasach thart faoin chósta idir Sligeach agus Béal Átha Seannaidh, i gCathair na Mart, i mBéal an Átha, i nGaillimh and sna ceantair thart fá bhéal na Sionainne, ag cur in iúl go bhfuil comhghaol idir bailte poirt agus creimeadh na teanga.

Taobh amuigh de Dhún na nGall, níor mhair an Ghaeilge i measc an aosa óig i gCúige Uladh ach in oirdheisceart Ard Mhacha agus i lár Thír Eoghain. I gCúige Mumhan, labhair 60% nó breis air sin Gaeilge sna Déise i Loch Garman, ar Leithinis Bhéarra i gCorcaigh, in iarthar Chiarraí agus iarthuaisceart Cho. an Chláir sa tréimhe idir 1861–71. I gCúige Chonnacht agus i nDún na nGall, labhair breis agus 60% den aos óg Gaeilge in iarthar agus lár Chontae na Gaillimhe, in Iorras in iarthuaisceart Mhaigh Eo, i gcodanna d'oirthear Mhaigh Eo, and sna Rosa i nDún na nGall. I gCúige Laighean mhair sí i measc an aosa óig i ndeisceart Chill Chainnigh agus i Leithinis Chuaille i gCo. Lú.

Díríonn obair a rinne FitzGerald níos moille ar chainteoirí Gaeilge, idir dhátheangaigh agus aonteangaigh, a bhí 60 nó os a chionn i 1911, mar bhunús le tuar a dhéanamh ar mhéid na gcainteoirí a bhí i gceantair ar leith thart fá thréimhse an ghorta. Is é daonáireamh 1911 an daonáireamh deireanach ina bhfuil sonraí ar fáil ar Chúige Uladh ina iomláine, agus tá an aoisghrúpa ar a bhfuil staidéar á dhéanamh gearr go maith in aois do na daoine ar tógadh ábhar Doegen uathu. Bheir daonáireamh 1911 deis dúinn léiriú níos cruinne a fháil ar dháileadh dátheangach nó athraíodh na limistéir as ar bailíodh an t-eolas. Roimhe sin, bhí eolas ar fáil ag leibhéal an bharúntachta, ach in 1911 athraíodh na critéir agus bailíodh eolas ag leibhéil na gCeantair Íoclainne (CÍ) agus na dToghranna Ceantair (TC), aonaid a bhí i bhfad níos lú ná na barúntachtaí móra. Is féidir buntáistí úsáid sonraí ar na TC a léiriú go soiléir. I nDún na nGall, bhí 48% daofa siúd a bhí 60+ dátheangach ach bhí 29 TC sa chontae a raibh Gaeilge ag idir 90–100% den aoisghrúpa.

people in the Glens of Antrim in the period 1771–1781. Irish was also still spoken by between 40–60% of young people in other parts of Ulster: south-east Armagh, south Cavan, Monaghan and mid-Tyrone.

By the time of the famine Irish was maintaining itself only in coastal areas stretching about thirty miles inland from the south and west coasts. Even within those areas, significant attrition was evident along the Sligo-Ballyshannon-Donegal coast, in Westport and Ballina, in Galway and the areas around the Shannon estuary, indicating a correlation between port towns and the decline of Irish.

By the late 19th century, apart from Donegal, Irish survived among young people only in the south-east corner of Armagh and in mid-Tyrone. In Munster, Irish was spoken by 60% or more of young people in the Decies in Waterford, the Bear Peninsula in Cork, west Kerry and north-west Clare in the period 1861–1871. In Connacht and Donegal Irish was spoken by 60%, or more, of young people in west and mid-Galway, in Erris in north-west Mayo, in parts of east Mayo, and in the Rosses in Donegal. In Leinster it survived among young people in south Kilkenny and in the Cooley peninsula in Co. Louth.

FitzGerald's later work on the 1911 census focuses on speakers of Irish, both bilinguals and monoglots, who were aged 60+, as a basis for the prediction of Irish-speaking areas in the pre-famine period. The 1911 census is the last census in which data are available for Ulster as a whole, and the age-group studied mirrors the age range of many of those from whom material was collected for the Doegen collection. The 1911 census also allows for a more accurate picture of the distribution of bilinguals as the unit areas from which data were collected were revised. Up until then, data were available at barony level, but in 1911 the criteria changed and data were collected at Dispensary District (DD) and District Electoral Division (DED) levels, unit areas which were much smaller than the previous large barony unit. The benefits of using DED data can be clearly illustrated. In Co. Donegal 48% of those who were 60+ were bilingual, yet within the county there were 29 DEDs in which between 90-100% of the age-group were Irish-speaking.

Ba amhlaidh an scéal i dTír Eoghain, áit a raibh Gaeilge ag 8.9% den aoisghrúpa ag leibhéal an chontae, ach bhí Gaeilge ag 96% den mhuintir a bhí 60+ i dTC an Fhallaigh agus 92% i dTC Ghleann Leirge. Is gá a bheith faichilleach nuair atáthar ag déanamh anailíse ar na sonraí fá dhátheangaigh. Tá achan dealramh air go raibh dátheangaigh ann a chuir síos orthu féin mar dhátheangaigh nuair nár chainteoirí feidhmiúla Béarla iad. Lena chois sin, tá seans ann go ndearnadh áibhéil dá gcumas sa Bhéarla siocair an ghradaim a bhí ag an Bhéarla agus siocair an fháis a bhí tagtha ar an stiogma sóisialta a bhain leis an Ghaeilge. Is dóiche nach raibh ach crathán beag Béarla ag cuid mhaith de na dátheangaigh a bhéarfadh chun an bhaile mhóir nó chun na cathrach iad, nó chuig na haontaí, nó obair shéasúrach in Albain nó ar mhaithe leis an imirce. Tá féidearthacht ann fosta, gur chuir cuid de na daoine sin a raibh Gaeilge acu, ach a raibh an Ghaeilge lag ina gceantair féin agus nach raibh deiseanna acu an Ghaeilge a chleachtadh, iad féin síos mar chainteoirí Béarla amháin.

Le dáileadh na ndaoine a bhí 60+ agus dátheangach i gCúige Uladh agus i gCo. Lú a léiriú, bheirtear cuntas ar na figiúirí do na Ceantair Íoclainne (CÍ) ar tús agus ansin figiúirí ar na Toghranna Ceantair (TC). Ní chuirtear i láthair sonraí ar aonteangaigh ach i gcás Dhún na nGall, nó ní raibh aonteangaigh ar bith fágtha san aoisghrúpa i gceann ar bith eile de na contaetha tuaisceartacha. Ba iad CÍ Na Crosbhealaigh (33%) agus Gaoth Dobhair / Toraigh (38%) a ba mhó a raibh aonteangaigh iontu. Bhí na leibhéil ab airde sna TC i nGort an Choirce ag 57% agus i Mín an Chladaigh ag 51%.

Léiríonn Tábla 2 na CÍ i nDún na nGall ina raibh idir 65% agus 100% den dream a bhí 60+ ina ndátheangaigh. Léiríonn Tábla 3 na Toghranna Ceantair i nDún na nGall ina raibh thar 20% den dream a bhí 60+ ina n-aonteangaigh Gaeilge.

Similarly, in Co. Tyrone, 8.9% of the age-group were bilingual at county level, but 96% of those who were 60+ in the Fallagh DED and 92% of those in the Glenlark DED were bilingual. A note of caution should be sounded when interpreting the returns for bilinguals. It is highly likely that many of those who returned themselves as bilinguals were not fully functional English speakers. In addition, the established prestige of English and the increasing social stigma associated with Irish may have lead some to exaggerate their knowledge of English. Many recorded bilinguals may have had only enough English to 'pass themselves' in towns or cities, for the hiring fair or for seasonal work in Scotland, or to emigrate. There is also the possibility that some of those in areas where Irish was very weak, and who did not have the opportunity to use the language much, may no longer have considered themselves Irish speakers and therefore, returned themselves as English speakers.

In order to illustrate the distribution of those who were 60+ and bilingual in Ulster and Co. Louth figures for the Dispensary Districts (DDs) are presented first, followed by figures for the District Electoral Divisions (DEDs). Data are presented for monoglots in the case of Donegal only, as monoglots had not survived among this age-group in any of the other northern counties. The DDs of Cross Roads (33%) and Gweedore/Tory Island (38%) returned the highest percentages of monoglots. The highest levels within both DDs were in the Gortahork DED at 57% and Meenaclady DED at 51% respectively.

Table 2 illustrates the Dispensary Districts in Co. Donegal in which between 65% and 100% of those who were 60+ were bilingual. Table 3 illustrates the District Electoral Divisions in Co. Donegal in which over 20% of those who were 60+ were monoglot Irish speakers.

TÁBLA 2
Ceantair Íoclainne i gCo. Dhún na nGall inar labhair idir 65–100% den
dream a bhí 60+ Gaeilge agus Béarla (Daonáireamh 1911)

CEANTAIR ÍOCLAINNE	% A LABHAIR GAEILGE & BÉARLA
An Clochán Liath 2	100%
An Charraig	99%
Na Dúchoraidh	99%
Na Crosbhealaigh	98%
Gaoth Dobhair/Toraigh	94%
An Clochán Liath 1	93%
Na Gleannta	87%
Ros Goill	86%
Ard an Rátha	84%
Fánaid	75%
Na Cealla Beaga	71%
Clochán	69%
Dún Fionnachaidh	67%
Rath Maoláin	65%

TÁBLA 3
Toghranna Ceantair i nDún na nGall ina raibh thar 20% den dream a bhí
60+ ina n-aonteangaigh Gaeilge (Daonáireamh 1911)

TOGHRANNA CEANTAIR	% AONTEANGAIGH GAEILGE
Gort an Choirce (Crosbhealaigh)	57%
Mín an Chladaigh (Gaoth Dobhair /Toraigh)	51%
Inis Caol (Ard an Rátha)	50%
Cill Ghabhlaigh (An Charraig)	41%
An Ghrafaidh (Na Gleannta)	42%
Gleann Cholmcille (An Charraig)	36%
Machaire Chlochair (Gaoth Dobhair/Toraigh)	30%
Gleann Léithín (Na Dúchoraidh)	33%
Anagaire (Clochán 2)	26%
Gleann Geis (Ard an Rátha)	22%

TABLE 2
Dispensary Districts in Co. Donegal in which between 65–100% of
those who were 60+ spoke Irish and English (1911 Census)

DISPENSARY DISTRICTS	% WHO SPEAK IRISH & ENGLISH
Dungloe 2	100%
Carrick	99%
Doocharry	99%
Cross Roads	98%
Gweedore/Tory Island	94%
Dungloe 1	93%
Glenties	87%
Rosguill	86%
Ardara	84%
Fanad	75%
Killybegs	71%
Cloghan	69%
Dunfanaghy	67%
Rathmullan	65%

TABLE 3
District Electoral Divisions in Co. Donegal in which over 20% of those who
were 60+ were monoglot Irish speakers (1911 Census)

DISTRICT ELECTORAL DIVISIONS	% IRISH LANGUAGE MONOGLOTS
Gortahork (Cross Roads)	57%
Meenaclady (Gweedore/Tory Island)	51%
Inishkeel (Ardara)	50%
Kilgoly (Carrick)	41%
Graffy (Glenties)	42%
Glencolumbkille (Carrick)	36%
Magheraclogher (Gweedore/Tory Island)	30%
Glenleheen (Doocharry)	33%
Annagry (Dungloe 2)	26%
Glengesh (Ardara)	22%

I nDún na nGall bhí an Ghaeilge beagnach bánaithe i mBarúntacht Thír Aodha agus ní raibh ach céatadáin bheaga den dream 60+ ina ndátheangaigh sna CÍ seo: Béal Átha Seanaidh (4%); An Lathaigh (5%) agus Paiteagó (3%). Gan CÍ Chluain Maine a chur san áireamh, áit a raibh 89% den phobal dátheangach, bhí an Ghaeilge lag in Inis Eoghain fosta: CÍ Charn Domhnach (12%) agus CÍ Bhun Cranncha (7%). Bhí 25% den aoisghrúpa dátheangach i gCÍ Mhálanna agus 55% den aoisghrúpa i dTC Bhun an Ghaoith sa CÍ sin dátheangach. Bhí an Ghaeilge a bheag nó a mhór marbh i mbarúntachtaí Ráth Bhoth Thuaidh agus Ráth Bhoth Theas: CÍ Mhainéar Uí Chuinneagáin (6%); CÍ Chill Fhéich (2%); CÍ Ráth Bhoth (3%).

Léiríonn na torthaí seo a leanas an neamhréireacht idir na torthaí do na ceantair íoclainne agus na torthaí ag leibhéal na dtoghranna ceantair. Bhí 62% den aoisghrúpa dátheangach i gCÍ Thamhnach an tSalainn ach d'ardaigh an leibhéal go suntasach i gcuid de TC Thamhnach an tSalainn áit a raibh, mar shampla, 94% den aoisghrúpa dátheangach ar an Bhinn Bhán agus 88% ar an Eidhnigh Mhór. I gCÍ Chill Mhic Réanáin agus Bhaile na nGallóglach labhair 59% den aoisghrúpa an dá theanga ach bhí leibhéil i bhfad níos airde i dTC an Tearmainn (91%) agus Loch Caol (79%). Chomh maith leis sin, bhí 65% den aoisghrúpa i gCÍ Ráth Maoláin dátheangach ach bhí 95% den aoisghrúpa dátheangach i dTC Chnoc Cholba agus 79% i gCill Gharbháin. Ní raibh ach tuairim agus an tríú cuid den aoisghrúpa dátheangach i gCÍ Dhún na nGall ach bhí an céatadán go maith os cionn sin i gCÍ Thamhnach an Mhullaigh ag 81%.

Cionn is go raibh na céatadáin dhátheangaigh a bhí 60+ cuid mhaith níos airde i nDún na nGall nó a bhí sé sna contaetha eile, léirítear na torthaí do dhátheangaigh sna toghroinn íoclainne i dtéarmaí na gCÍ ina raibh Gaeilge agus Béarla ag idir 10–50% acu sin a bhí 60+.

In Donegal, Irish had almost disappeared from the Barony of Tirhugh and only small percentages of 60+ bilinguals remained in the following DDs: Ballyshannon (4%); Laghy (5%) and Pettigo (3%). With the exception of the Clonmany DD in which 89% of the age-group were bilingual, Irish was also weak in Inishowen: Carndonagh DD (12%); Buncrana DD (7%). Twenty-five percent of the age-group were bilingual in the Malin DD, and 55% of the age-group in the Carthage DED in Malin were bilingual. Irish was more or less extinct in the baronies of Raphoe North and Raphoe South: Manor Cunningham DD (6%); Killea DD (2%); Raphoe DD (3%).

The following percentage returns illustrate the discrepancies between returns at DD and DED level. Sixty-two percent of the age-group in Mountcharles DD were bilingual but levels rose dramatically within some of the Mountcharles DEDs, for example 94% of the age-group were bilingual in Binbane and 88% in Eanymore. In the Kilmacrenan and Milford DD 59% of the age-group were bilingual but levels were also much higher in the DEDs of Termon (91%) and Loughkeel (79%). Similarly, 65% of the age-group in the Rathmullan DD were bilingual but 95% of the age-group were bilingual in Knockalla and 79% in Killygarvan. Only about a third of the age-group were bilingual in the Donegal DD but the percentage was significantly higher in the Tawnawully DED at 81%.

As the percentages for bilinguals who are 60+ in Co. Donegal are significantly higher than those for the remaining counties, returns for bilinguals in dispensary districts are presented in terms of the DDs in which between 10–50% of those who are 60+ speak Irish and English.

TÁBLA 4

Ceantair Íoclainne i gCo. an Chabháin ina raibh Gaeilge agus Béarla ag idir 10–50% acu sin a bhí 60+ (Daonáireamh 1911)

CEANTAIR ÍOCLAINNE	% A LABHAIR GAEILGE & BÉARLA
An Damhshraith/Dabhach Phádraig	41%
Achadh an Iúir	26%
Coill an Chollaigh	17%
An Muileann Iarainn	15%
An Tearmann	12%

Ba i mbarúntacht Theallach Eathach a ba láidre a bhí an Ghaeilge i gCo. an Chabháin. I gceantar íoclainne Dhamhshraith/Dhabhach Phádraig, bhí 71% acu sin a bhí 60+ dátheangach i dTC Dhún Mhic Íomhair, 65% i nDoire na Neanta, 52% i nDoire Leathan, agus 36% ar an Taoibh Bháin. I dTC Achadh an Iúir labhair 34% an dá theanga. Bhí an céatadán dátheangach níos airde i dTC Bhaile an Chollaigh fosta (26%) ná a bhí sa CÍ (17%). Ba i gCrosbhóthar Pheadar an Bhóthair (17%) agus i dTeampall an Phoirt (23%) i gCeantar Íoclainne Mhuileann an Iarainn ab airde a bhí dátheangaigh. Cé nach raibh ach 12% acu sin a bhí 60+ dátheangach i gceantar íoclainne an Tearmainn, bhí 25% den aoisghrúpa dátheangach i dTC na Croise Báine. Bhí leibhéil na ndátheangach a bhí 60+ idir 3% agus 6% sna CÍ eile i gCo. an Chabháin.

TÁBLA 5

Ceantair Íoclainne i gCo. Mhuineacháin ina raibh Gaeilge agus Béarla ag idir 10–50% acu sin a bhí 60+ (Daonáireamh 1911)

CEANTAIR ÍOCLAINNE	% A LABHAIR GAEILGE & BÉARLA
Domhnach Maighean	33%
Ráth Fiachrach	32%
Carraig Mhachaire Rois	25%
Baile na Lurgain	11%

TABLE 4
Dispensary Districts in Co. Cavan in which between 10–50% of those who
are 60+ speak Irish and English (1911 Census)

DISPENSARY DISTRICTS	% WHO SPEAK IRISH & ENGLISH
Dowra/Holywell	41%
Virginia	26%
Bailieborough	17%
Swanlinbar	15%
Termon	12%

In Co. Cavan, the Irish language was strongest in the barony of
Tullyhaw. In the Dispensary District of Dowra/Holywell, 71% of those
who were 60+ were bilingual in the Dunmakeever DED, 65% in
Derrynananta, 52% in Derrylahan, and 36% in Teebane. In the Virginia
DED 34% spoke both languages. The percentage of bilinguals for the
Bailieborough DED was also higher (26%) than that of the DD (17%).
Pedar a Vohers (17%) and Templeport (23%) contained the highest
levels of bilinguals in the Swanlinbar Dispensary District. Although
only 12% of those who were 60+ were bilingual in the Dispensary
District of Termon, 25% of the age-group were bilingual in the DED
of Crossbane. The levels of bilinguals who were 60+ for the remaining
dispensary districts in Co. Cavan ranged from 3% to 6%.

TABLE 5
Dispensary Districts in Co. Monaghan in which between 10–50% of those
who are 60+ speak Irish and English (1911 Census)

DISPENSARY DISTRICTS	% WHO SPEAK IRISH & ENGLISH
Donaghmoyne	33%
Raferagh	32%
Carrickmacross	25%
Castleblaney	11%

Ba i mbarúntacht Fhearnaí a bhí an leibhéal ab airde dátheangach i gCo. Mhuineacháin. I gceantar íoclainne Dhomhnach Maighean, bhí 58% acu sin a bhí 60+ dátheangach i dTC Chlais Láir, 38% i gCill Mhuire, 31% i nDomhnach Maighean, 29% sna Coillte Beaga agus 22% in Inis Caoin. I gCÍ Ráth Fiachrach, bhí 57% den aoisghrúpa dátheangach i dTC an Bhaic, 33% i nDroim Goireadh agus 25% i dTC Ráth Fiachrach. I gCÍ Charraig Mhachaire Rois, bhí 66% den aoisghrúpa dátheangach i dTC Dhroim Chora, 37% ar an Eanach agus 23% i dTC Charraig Mhic Rois Tuaithe. I gCÍ Achadh an Bhrúim, bhí an leibhéal is airde dátheangach san aoisghrúpa i gCÍ Bhaile an Lorgain (31%). Bhí leibhéil na ndátheangach a bhí 60+ i bhfuílleach na gceantair íoclainne i gCo. Mhuineacháin idir 3% agus 7%.

TÁBLA 6
Ceantair Íoclainne i gCo. Aontroma ina raibh Gaeilge agus Béarla ag idir 10–50% acu sin a bhí 60+ (Daonáireamh 1911)

CEANTAIR ÍOCLAINNE	% A LABHAIR GAEILGE & BÉARLA
Gleann Arma	51%
Bun Abhann Dalla	39%

Léiríonn Co. Aontroma an tábhacht atá le fáil a bheith ar eolas ag leibhéal an Toghroinne Ceantair. Thuigfí ón fhianaise ar CÍ Bhaile an Chaistil nár mhair an Ghaeilge mar theanga pobail sa cheantar ach tá Reachlainn sa CÍ seo, áit a raibh Gaeilge ag 100% acu sin a bhí 60+. Labhair 51% den aoisghrúpa an dá theanga i dTC Ard Chlaoininse, i gceantar íoclainne Ghleann Arma. I gceantar íoclainne Bhun Abhann Dalla, bhí 46% acu sin a bhí 60+ i gCuan an Deirg dátheangach, 40% i nGleann Duinne, 39% i dTC Bhun Abhann Dalla agus 25% i gCois Leice.

In Co. Monaghan, the barony of Farney contained the highest number of bilinguals. In the Donaghmoyne Dispensary District, 58% of those who were 60+ were bilinguals in the Crossalare DED, 38% in Kilmurry, 31% in Donaghmoyne, 29% in Kiltybegs and 22% in Inishkeen. In the Raferagh DD, 57% of the age-group were bilingual in the Bocks DED, 33% Drumgurra and 25% in the Raferagh DED. In the Carrickmacross DD, 66% of the age-group were bilingual in the Drumcarrow DED, 37% in Enagh and 23% in the Carrickmacross Rural DED. Broomfield (31%) contained the highest level of bilinguals in the age-group in the Castleblaney DD. The percentage levels for the remaining dispensary districts in Co. Monaghan ranged from 3% to 7%.

TABLE 6
Dispensary Districts in Co. Antrim in which between 10–50% of those who are 60+ speak Irish and English (1911 Census)

DISPENSARY DISTRICTS	% WHO SPEAK IRISH & ENGLISH
Glenarm	51%
Cushendall	39%

Co. Antrim illustrates the importance of accessing data at District Electoral Division level. At Dispensary District level Irish appears to have almost disappeared in Ballycastle, yet this DD contains Rathlin island where 100% of those who are 60+ were bilingual. Fifty-one percent of the age-group spoke both languages in Ardclinis DED, in the Glenarm DD. In the Cushendall DD, 46% of those who were 60+ were bilingual in the Red Bay DED, 40% in Glendun, 39% in the Cushenall DED and 25% in Cushleake.

TÁBLA 7

Ceantair Íoclainne i gCo. Ard Mhacha ina raibh Gaeilge agus Béarla
ag idir 10–50% acu sin a bhí 60+ (Daonáireamh 1911)

CEANTAIR ÍOCLAINNE	% A LABHAIR GAEILGE & BÉARLA
An Mhaigh	44%
Foirceal	39%
Crois Mhic Lionnáin 1	18%
An Baile Úr	10%

Bhí tromlach na gcainteoirí Gaeilge san aoisghrúpa 60+ i gceantar
íoclainne na Maighe (44%) agus Fhoirceala (39%). I gCÍ na Maighe, bhí
52% de TC Bhaile an Chláir dátheangach agus 39% acu sin san
aoisghrúpa i gCill Shléibhe. I gCÍ Fhoirceala, bhí 53% acu sin a bhí
60+ i dTC Leacht Bhiorgaide agus 27% i dTC Fhoirceala dátheangach.
Bhí an leibhéal is airde dátheangach ar an Chreagán Íochtarach (42%)
i gceantar íoclainne Chrois Mhic Lionnáin, agus ba é Doirse Eamhna
(24%) i gceantar íoclainne an Bhaile Úir ab airde. Bhí 12% acu sin a bhí
60+ dátheangach i dTC Chamlocha. Bhí leibhéil na ndátheangach a
bhí 60+ i bhfuílleach na gceantair íoclainne i gCo. Ard Mhacha idir 3%
agus 8%.

Co. an Dúin

Bhí an scéal measartha duairc i gCo. an Dúin, áit nach raibh ach an t-
aon duine dhéag os cionn 60 a bhí dátheangach sa chontae uilig de
réir thaighde FitzGerald. Mar a léiríodh i dTábla 1 thuas, bhí leibhéil
na Gaeilge i gCo. an Dúin lag ó bhí lár an 19ú haois ann; ní raibh ach
1,153 de phobal iomlán an chontae a bhí dátheangach in 1851. Ach
cé gurb é sin an cás, fá 1911, tháinig dúblú agus thairis ar na
huimhreacha i gCo. an Dúin, méadú a chuirtear síos do ghluaiseacht
athbheochan na teanga. Bhí fás millteanach i mBéal Feirste go háirithe
nuair a chuaigh na huimhreacha suas ó 295 in 1851 go 7,595 in 1911.

TABLE 7
Dispensary Districts in Co. Armagh in which between 10–50% of those who are 60+ speak Irish and English (1911 Census)

DISPENSARY DISTRICTS	% WHO SPEAK IRISH & ENGLISH
Meigh	44%
Forkhill	39%
Crossmaglen 1	18%
Newtown Hamilton	10%

The Irish speakers in the 60+ age-group were highest in the Dispensary Districts of Meigh (44%) and Forkhill (39%). In the Meigh DD, 52% of the Jonesborough DED were bilingual and 39% of those in the age-group in Killevy. In the Forkhill DD, 53% of the 60+ age-group in Latbirget and 27% in Forkhill DED were bilingual. Creggan Lower DED had the highest levels of bilinguals (42%) in Crossmaglen DD, while Dorsy (24%) in Newtown Hamilton DD had the highest levels. Twelve percent of those who were 60+ were bilingual in Camlough DED. The levels of bilinguals in the age-group ranged from 3% to 8% for the remaining dispensary districts.

Co. Down

The picture for Co. Down was quite bleak where only eleven 60+ bilinguals were returned for the whole country according to Fitzgerald's research. As illustrated in Table 1 above, the levels of Irish in Co. Down had been weak since the mid-nineteenth century, only 1,153 of the total population of the county were bilingual in 1851. However, by 1911, the numbers had more than doubled in Co. Down, an increase which can be attributed to the language revival movement. In particular, Belfast saw extraordinary growth, rising from 295 in 1851 to 7,595 in 1911.

TÁBLA 8

Ceantair Íoclainne i gCo. Dhoire ina raibh Gaeilge agus Béarla ag idir
10–50% acu sin a bhí 60+ (Daonáireamh 1911)

CEANTAIR ÍOCLAINNE	% A LABHAIR GAEILGE & BÉARLA
Baile na Croise	38%

I gCo. Dhoire, ba i gCÍ Bhaile na Croise ab airde leibhéil na
ndátheangach a bhí 60+ (38%). I dTC Bhaile na Croise féin, bhí 43%
den aoisghrúpa dátheangach, 41% i mBeannchrán, 35% sna Sé Bhaile
agus 24% gCeathrú na Móna. Cé nár tugadh céatadán do CÍ Mhachaire
Rátha, bhí 19% acu sin a bhí 60+ i dTC Thulaigh Chaorthainn
dátheangach. Bhí an dá theanga ag 9% den aoisghrúpa i gCÍ Chlóidigh
fosta, ach bhí na leibhéil i gcuid de na toghranna ceantair eile níos
airde: Beannchar (21%) agus Bailte na Mullán (11%). Bhí an leibhéal is
airde dátheangach i gCÍ Ghleann Sheáin i gCÍ Dhún Geanainn (11%).
Bhí leibhéil na ndátheangach a bhí 60+ i bhfuílleach na gceantair
íoclainne i gCo. Dhoire idir 3% agus 6%.

TÁBLA 9

Ceantair Íoclainne i gCo. Thír Eoghain ina raibh Gaeilge agus Béarla
ag idir 10–50% acu sin a bhí 60+ (Daonáireamh 1911)

CEANTAIR ÍOCLAINNE	% A LABHAIR GAEILGE & BÉARLA
An Goirtín	56%
Droichead an Phlum	37%
An Ómaigh 2	30%
Coill Íochtar	23%
Pomeroy	22%

Taobh amuigh de Dhún na nGall, ba é Tír Eoghain an contae is mó a
raibh dátheangaigh a bhí 60+ ann in 1911. Ba iad an Goirtín agus
Droichead an Phlum na ceantair íoclainne a ba láidre. Ar an Ghoirtín,
bhí 96% den aoisghrúpa dátheangach ar an Chnocán Buí, 92% i

TABLE 8

Dispensary Districts in Co. Derry in which between 10–50% of those who are 60+ speak Irish and English (1911 Census)

DISPENSARY DISTRICTS	% WHO SPEAK IRISH & ENGLISH
Draperstown	38%

In Co. Derry, Draperstown DD contained the highest levels of bilinguals who were 60+ (38%). In the Draperstown DED itself, 43% of the age-group were bilingual, 41% in Buncran, 35% in The Six Towns and 24% Carnamoney. Although no percentage figure was given for Maghera DD, 19% of those who were 60+ in the Tullykeeran DED were bilingual. Nine percent of the age-group in the Claudy DD also spoke both languages, but levels within some of its DEDs were higher: Banagher (21%) and Ballymullins (11%). Glenshane had the highest levels of bilinguals in the age-group (11%) in the Dungannon DD. The percentage levels for bilinguals in the remaining dispensary districts in Co. Derry ranged from 3% to 6%.

TABLE 9

Dispensary Districts in Co. Tyrone in which between 10–50% of those who are 60+ speak Irish and English (1911 Census)

DISPENSARY DISTRICTS	% WHO SPEAK IRISH & ENGLISH
Gortin	56%
Plumbridge	37%
Omagh 2	30%
Killeter	23%
Pomeroy	22%

Outside Donegal, Co. Tyrone had the highest levels of bilinguals who were 60+ in 1911. The strongest dispensary districts were Gortin and Plumbridge. In Gortin, 96% of the age-group were bilingual in Crockanboy, 92% in Glenlark, 42% in Trinamadan and 39% in the

nGleann Leirge, 42% i dTrian an Amadáin agus 39% i dTC Ghoirtín féin. I nDroichead an Phlum, bhí an dá theanga ag 97% acu sin a bhí 60+ i dTC Ghleann Caol, 72% i nGleann Ruáin, 49% i gCnocán Hamaltún agus 11% i Sraith na Gallbhuaile. I gceantar íoclainne na hÓmaí 2, bhí 82% den aoisghrúpa dátheangach ar an Chreagán, 50% ar an Charraig Mhór, 28% i Loch Mhic Ruairí, 27% in Áth an Rí, 19% i Droim na Coille agus 11% ar an Achadh Ard. I gCÍ Choill Íochtair, bhí TC Chorr Dhoire (43%), i Machaire na gCaorach (21%) agus i gCoill Íochtar (24%) ar na toghranna ceantair ab airde ó thaobh dátheangach de. I gCÍ Pomeroy, bhí 61% acu sin a bhí 60+ ina ndátheangaigh, 40% acu sin ar an Fhíonáin agus 24% i mBaile na Solas. Bhí leibhéal na ndátheangach a bhí 60+ i bhfuílleach na gceantair íoclainne i gCo. Thír Eoghain idir 3% and 8%.

TÁBLA 10
Ceantair Íoclainne i gCo. Lú ina raibh Gaeilge agus Béarla ag idir 10–50% acu sin a bhí 60+ (Daonáireamh 1911)

CEANTAIR ÍOCLAINNE	% A LABHAIR GAEILGE & BÉARLA
Cairlinn	31%
Bhaile Bharúin	22%
Gleann na bhFiach	10%

Ba i gceantar íoclainne Chairlinn i gCo. Lú ab airde a bhí leibhéil na ndátheangach, áit a raibh 87% acu sin a bhí 60+ ina ndátheangaigh. Bhí na céatadáin i bhfad níos ísle do na TC eile. I gCairlinn bhí 22% den aoisghrúpa i dTC Ráth Corr dátheangach. I mBaile Bharúin, seo a leanas na TC ab airde dátheangaigh a bhí 60+: Creagán Íochtarach (37%); Baile Bharúin (26%); and Fochaird (21%). I gCÍ Ghleann na bhFiach, bhí an leibhéil is airde dátheangach i bparóiste Bhaile Mhic Scanláin: i dTC Ghleann na bhFiaich (14%) agus i mBaile Sheinincín (10%). Bhí seacht gcloigne déag agus dhá scór duine a bhí 60+ a raibh an dá theanga acu (5%) i nDún Dealgan Uirbeach. Bhí leibhéil na ndátheangach a bhí 60+ i bhfuílleach na gceantar íoclainne i gCo. Lú idir 3% agus 6%.

Gortin DEDs. In Plumbridge, 97% of those who were 60+ spoke both languages in the Glenchiel DED, 72% in Glenroan, 49% in Mount Hamilton agus 11% in Stranagalwilly. In the Omagh 2 Dispensary District, 82% of the age-group were bilingual in Creggan, 50% in Carrickmore, 28% Loughmacrory, 27% Athenkee, 19% in Drumnakelly and 11% in Mountfield. In Killeter DD, the DEDs with the highest levels of bilinguals who were 60+ were Corgary (43%), Magherangeeragh (21%) and Killeter (24%). In Pomeroy DD, 61% of those who were 60+ were bilingual, 40% of those in Killeenan and 24% in Ballynasollus. The percentage levels for the remaining dispensary districts in Co. Tyrone ranged between 3% and 8%.

TABLE 10
Dispensary Districts in Co. Louth in which between 10–50% of those who are 60+ speak Irish and English (1911 Census)

DISPENSARY DISTRICTS	% WHO SPEAK IRISH & ENGLISH
Carlingford	31%
Barronstown	22%
Ravensdale	10%

The highest levels of bilinguals in Co. Louth were in the Carlingford Dispensary District, where 87% of those who were 60+ were bilingual. The percentages were much lower for all the other DEDs. In Carlingford 22% of the age-group in Rathcor DED were also bilingual. In Barronstown, the following DEDs returned the highest levels of bilinguals for those who were 60+: Creggan Upper (37%); Barronstown (26%); and Faughart (21%). In Ravensdale DD, the parish of Ballymacscanlan returned the highest levels of bilinguals: Ravensale DED (14%) and Jenkinstown (10%). Fifty-seven individuals (5%) who were 60+ were returned for Dundalk Urban. The percentage levels for bilinguals in the remaining dispensary districts ranged from 3% to 6%.

Bhí torthaí chuid oibre FitzGerald orthu sin a bhí 60+ i ndaonáireamh 1911 ina thuar maith ar chreimeadh na teanga i gCúige Uladh. Is é an rud is suntasaí faoin áit a dtiocfadh linn na croí-Ghaeltachtaí a thabhairt orthu nó an léiriú go raibh an claonadh i dtreo an dátheangachais bunaithe go maith, fiú sna Gaeltachtaí a ba láidre. Ní raibh ach dhá thoghroinn ceantair, Gort an Choirce agus Mín an Chladaigh, a raibh os cionn 50% den phobal os cionn 60 ina n-aonteangaigh Gaeilge, cé go mb'fhéidir go raibh ceantair taobh istigh de na toghranna ceantair eile a bhí ard fosta, mar shampla, Rann na Feirste i dTC Anagaire. I 1911 bhí idir 90% agus 100% acu sin a bhí 60+ ina ndátheangaigh i 29 TC i nDún na nGall, ach ní raibh ach 10 dTC a raibh leibhéil na n-aonteangach os cionn 20% iontu. Bheadh sé suimiúil staidéar a dhéanamh ar an chomhghaol idir leibhéil na n-aonteangach agus staid na nGaeltachtaí éagsúla i nDún na nGall inniu.

Is féidir sonraí FitzGerald ó Dhaonáireamh 1911 a úsáid le heachtarshuíomh a dhéanamh siar go haimsir an ghorta le déanamh amach cá mhéad cainteoir a bhí i gceantar áirithe ag an phointe sin. Mar sin, má bhí 51% den phobal a bhí os cionn 60 ina ndátheangaigh i dTC Ghleann Arma in Aontroim, mar shampla, léiríonn sin de réir FitzGerald gur féidir linn talamh slán a dhéanamh de go raibh ar an laghad leath an phobail sin ina gcainteoirí Gaeilge thart fá thréimhse an Ghorta Mhóir.

Ó thaobh bhailiúchán Doegen de, bhí rogha leathan cainteoirí ag na bailitheoirí i nDún na nGall. Tógadh ábhar ó Iorras i dtuaisceart Inis Eoghain go Gleann Cholmcille sa deisceart, ach chuirfeadh sé iontas ar dhuine nár tógadh ábhar ó oileán ar bith ach Gabhla agus nach raibh ábhar ann as Machaire Chlochair nó Mín an Chladaigh i nGaoth Dobhair. Is sonraíoch an mhaise go raibh 89% den phobal os cionn 60 dátheangach in Iorras, Cluain Maine agus 81% ar Thamhnach an Mhullaigh taobh amuigh de Bhaile Dhún na nGall dátheangach in 1911, ach faoin am ar tógadh ábhar an leabhair seo bhí an Ghaeilge ionann agus a bheith caillte sa dá cheantar Gaeltachta seo. Ba mhór an difear idir sin agus an méid a chonaic Seán Ó Donabháin céad bliain roimhe sin agus é ar cuairt ar Chluain Maine in 1835:

The results of FitzGerald's work on the 60+ age-group in the 1911 Census proved to be a good indicator of patterns of language attrition in Ulster. The most striking finding about what we could now term the core Gaeltacht areas was that the movement towards bilingualism, even in the strongest Gaeltachts, was clearly established. Only two District Electoral Divisions, Gortahork and Meenaclady, returned levels of over 50% who were monoglots, although there may have been areas within other DEDs where monoglot levels were also high, for example, Ranafast in the Annagry DED. Between 90–100% of the 60+ age-group were bilinguals in 29 DEDs in Donegal in 1991, but only 10 DEDs in the county had levels of monolinguals which exceeded 20%. It would be interesting to investigate the correlation between the levels of monolinguals and the state of the various Gaeltacht areas in Donegal today.

FitzGerald's data from the 1911 census can also be used to extrapolate back to the time of the famine to determine whether an area was Irish-speaking at that point. Therefore, if 51% of those who were 60+ were bilingual in the Glenarm DED in Antrim, for example, then according to FitzGerald one can assume that at least half of the population in that area were Irish-speaking in the immediate pre-famine period.

In terms of the Doegen collection, collectors had the choice of a wide range of speakers in Donegal. Material was collected from Erris in north Inishowen to Glenkolumbcille in the south but, surprisingly, no material was collected from any of the islands except Gola, nor from Magheraclogher or Meenaclady in Gweedore. It is striking to note that both Erris (Clonmany) and Tawnawully, near Donegal town had 89% and 81% bilinguals who were 60+ in 1911 but by 1931, when the material was collected, these Gaeltacht areas were in a parlous state. This contrasts dramatically with the situation a century earlier when John O'Donovan visited Clonmany in 1835:

Clonmany is the most Irish parish I have yet visited; the men only,
who go to markets and fairs, speak a little English, the women and
children speak Irish only. This arises from their distance from villages
and towns, and from being completely environed by mountains which
form a gigantic barrier between them and the more civilized and less
civil inhabitants of the lower country. I have never heard Irish better
spoken, nor experienced more natural civility and innocence than that
very secluded and wild parish.

O'Donovan *Ordnance Survey Letters*
23 Deireadh Fómhair 1835, Bun Cranncha

Ba an scéal céanna é sna contaetha eile ar tógadh ábhar iontu go
luath sna tríochaidí. Bunús an ama, cuireadh síos orthu sin ar tógadh
ábhar uathu mar 'na cainteoirí dúchais deireanacha' agus níor bailíodh
aon ábhar ó Cho. an Dúin, Fhear Manach nó Mhuineachán.

Inniu, maireann an Ghaeilge mar theanga pobail i nGaeltachtaí
iarthar Dhún na nGall. Do thromlach na coda eile de Chúige Uladh, is
teanga í a foghlaimíodh mar dhara teanga, fríd ghníomh an duine
aonair nó ar scoil, go háirithe fríd chóras na Gaelscolaíochta. Tá laghdú
ag teacht ar uimhreacha na ndaoine sna ceantair Ghaeltachta a
úsáideann an Ghaeilge ar bhonn laethúil agus tá díospóireacht reatha
ann faoi atarraingt theorainneacha na Gaeltachta. I dTuaisceart Éireann,
tá eolas ag 10.4% den phobal ar an teanga de réir dhaonáireamh 2001.
Meastar go bhfuil idir 40,000 agus 45,000 ina gcainteoirí
fheidhmeacha Gaeilge, agus thar 10,000 atá líofa i réimse cumas. Mar
is ionann sa chuid eile d'Éirinn, is é an dúshlán is mó pobail bheo a
chruthú ina mbuanaítear seachadadh idirghlúine teanga.

Clonmany is the most Irish parish I have yet visited; the men only, who go to markets and fairs, speak a little English, the women and children speak Irish only. This arises from their distance from villages and towns, and from being completely environed by mountains which form a gigantic barrier between them and the more civilized and less civil inhabitants of the lower country. I have never heard Irish better spoken, nor experienced more natural civility and innocence than that very secluded and wild parish.

O'Donovan *Ordnance Survey Letters*
23 October 1835, Buncrana

It was a similar story for the remaining counties by the time the Doegen material was collected in the early thirties. In most cases, those from whom material was collected were described as the last remaining native speakers, while no material was collected from counties Down, Fermanagh or Monaghan.

Today, Irish survives as a community language in the west Donegal Gaeltacht. For the vast majority of the rest of Ulster, Irish is learned as a second language either through individual endeavour or at school, particularly through the Irish-medium education system. The numbers of people using Irish as a daily language in Gaeltacht areas are falling and there is an ongoing debate about the redrawing of Gaeltacht boundaries. In Northern Ireland, 10.4% of the population claimed knowledge of the Irish language in the 2001 census. Of those, it is estimated that there are between 40,000 and 45,000 who are functional speakers of Irish, and over 10,000 who are fluent across a range of abilities. As in the rest of Ireland, the challenge remains the creation of language communities and sustained patterns of intergenerational transmission.

Bailiúchán Doegen

Ainmníodh bailiúchán Doegen, mar a thugtar air, as Wilhelm Doegen, scoláire foghraíochta as Beirlín. Bhí Doegen ina cheannródaí maidir le húsáid taifeadtaí fuaime le teangacha a theagasc. D'fhorbair sé gléas taifeadta dá chuid féin, an 'Doegen Lautapparat' in 1909, a bhain duais ag Aonach Domhanda na Bruiséile in 1911. Rinneadh taifead ar chreathanna fuaime ar chéir fríd adharc a bhí méadar ar fad agus ansin fáisceadh an fhuaim ar phlátaí seileaic. Bhí sé páirteach i mbunú Choimisiún Ríoga Fhónagraifeach na Prúise in 1915 agus gan mórán moille bhí sé ina fhoras tiomána ag an choimisiún. Bhí aidhm uaillmhianach ag an choimisiún sa mhéid is gur mhian leis, ní amháin canúintí dúchasacha na Gearmáine agus guthanna daoine iomráiteacha a bhailiú, ach teangacha, ceol agus amhráin phobail an domhain uile chomh maith.

Dhéanadh an Coimisiún taifeadadh ar phríosúnaigh cogaidh idir 1915–1918: tógadh os cionn 250 canúint agus teanga éagsúla uathu. Cé gur le teanga agus ceol a bhí an staidéar luaite ina thús, bhí an antraipeolaíocht fhisiceach mar chuid de fosta, nó rinneadh cur síos sistéamach ar thréithe fisiceacha na bpríosúnach. Síltear gur cuireadh scéim thaifeadadh na bpríosúnach cogaidh chun tosaigh ar an rialtas ar an bhunús go mbeadh eolas ar chanúintí Briotanacha úsáideach dá mba rud é go mbeadh an bua ag an Ghearmáin sa Chéad Chogadh Dhomhanda.

Tháinig Roinn Fuaime Leabharlann Stáit na Prúise ina chomharba ar an Choimisiún agus rinneadh Stiúrthóir de Wilhelm Doegen air sin, áit ar fhan sé gur briseadh as a phost é in 1933. Bhí Doegen ina bhall den Chumann Idirnáisiúnta Foghraíochta agus mheas an Páirtí Naitsíoch go raibh an eagraíocht faoi riar Giúdach. Chuir dreamanna frith-Ghiúdacha feachtas ar bun in éadan an Chumainn agus is cosúil gur cuireadh brú polaitiúil ar na húdaráis Doegen a bhriseadh as a phost.

The Doegen Collection

The Doegen collection, as it is generally known, was named after Dr. Wilhelm Doegen, a scholar of phonetics from Berlin. Doegen pioneered the recording of sound for the purposes of language teaching. He developed his own recording device, the 'Doegen Lautapparat' in 1909, which later won a prize at the Brussels World Fair in 1911. The device recorded sound vibrations onto wax through a metre-long horn, which were subsequently pressed onto shellac disks. He was involved in the establishment of the Royal Prussian Phonographic Commission in 1915 and quickly became the driving force behind the commission. It ambitiously sought to capture not only native German dialects and the voices of famous people but also the languages, music and song of peoples all over the world.

The Commission would also collect recordings of prisoners of war between 1915–1918; over 250 different languages and dialects were recorded. Although the study was originally concerned with language and music, the project also included physical anthropology as the physical attributes of POWs were systematically recorded. It is thought that the scheme of recording the POWs was pitched to the government on the basis that should Germany win the First World War, knowledge of British accents would prove useful.

Wilhelm Doegen became Director of the Commission's successor, the Prussian State Library Sound Department, in 1920 where he remained until his dismissal in 1933. Doegen was a member of the International Phonetic Association which the ruling Nazi party believed was being run by Jews. A campaign was mounted by anti-Semitic groups against the IPA and it appears political pressure was brought to bear on the relevant authorities to dismiss Doegen. Wilhem Doegen died in 1967.

Fuair Wilhelm Doegen bás in 1967. Tá bailiúchán Roinn Fuaime Leabharlann Stáit na Prúise lonnaithe in Ollscoile Humboldt, i mBeirlín anois.

Chuaigh iomrá obair Doegen roimhe agus in 1926, d'iarr Roinn Oideachais an tSaorstáit ar Acadamh Ríoga na hÉireann tionscnamh a bhainistiú ina ndéanfaí taifeadadh ar chainteoirí dúchais, go príomha as ceantair ina raibh an Ghaeilge ina teanga pobail go fóill. D'aontaigh Coiste an Léinn Éireannaigh, Acadamh Ríoga na hÉireann, cainteoirí fóirsteanacha a roghnú agus a ullmhú, agus maoirseacht a dhéanamh ar phróiseas an taifeadta. Mhaoinigh an Roinn Airgidis an tionscnamh agus tugadh cuireadh don Dr. Doegen a theacht le dul i mbun taifeadta.

Tháinig an Dr. Doegen agus Karl Tempel go Corcaigh in 1928, áit ar sheol an tUachtarán W. T. Cosgrave an tionscnamh. Thosaigh an obair i gCúige Mumhan agus tugadh na cainteoirí go Corcaigh nó go Cill Airne don taifeadadh. Rinneadh taifeadtaí Chúige Chonnacht agus Cho. an Chláir an samhradh dár gcionn, agus cuid Chúige Uladh i bhfómhar na bliana 1931. Cé go dtagraítear don bhailiúchán, mar bhailiúchán Doegen, is é a chomhghleacaí Karl Tempel a rinne bunús na dtaifeadtaí in Éirinn.

Déanann miontuairiscí an Acadaimh cur síos ar na deacrachtaí a bhí rompu siúd arbh éigean dóibh na cainteoirí a roghnú, go háirithe ó tharla gur ceann d'aidhmeanna an tionscnaimh léiriú a dhéanamh ar na difríochtaí, idir infhilleadh agus chiúta cainte, sna ceantair éagsúla. Ba í an fhadhb nó nach raibh a sáith maoinithe acu le riar ar na héagsúlachtaí canúna uilig i ngach ceantar. Bhí an tuigbheáil ann fosta gur chóir daoine as na ceantair a raibh an Ghaeilge beagnach caillte iontu a thaifeadadh fosta.

Chuir an Dr. Doegen roinnt coinníollacha i bhfeidhm fosta a bhí doiligh go maith a chomhlíonadh:

> Dr. Doegen had emphasized the importance of securing for the work speakers with clear articulation, strong voices, and above all, well-preserved teeth.
>
> *Abstract of Minutes, Session 1928–29: 21*
> *Proceedings of the Royal Irish Academy*

The Prussian State Library Sound Department collection is now held at the Humboldt University, Berlin.

News of Doegen's work reached Ireland. In 1926, the Ministry of Education instructed the Royal Irish Academy (RIA) to administer a project which would record native speakers, primarily from those areas in which Irish was still spoken as a community language. The Irish Studies Committee, RIA, agreed to select and prepare suitable speakers, and to supervise the recording process. The project was funded by the Department of Finance and Dr. Doegen was invited to to begin the recording process.

Dr. Doegen and Karl Tempel arrived in Cork in 1928, where the project was launched by President W. T. Cosgrave. The work began in Munster and speakers were brought to either Cork or Killarney to be recorded. The Connacht and Co. Clare recordings were made the following summer, and the Ulster recordings in the autumn of 1931. Although the collection is usually referred to as the Doegen collection, his colleague Karl Tempel carried out most of the recordings in Ireland.

The minutes of the RIA note the difficulties facing those who had the job of selecting speakers, particularly as one of the aims of the project was to illustrate the differences in inflection and idiom between different districts. The fact was that funding simply did not stretch to include all dialect variations in a given area. There was also an awareness that some of the speakers from areas in which Irish was almost extinct should be recorded.

Dr. Doegen had also stipulated certain criteria which proved rather difficult to fulfil:

> Dr. Doegen had emphasized the importance of securing for the work speakers with clear articulation, strong voices, and above all, well-preserved teeth.
>
> *Abstract of Minutes, Session 1928–29: 21*

Nuair a a chuaigh siad i gceann taifeadta i gCúige Mumhan, is cosúil go ndearnadh gach iarracht cinntiú go raibh fiacla de chineál éigin ag na cainteoirí, cé gur aithin cuid de na bailitheoirí go raibh 'cainteoirí maithe' á gcur ó dhoras de dhíobháil fiacal. De réir cosúlachta, níor éirigh leis na roghnaitheoirí, an Dr. Bergin agus an Dr. Ó Rathaille, a theacht ar aon bhean amháin i gCúige Mumhan a bhí ag teacht leis na critéir. Go hadmháil, bhí bailitheoirí an tuaiscirt níos solúbtha, rud a d'fhág go bhfuil guthanna ban le cluinstin sa bhailiúchán seo.

Tugadh na cainteoirí a roghnaíodh go hionaid réigiúnacha taifeadta, áit a ndearna saineolaithe measúnú ar gach cainteoir. Ansin roghnaigh na saineolaithe amhráin nó scéalta as stór gach cainteora. Rinneadh triail-thaifeadadh ar gach guth agus cuireadh síos dhá phíosa taifeadta ó gach cainteoir de ghnáth. Bhí rún ann ar dtús go léadh siad an téacs céanna sa dóigh is gurbh fhéidir iad a úsáid le comparáid teangeolaíoch a dhéanamh. Bhí scéal An Mac Drabhlásach as an Bhíobla in úsáid cheana féin ag Doegen sa Ghearmáin agus bhí leagan an Chanónaigh Uí Laoghaire le húsáid in Éirinn. Iarradh orthu siúd a bhí ag ullmhú na gcainteoirí cinntiú go n-athrófaí an téacs sa dóigh is go mbeadh sé ag teacht leis an chanúint agus an gnás cainte áitiúil: féach Aguisín 1 le cóip den 'Leaflet of Instructions' a d'ullmhaigh an tAcadamh a fheiceáil. Go minic, níor úsáideadh an téacs nó bhí sé foghlamtha de ghlan-mheabhair acu nó bhí a gcuid féin déanta acu de mar a léirítear ag 'Roddy the Rover' in *Scéala Éireann*:

> The shanachie who was to deliver the tale in his best blas had it read to him. Then said he: 'I can tell this best if I tell it in my own way and in my own words.' He struck his left hand to his thigh and raised his right hand and began: 'Bhí fear ann fadó agus bhí beirt mhac aige …' He had started a hundred tales in that fashion. 'Once upon a time there was a man, and he had two sons …' They say the parable, in its folk version, was excellent hearing …'
>
> 22 Meán Fómhair 1931: 9

Sna cásanna sin, chinn na bailitheoirí gan téacs An Mac Drabhlásach a úsáid agus cloí le scéalta a raibh níos mó cleachtaithe ag cainteoirí orthu. Níl ach leagan amháin den Mac Drabhlásach i mbailiúchán Chúige Uladh agus tógadh sin ó Bhrian Mac Amhlaoibh as Glinntí Aontroma.

Proceedings of the Royal Irish Academy

It appears that during the initial recordings in Munster every effort was made to ensure suitable candidates had teeth of some description, although some of the organisers lamented the fact that 'good speakers' who were dentally-challenged were being excluded. It appears that the selectors, Dr. Bergin and Dr. O'Rahilly, could not find a single woman in Munster who met their selection criteria. Fortunately, the Ulster and Connacht committees were more flexible in their approach and the voices of women are recorded in these collections.

Selected speakers were brought to regional recording centres and assembled experts assessed each speaker and made a selection from his or her repertoire of songs or stories. Test recordings of the voices were then made and two pieces were usually recorded from each candidate. It was initially proposed that each candidate would read the same text so that it could be used for comparative linguistic purposes. The biblical story of the Prodigal Son had originally been used by Doegen in Germany and Canon O'Leary's version was to be used in Ireland. Those preparing the candidates were asked to ensure that the chosen text be adapted to take account of local idiom and dialect; see Appendix 1 for a copy of the Leaflet of Instructions produced at the time by the RIA. In many cases, the text was not used, as candidates either learned it off by heart or made their own of it, as was noted by 'Roddy the Rover' in *Scéala Éireann*:

> The shanachie who was to deliver the tale in his best blas had it read to him. Then said he: 'I can tell this best if I tell it in my own way and in my own words.' He struck his left hand to his thigh and raised his right hand and began: 'Bhí fear ann fadó agus bhí beirt mhac aige ...' He had started a hundred tales in that fashion. 'Once upon a time there was a man, and he had two sons ...' They say the parable, in its folk version, was excellent hearing ...'
>
> *Irish Press*, 22 September 1931: 9

In such situations, the collectors decided to reject the agreed text in favour of stories with which speakers were more familiar. There is only

Iarradh ar gach cainteoir foirm darbh ainm Personal-Bogen a líonadh i ndiaidh na dtaifeadtaí. Is sonraí pearsanta ar nós, ainm, áit breithe, slí bheatha, teangacha a labhraíodh srl., a bhí uirthi: tá cóip de cheann de na foirmeacha le feiceáil in Aguisín 2. Iarradh ar na cainteoirí an t-ábhar a athrá ansin sa dóigh is gurbh fhéidir é a scríobh síos. Tá ábhar trascríofa ar fáil do thuairim agus ochtó faoin gcéad den bhailiúchán, agus cé nach dtagann siad leis an ábhar taifeadta go díreach, is áis an-úsáideach iad ní amháin leis an fhocal labhartha a thuigbheáil, ach mar fhoinse luachmhar ar na canúintí éagsúla. Chomh maith leis sin, thapaigh cuid de na cainteoirí an deis lena gcuid scéalta a chríochnú le linn an phróisis seo siocair go raibh teorann ama leis na taifeadtaí.

Rinneadh taifeadtaí Chúige Uladh agus Ó Méith idir 22ú agus 25ú Meán Fómhar 1931. Rinneadh ochtó taifead: 53 cinn ó 29 cainteoir as Co. Dhún na nGall; 10 gcinn ó cheathrar as Co. Thír Eoghain; seacht gcinn ó thriúr as Co. Lú; trí cinn ó bheirt as Co. Aontroma; trí cinn ó chainteoir amháin as Co. an Chabháin; dhá cheann ó chainteoir amháin as Co. Ard Mhacha; agus dhá cheann ó chainteoir amháin as Co. Dhoire.

Taifeadadh muintir Aontroma, Ard Mhacha, an Chabháin, Dhoire, Lú, agus Thír Eoghain (Muintir Luinnigh), in Ollscoil na Ríona, Béal Feirste. Rinneadh taifead ar chainteoirí Dhún na nGall agus fuílleach chainteoirí Thír Eoghain (Tearmann Uí Mhongáin) i dTeach na Cúirte, Leitir Ceanainn.

Cheap Acadamh Ríoga na hÉireann fochoiste leis an obair a dhéanamh. Ina measc bhí an tOllamh Ó Tuathail, an Dr. M.A. O'Brien, an Dr. Ó Searcaigh agus Myles Dillon, a bhí ina Rúnaí ar Choiste Léinn Éireannaigh an Acadaimh. Cé nach raibh Séamus Ó Néill ina bhall den fhochoiste, bhí an-dlúthbhaint aige le bailiúchán Chúige Uladh. Seo mar a chuir an Dr. O'Brien síos ar an tionscnamh i *Scéala Éireann*:

> 'I tried,' he added, 'to get the native speakers to tell the stories of their own lives in order that they might use their own language and not the more or less stereotyped language of these stories. We afterwards found that some of the best records were made in the cases where the speakers told their own life stories. One old man in the Glens of Antrim, near Cushendun, knew only the one song and, in fact, had not a word of Irish except the song which he remembered. 'We were greatly disappointed that we could get no record of the Rathlin Island Gaelic at all. I arranged for four of

one version of the Prodigal Son in the Ulster Collection which was collected from Bernard McAuley in the Glens of Antrim.

Following the recordings, each speaker was asked to complete what was called a 'Personal-Bogen' form. It provided details such as name, place of birth, occupation, languages spoken etc.; to view a copy of a Personal-Bogen form see Appendix 2. Speakers were then asked to repeat the recorded material so that it could be transcribed. Transcriptions are available for about eighty percent of the material, and although they do not always correlate with the recorded material, they are an extremely useful resource, not only in deciphering the spoken word but also as a valuable additional resource on the various dialects. Some speakers used the transcription process as an opportunity to complete stories which had not been completed on the recordings due to the time limit.

The Ulster and Omeath recordings were made between 22nd and 25th September 1931. Eighty recordings were made: 53 recordings from 29 speakers in Co. Donegal; 10 from four speakers in Co. Tyrone; seven from three speakers in Co. Louth; three from two speakers in Co. Antrim; three from one speaker in Co. Cavan; two from one speaker in Co. Armagh; and two from a single speaker in Co. Derry.

Recordings of the Antrim, Armagh, Cavan, Derry, Louth and Tyrone (Munterloney) speakers were made in Queen's University Belfast. The remaining recordings of Donegal and Tyrone (Termonamongan) speakers were made in Letterkenny Courthouse.

A subcommittee had been appointed by the RIA to carry out the work. It included Professor O'Toole, Dr. M. A. O'Brien, Dr. Séamus Ó Searcaigh and Myles Dillon, who was the Secretary of the Irish Studies Committee of the Academy. Although Séamus Ó Néill was not a member of the subcommittee, he was deeply involved with the Ulster collection. This is how Dr. O'Brien described the project in *Scéala Éireann* at the time:

> 'I tried,' he added, 'to get the native speakers to tell the stories of their own lives in order that they might use their own language and not the more or less stereotyped language of these stories. We afterwards found that some of the best records were made in the cases where the speakers told their own life stories. One old man

them to come to the mainland but, when the time came, they all had colds!' In Donegal we could get as many native speakers as we wished. There it was a case of choosing between the best speakers; whereas in Omeath and Antrim they were rare, and we had to be satisfied in some cases with anyone who spoke the dialect. 'In nearly every case,' he concluded, 'these simple people could not appreciate the importance of the work, and we had to enlist the services of the local parish priest and schoolmaster who, with their knowledge of the old people, were able to impress them with the importance of the task.'

27 Deireadh Fómhair 1931: 4

Bhí an Dr. O'Brien agus Séamus Ó Néill freagrach as bunús an ábhair a thrascríobh ach bhí baint ag Myles Dillon agus ag an Ollamh Ó Tuathail leo fosta. De réir Uí Thuathail, thiocfadh leis an obair a bheith trom go leor nó bhí cuid mhaith de na seandaoine a bhíthear a thaifeadadh bodhar agus chaithfeadh sé bunús an lae ag búirthigh "fan bomaite" nó "lean ort". Ach níor dhrochscéal uilig aige é, nó dúirt sé gur éist sé le daoine ag "gabháil den Fhiannaíocht, ag cur síos ar chuid eachtraí Oscair, Ghoill, Chonáin agus Fhinn féin sa chruth is go sílfeá gurbh iad seacht gcatha na Féinne a gcuid gaolta féin an lá a bhfuil inniu ann." (*Irish Independent*, 8 Deireadh Fómhair 1935: 5)

Tá bailiúchán iomlán de na plátaí seileaic a rinne Doegen idir 1928–1931 i seilbh Acadamh Ríoga na hÉireann. Tá 216 taifeadadh ann ar a bhfuil scéalta, amhráin, paidreacha, orthaí, agus uimhreacha. Lena chois sin, tá cóipeanna den ábhar trascríofa a rinneadh san am agus cóipeanna de na Personal-Bogen ar a bhfuil sonraí pearsanta gach cainteora. Tá an tAcadamh i mbun digitiú a dhéanamh ar an ábhar uilig as Cúige Uladh, Cúige Chonnacht agus Cúige Mumhan (http://dho.ie/doegen).

in the Glens of Antrim, near Cushendun, knew only the one song and, in fact, had not a word of Irish except the song which he remembered. 'We were greatly disappointed that we could get no record of the Rathlin Island Gaelic at all. I arranged for four of them to come to the mainland but, when the time came, they all had colds!' In Donegal we could get as many native speakers as we wished. There it was a case of choosing between the best speakers; whereas in Omeath and Antrim they were rare, and we had to be satisfied in some cases with anyone who spoke the dialect. 'In nearly every case,' he concluded, 'these simple people could not appreciate the importance of the work, and we had to enlist the services of the local parish priest and schoolmaster who, with their knowledge of the old people, were able to impress them with the importance of the task.'

27 October 1931: 4

Dr. O'Brien and Séamus Ó Néill were responsible for most of the transcriptions but both Myles Dillion and Professor O'Toole were also involved. According to Professor O'Toole this work could be quite onerous as many of the old people being recorded were hard of hearing and he spent much of his time shouting "Wait a minute" or "Go on". But he also had fond memories of the event, he noted that he had listened to "people reciting Fenian tales, describing the feats of Oscar, Goll, Conan and Finn himself, as if they themselves were the living relatives of the seven bands of the Fianna." (*Irish Independent*, 8 Oct 1935:5)

The Royal Irish Academy houses a complete collection of the shellac disks made by Doegen between 1928–1931. The 216 recordings include stories, songs, prayers, charms and numerals. In addition copies of the transcriptions made at the time and the Personal-Bogen which record the personal details of each speaker are available. The RIA is digitising all the material from Ulster, Connacht, and Munster (http://dho.ie/doegen).

Gaeilge Dhún na nGall agus Oirthear Uladh

Tá mórchuid an ábhair atá ar fáil faoi Ghaeilge Chúige Uladh bunaithe ar chanúintí iarthuaisceart agus iardheisceart Dhún na nGall cionn is gurbh iadsan na Gaeltachtaí is faide a mhair. Déanann leabhar Dhónaill Uí Bhaoill *An Teanga Bheo: Gaeilge Uladh* (1996) cur síos cuimsitheach ar thréithe suntasacha Ghaeilge Chúige Uladh agus tá réimse leathan ábhair ar fáil ag Ciarán Ó Duibhín ar Ghaeilge Chúige Uladh ar an tsuíomh seo a leanas www.smo.uhi.ac.uk/~oduibhin/. Seachas athchagnadh a dhéanamh ar obair cheachtar acu sin, agus ag glacadh leis go mbeidh eolas ag daoine ar Ghaeilge Dhún na nGall, díreoidh an mhír seo ar na difríochtaí is mó a bhí idir Gaeilge Dhún na nGall agus Gaeilge Oirthear Uladh.

Is minic codarsnachtaí sna cuntais ar chanúintí Chúige Uladh. Is minic, mar shampla, a chuirtí Gaeilge Inis Eoghain le Gaeilge Oirthear Uladh cionn is go raibh go leor de shaintréithe an oirthir le sonrú ar an chanúint sin. Ach sin ráite, deirtear gur deise i bhfad Gaeilge Inis Eoghain do chanúintí Ros Goill agus Fhánada nó do Ghaeilge Oirthear Uladh. Tá cur agus cúiteamh faoi cén dóigh ar féidir rangú a dhéanamh ar cheantair eile ó thaobh na canúna de. Cuireadh síos ar Ghaeilge Reachlainn roimhe seo mar chanúint de chuid Ghaeilge na hAlban agus mar chanúint de chuid na hÉireann. Ach meastar anois gur cuid de "chontanam teanga" Ghaeilge na hÉireann agus na hAlban í. Mar sin de, is canúint Gaeilge Reachlainn atá ar an teorann idir an dá Ghaeilge agus a bhfuil tionchar an dá fhoirm le sonrú uirthi. Cuirtear síos ar Ghaeilge Ghleann Ghaibhle mar chuid de Ghaeilge Oirthear Uladh fosta, ach tá tréithe a bhaineann le Gaeilge Oirthuaisceart Chonnacht le sonrú ar an chanúint. Cé go bhfuil Gaeilge Cho. Lú suite i gCúige Laighean is croíchanúint Ultach í.

Donegal and East Ulster Irish

Much of the material available on Ulster Irish is based on the dialects of north-west and south-west Donegal because these are the regions in which Irish survived the longest. Dónall Ó Baoill's book *An Teanga Bheo: Gaeilge Uladh* (1996) provides a good overview of the defining characteristics of Ulster Irish and Ciarán Ó Duibhín provides a wide range of material on various aspects of Ulster Irish on the website www.smo.uhi.ac.uk/~oduibhin/. Rather than review the material provided by either of the above, and accepting that people will be familiar with Donegal Irish, this section will concentrate on the major differences between Donegal and East Ulster Irish.

Accounts of Ulster Irish dialects often present contradictions. Inishowen Irish, for example, is often classified as East Ulster Irish and exhibited a number of the key characteristics associated with that dialect. However, the case is also made that despite these similarities, Inishowen Irish was much closer to the dialects of Rosguill and Fanad than that of East Ulster. There is also some debate about how to categorize other areas in terms of dialect. Rathlin Irish, has been described as both a dialect of Scottish Gaelic and a dialect of Irish Gaelic in the past. It is now generally considered to be part of the "language continuum" of Irish and Scottish Gaelic. As such, Rathlin Irish is a dialect at the interface of both forms of Gaelic, which exhibits influences from both. The Irish of Glengevlin, Co. Cavan, is also described as an East Ulster dialect but also exhibits many of the characteristics of the Irish of north-east Connacht. The Irish of Co. Louth, though situated in the Province of Leinster, is very much an Ulster dialect.

Taobh amuigh den bhéim a chuirtear ar chéad siolla focail agus an giorrú ar ghutaí neamhaiceanta, is é úsáid na míre diúltaí *cha* an sainchomhartha is treise a shamhlaítear le Gaeilge Chúige Uladh. Sna staidéir luatha ar chanúintí na Gaeilge, measadh gur tionchar Ghaeilge na hAlban a ba chúis le húsáid *cha* i nGaeilge Chúige Uladh agus measadh gur sna meán-aoiseanna a tháinig an fhoirm seo isteach. Is é an bharúil choiteann anois nó gur forbairt nádúrtha seo agus gur tréith dhúchasach Ultach *cha*. Tá fianaise dá úsáid chomh fada siar leis an tSean-Ghaeilge. Úsáidtear *cha* in Oirthear Uladh agus i dtuaisceart Dhún na nGall. Mar is faide ó dheas a théann tú i nDún na nGall is sin mar is lú a úsáidtear é, ach amháin i bhfrásaí cosúil le *chan fhuil, chan amháin*. Sa chás sin, tá béim i gceist le *cha* de ghnáth; má úsáidtear *chan fhuil* seachas *níl* i bhfreagra thig leis an diúltú sin a bheith níos cinntí. Is *cha* amháin a úsáidtear i nGaeilge Oirthear Uladh. Ní minic a chluintí *Níl* in Inis Eoghain ach oiread ach nuair a chluintí bhíodh an *í* giorraithe. Tá go leor samplaí d'úsáid *cha* sa bhailiúchán seo: *Chan bhfeic tú iad anocht*, Brian Mac Amhlaoibh, Aontroim; *Cha dtiocfadh* Eoin Ó Cianáin, Tír Eoghain; *Cha bhfeicimse*, Pádraig Ó Gallchobhair, Tír Eoghain; *Chan fheil*, Brighid Ní Chaslaigh, Ó Méith. Níl an fhoirm dhiúltach *char* le fáil ach i nGaeilge Chúige Uladh, mar shampla, *char aithnigh*, Brian Mac Amhlaoibh, Aontroim; *char dhúirt* and *char mhothaigh*, Máire Nic Daibhéid, Tír Eoghain agus *Char fhan*, Phil Mac Giolla Cheara, Inis Eoghain.

Tá tionchar Ghaeilge na hAlban ar Ghaeilge Oirthear Uladh le sonrú ar chaint Bhriain Mhic Amhlaoibh and Mhíchíl Mac Thiarnáin as Glinntí Aontroma. Tá frásaí macasamhail le *Cáidé as nar dhúirt tú* agus *far a bheil* in úsáid acu a shamhlófaí níos mó le Gaeilge na hAlban. Úsáidtear *báta* seachas *bád* fosta. Tá an críoch −*an* a bíos san iolra i nGaeilge na hAlban le fáil san fhocal *cairdean* agus i bhfuaimniú na bhfocal seo a leanas, a bhfuil lorg fhuaimniú Ghaeilge na hAlban orthu: *fhéin, ibh, thusa*, agus *músclaíonn*, áit a bhfuil fadú déanta ar an chéad ghuta. Léiríonn na focla seo a leanas tionchar Ghaeilge na hAlban fosta: *thugainn, ruiginn* agus *bheiridh*.

Ó thaobh na foghraíochta de, bhí tréithe ar leith ag baint le Gaeilge Oirthear Uladh. Mar shampla, fuaimníodh *ch* mar *h* nó fágadh ar lár é: *bearrach >bearra, fiche > fie, chónaí > honaí, millteanach >millteana, buíochas > buíos*. Bhíodh an chéad ghuta san fhocal *buíochas* i bhfad níos faide

Besides placing the emphasis on the first syllable of a word and shortening the vowels which follow, the use of the verbal particle *cha* is probably one of the most salient markers of Ulster Irish. In early studies of Irish dialects, the use of *cha* in Ulster Irish was attributed to the influence of Scottish Gaelic, and it was thought that this form was introduced in the middle ages. The current view is that it was a natural linguistic development and that *cha* is an indigenous feature of Ulster Irish. There is evidence of its use as far back as Old Irish. *Cha* is used in East Ulster Irish and in north Donegal. The further south one goes in Donegal the less it appears, except in phrases such as *chan fhuil, chan amháin*. In this situation, *cha* plays an emphatic role, using *chan fhuil* instead of *níl* in a response can indicate a much more definite refusal. The negative particle *cha* was used exclusively in East Ulster Irish. *Níl* was rarely used in Inishowen either but when it was the *i* was shortened. There are many examples of the use of *cha* in this collection: *Chan bhfeic tú iad anocht*, Bernard McAuley, Antrim; *Cha dtiocfadh* Owen Keenan, Tyrone; *Cha bhfeicimse,* Patrick Gallagher, Tyrone; *Chan fheil*, Brigid Casserly, Omeath. The negative form *char* is to be found only in Ulster Irish, e.g. *char aithnigh,* Bernard McAuley, Antrim; *char dhúirt* and *char mhothaigh,* Mary McDaid, Tyrone and *Char fhan,* Phil Kerr, Inishowen.

The Scottish Gaelic influence in East Ulster Irish is evident in the speech of Bernard McAuley and Michael McKiernan from the Glens of Antrim. Phrases such as *Caidé as nar dhúirt tú* and *far a bheil* are used which one would associate more with Scottish than Irish Gaelic. *Báta* is used instead of *bád*. The Scottish Gaelic plural ending *–an* is also found in the word *cairdean* and the pronunciation of the following words echo Scottish Gaelic pronunciation: *mé fhéin, ibh, thusa,* and *músclaíonn,* where the first vowel is lengthened. The following forms also appear to exhibit Scottish Gaelic influence: *thugainn, ruiginn* and *bheiridh*.

In terms of pronunciation, East Ulster Irish displayed particular characteristics. For example, *ch* was lowered to *h* or completely omitted, e.g. *bearrach* >*bearra, fiche* > *fie, chónaí* > *hónaí, millteanach* >*millteana, buíochas* > *buíos*. The initial vowel in the word *buíochas* was also much longer than it would be in Donegal Irish. This tendency towards

nó a bhíodh sé i nGaeilge Dhún na nGall. Bhí an claonadh seo i dtreo fadú a dhéanamh ar ghutaí le sonrú ar an fhocal *fliuch* ag Brian Mac Cuarta, Ó Méith, a fhuaimníonn an focal mar *fliuh*. Dhéantaí giorrú i lár focail fosta, mar shampla, báitear *th* sna focla seo a leanas: *athar* > *ar*, *bóthar* >*bor*, *athrú* >*arú*. Cluintear an fhoirm ghiorraithe de *athair* go soiléir i scéal Bhriain Mhic Amhlaoibh 'An Mac Drabhlásach' agus úsáideann Jane Nic Ruaidhrí agus Máire Nic Daibhéid as Tír Eoghain leaganacha giorraithe de *athair* agus *máthair*. Níl fuaimniú s'acusan díreach chomh gairid le ceann Mhic Amhlaoibh.

Bhí claonadh i dtreo –*cht* > –*rt* i dTír Eoghain agus cluintear seo i gcoda de thuaisceart Dhún na nGall fosta, mar shampla, *ocht* >*ort, anocht* >*anort, seacht* > *seart*. Úsáideann Doiminic Ó Gallchobhair, Ros Goill, *teart* seachas *teacht* agus tá *ceartar* in áit *ceachtar* ag Eilís Ní Chléirchín, Baile na Croise. Deirtí *ea* mar *e* i bhfocla ar nós *bean/ ben, deas/ de*. Bhí *bog* seachas *beag* agus *drear* seachas *dreatháir [deartháir]* ag Brian Mac Cuarta, Ó Méith. Tá an cineál seo giorraithe le cluinstin i gcorráit fá Ghaeltachtaí thuaisceart Dhún na nGall, mar shampla, Cloich Cheann Fhaola. Tharla giorraithe fosta nuair a dhéantaí *e* de *ai,* mar shampla, *ainm* >*enm, aibhleog* >*ebhleog, cailín* >*celin* agus athraíodh *a* > *o* i bhfocla cosúil le *maidin* >*moidin, bainne* >*boinne, maith* >*moith, galar* >*golar*. Úsáideann Máire Nic Daibhéid *mogadh* seachas *magadh* sa bhailiúchán seo. Leanann an claonadh seo i dtreo an ghiorraithe i bhfocla ar nós *aingeal* agus *ceangal* áit a gcailltear an *ng* idir an dá ghuta. Úsáideann Cáit Ní Ghuibhirín *aineal* seachas *aingeal*. Is minic atá an focal *ceangal* cluinste agam agus é giorraithe sa dóigh sin i nDún na nGall, agus tá an dá fhuaimniú in úsáid ar fad, cé gurb é an leagan neamhghiorraithe is coitianta i measc an aosa óig.

I nGaeilge Oirthear Uladh tá séimhiú ar an *g* in *agam* >*agham, agad* >*aghad, againn* >*aghainn*. Tá an gnás seo coitianta i gcuid de chanúintí dheisceart Dhún na nGall, mar shampla, Gleann Cholm Cille. Sa bhailiúchán tá an fhoirm *aghat* nó *aghad* in úsáid ag Maighréad Ní Dhomhnaill, Dúchoraidh, Séamus Ó Casaide, Teileann, Jane Nic Ruaidhrí, Tír Eoghain agus Brian Mac Cuarta, Ó Méith. Tchítear an patrún céanna san fhocal *freagair* agus tá an gnás sin coitianta go leor i nDún na nGall fosta.

I gcoda d'Oirthear Chúige Uladh, bhíodh fuaimniú an défhoghair *ao* níos faide nó a bheadh sé i nDún na nGall. In Ard Mhacha fuaimníodh

lengthening vowels was also seen in the pronunciation of the word
fliuch by Brian McCourt, Omeath, as *fliuh*. Shortening also occurred in
the middle of words, for example, *th* would not have been pronounced
in the following words, e.g. *athar* > *ar*, *bóthar* > *bor*, *athrú* > *arú*. The
shortened version of *athair* is to be heard clearly in Bernard McAuley's
story 'The Prodigal Son', and both Jane McRory and Mary McDaid
from Tyrone use the shortened forms of *athair* and *máthair*. Their
pronunciation is not quite as short as that of McAuley.

There was also a tendency towards changing *–cht* > *–rt* in Tyrone
and this is also heard in parts of north Donegal, e.g. *ocht* > *ort*, *anocht*
> *anort*, *seacht* > *seart*. Dominic Gallagher, Rosgoill, uses *teart* instead of
teacht and Eilis Clerkin, Draperstown, uses *ceartar* instead of *ceachtar*. *Ea*
was pronounced as *e* in words like *bean* > *ben*, *deas* > *de*. Brian McCourt,
Omeath, uses *bog* instead of *beag* and *drear* instead of *dreathair [dearthair]*.
This kind of vowel shortening can also be found in some of the north
Donegal Gaeltachts, e.g. Cloughaneely. Shortening also occurred when
ai was shortened to *e*, e.g. *ainm* > *enm*, *aibhleog* > *ebhleog*, *cailín* > *celin*. The
vowel *a* > *o* in words like *maidin* > *moidin*, *bainne* > *boinne*, *maith* > *moith*,
galar > *golar*. Mary McDaid, from Tyrone, uses *mogadh* instead of *magadh*
in this collection. This tendency to shorten words continues in words
such as *aingeal* and *ceangal* where the intervocalic *ng* simply disappears.
Kate McGivern from Omeath uses *aineal* instead of *aingeal*. I have often
heard the word *ceangal* shortened in this way in Donegal, and although
both pronunciations are still used, the unshortened version is more
common among younger speakers.

In East Ulster Irish the *g* is aspirated in *agam* > *agham*, *agad* > *aghad*,
againn > *aghainn*. This practice is also common in some of the south
Donegal dialects, e.g. Glencolumbkille. In this collection either the form
aghat or *aghad* is used by Margaret O'Donnell, Doochary; James Cassidy,
Teelin; Jane McRory, Tyrone; and Brian McCourt, Omeath. The same
pattern is evident in the word *freagair* and this is also quite common in
Donegal.

an *ao* i *saol* cosúil le *ee* san fhocal Béarla *heel*.

Bhí fuaimniú an fhrása *mé féin* mar / *mé hín*/ seachas / *mé héin*/ níos coitianta in Oirthear Uladh cé go bhfuil sé le cluinstin in áiteacha i nDún na nGall, mar shampla, i nGaeltacht Bhaile na Finne. Tá fuaimniú / *mé hín* /an-chosúil leis an fhuaimniú a dhéantar ar *mé féin* i nGaeilge na hAlban fosta.

Cé go gcluintear *goidé* agus *caidé* i mbunús na gcanúintí Ultacha, bhí úsáid *g* seachas *c* sa mhír cheisteach níos coitianta in Oirthear Uladh, go háirithe i nGaeilge Ard Mhacha, *goidé, gá, gad* seachas *caidé, cá, cad*. Tá sampla de seo againn ó Bhrian Mac Cuarta, Ó Méith, nuair a deir sé *Gá ngeobhas muid gearrán?*

Bhí an gnás ann *bh, mh* a fhuaimniú mar *v* i nGaeilge Oirthear Uladh i bhfocla cosúil le *leanbh, craobh, cnámh* agus *lámh*. Deir Brian Mac Amhlaoibh as Glinntí Aontroma / *mo vac* / seachas / *mo wac*/, mar shampla.

Úsáideadh *nas* seachas *níos* leis na foirmeacha comparáideacha de na haidiachtaí in Oirthear Uladh. Maireann an dá leagan i nDún na nGall ach is *níos* is coitianta anois. Sa bhailiúchán seo, tá *nas fhearr* ag Brian Mac Amhlaoibh, Glinntí Aontroma, *nas mó* ag Jane Nic Ruaidhrí, Tír Eoghain agus ag Diarmuid Mac Giolla Cheara, Inis Eoghain. Tá *nas deise* ag Pádraig Ó Siadhail, Ros Goill.

Déantar tagairt don bhriathar *déan* go minic nuair atáthar ag cur síos ar na difríochtaí idir úsáid bhriathra i nDún na nGall agus in Oirthear Uladh. Tá claonadh láidir, go háirithe i dTír Eoghain, an *d* i *déan* a rá mar *t*, mar shampla, *déan* > *téan*, ag *déanamh* > ag *téanamh*, *déanaigí* > *téanaigí*. Bhíodh an *é* i *déan* giorraithe fosta. Tá na foirmeacha seo a leanas in úsáid ag cainteoirí sa bhailiúchán seo: *téan an suipéar*, Eilís Ní Chleirchín, Baile na Croise; *caidé tá mé le téanamh anois?* Pádraig Ó Gallchobhair, Tír Eoghain; *téana [déan] tobar maith*, Brighid Ní Chaslaigh, Ó Méith.

Dúradh an *f* san aimsir fháistineach i gcorráit san oirthear, mar shampla, *suífidh* > *see-fee*. Leis an bhriathar *téigh* fuaimníodh *f* i gcónaí san aimsir chaite, *chuaigh* > *fuaigh*, rud a bhíodh coitianta in áiteacha i nDún na nGall fosta. Bhí an fhoirm *téigh* níos coitianta ná *gabh* chomh maith.

Meascadh an modh coinníollach agus an aimsir ghnáthchaite i nGaeilge Oirthear Uladh, sa dóigh is go dtiocfadh leis an chiall 'I would

In parts of East Ulster, the pronunciation of the diphthong *ao* appeared longer than the Donegal pronunciation. In Armagh *ao* in *saol* was pronounced almost like the *ee* in the English word *heel*.

The practice of pronouncing the phrase *mé féin* as / *mé hín*/ instead of / *mé héin*/ was more common in East Ulster, although it also occurred in some parts of Donegal, e.g. the Fintown Gaeltacht. This pronunciation of, / *mé hín* / is also very close to the Scottish Gaelic pronunciation of *mé féin*.

Although *goidé* and *caidé* can both be heard in most Ulster dialects, the use of *g* instead of *c* in the interrogative particle was much more common in East Ulster, particularly in Armagh Irish, e.g. *goidé, gá, gad* instead of *caidé, cá, cad*. We have an example of this from Brian McCourt, Omeath, when he says *Gá ngeobhas muid gearrán?*

The practice of pronouncing *bh, mh* as a *v* sound was common in East Ulster Irish in words such as *leanbh, craobh, cnámh* and *lámh*. Bernard McAuley from the Glens of Antrim, for example, says / *mo vac* / for 'mo mhac'.

Nas was used instead of *níos* with the comparative forms of adjectives in East Ulster. Both versions exist in Donegal but *níos* is the most commonly used. In this collection, Bernard McAuley, the Glens of Antrim, uses *nas fhearr*, and Jane McRory, Tyrone, and Jeremiah Kerr, Inishowen, both use *nas mó*. Patrick Shiels, Rosgoill uses *nas deise*.

The verb *déan* is often noted when the differences between the use of verbs in Donegal and East Ulster are discussed. There was a strong tendency, particularly in Tyrone, to pronounce the *d* of *déan* as a *t*, e.g. *déan > téan, ag déanamh > ag téanamh, déanaigí > téanaigí*. Also note that the *é* in *déan* was short. Speakers in this collection use the following forms: *téan an suipéar,* Eilis Clerkin, Draperstown; *caidé tá mé le téanamh anois?* Patrick Gallagher, Tyrone; *téana [déan] tobar maith,* Brigid Casserly, Omeath.

In some parts of the east, *f* was pronounced in the future tense, e.g. *suífidh > see-fee*. With the verb *téigh* the *f* was always pronounced in the past tense *chuaigh > fuaigh*, as it was in some parts of Donegal also. The form *téigh* was also more usual than *gabh*.

In East Ulster Irish, the Conditional Mood and Imperative Mood were confused, so that, for example, *rachainn* could mean 'I would go' and

go' agus 'I used to go' a bheith le *rachainn,* mar shampla. Níor úsáideadh an aimsir ghnáthláithreach, rud nár deineadh i gcás Ghaeilge Mhanann ach oiread. Bhí briathra ann fosta nach raibh coitianta nó nárbh ann daofa ar chor ar bith i nGaeilge Dhún na nGall. Úsáideadh *tlig* seachas *teilg* agus tá na foirmeacha seo a leanas in úsáid ag beirt as Ó Méith sa bhailiúchán seo: *Thlig mé breac maith amach* ag Brian Mac Cuarta agus *Tlig gach chuile rud síos* ag Brighid Ní Chaslaigh. Bhíodh an fhoirm *ársaigh* níos coitianta nó an fhoirm *inis.* Úsáideann na cainteoirí seo a leanas é: *d'ársnódh sé an scéal di,* Brighid Ní Chaslaigh, Ó Méith, agus *Nach dtiocfadh leat bréag féin a ársú?,* Eoin Ó Cianáin, Tír Eoghain.

D'úsáidtí an briathar *éag* de rogha air an fhoirm *fuair sé bás* agus *fiostraigh* corruair seachas *fiafraigh.* Bhíodh an fhoirm *fuirigh* in úsáid seachas *fan,* agus *iompal* seachas *iompair* corruair fosta. Chluintí an leagan Sean-Ghaeilge *saoilim* corruair seachas an fhoirm *sílim.*

Bhíodh an fhoirm choibhneasta *−s* in Oirthear Uladh agus tá sé le cluinstin ar fad i nDún na nGall. Tá *chualanns* agus *fheiceanns* ag Brian Mac Cuarta, Ó Méith; *fháganns* ag Jane Nic Ruaidhrí, Tír Eoghain; *bheas, bheannaíonns* ag Cáit Ní Ghuibhirín, Ó Méith. Tá na leaganacha *beas* nó *bheas* ag Pádraig Ó Siadhail, Ros Goill, Doiminic Ó Gallchobhair, na Dúnaibh, agus Seán Ó Domhnaill (Johnny Sheimisín), Rann na Feirste. Tá na foirmeacha seo coitianta i nDún na nGall go fóill.

I gcuid d'Oirthear Uladh bhíodh *inn, ibh, inne* agus *ibhse* in úsáid seachas *sibh, sinne* agus *sibhse.* Úsáideadh *muinn* sa chead phearsa uimhir iolra den bhriathar, mar shampla, *dhéanasmuinn, bhainfeasmuinn.*

I gcás na haidiachta briathartha, bhíodh úsáid an fhoircinn *−iste* seachas *−(a)ithe* coitianta, mar shampla, *ataiste, bánaiste, ráitiste.* Cluintear *Bhí an cnoc uilig folaiste* ag Eoin Ó Cianáin agus *Cá fhad a bhéas sé fostaiste agat?* ag Brighid Ní Chaslaigh as Ó Méith. Tá an deireadh sin le cluinstin ar fad i nDún na nGall, mar shampla, *náiriste.* Bhí sampla ann fosta de *−t* leis an ainm briathartha. Tá sampla maith ag Eilís Ní Chléirchín, Baile na Croise, nuair a úsáideann sí *timcheall* agus *timcheallt* san abairt amháin: *Á, ná bí buartha ina thimcheallt, ná bí ag caoineadh ina thimcheall.* Tá *coinneáilt* and *fiacháilt* ag Eoin Ó Cianáin, Tír Eoghain agus *feiceáilt* ag Brian Mac Cuarta, Ó Méith.

Cuireadh an fhoirm ghinearálta *ina* in áit *i mo* agus lean séimhiú an fhoirm seo i gcónaí, mar shampla, *Tá mé ina chónaí.* Níl seo coitianta i nDún na nGall ach tá foirmeacha macasamhail *tá sí ina chónaí* cluinste

'I used to go.' The Present Habitual tense was not used, nor was it in the Manx language. There are also a number of verbs which were not common or simply did not exist in Donegal Irish. *Tlig* was used instead of *teilg* and the following forms of the verb appear in this collection: *Thlig mé breac maith amach,* Brian McCourt, Omeath, and *Tlig gach chuile rud síos,* Brigid Casserley, Omeath. The form *ársaigh* was more common than the form *inis* for the verb 'to tell'. The following speakers use it: *D'ársnódh sé an scéal di,* Brigid Casserley, Omeath, and *Nach dtiocfadh leat bréag féin a ársú?* Owen Keenan, Tyrone.

The verb *éag* was preferred to the form *fuair sé bás* and *fiostraigh* was sometimes used instead of *fiafraigh.* At times, the form *fuirigh* was also used instead of *fan* and *iompal* rather than *iompair.* The old Irish form *saoilim* was sometimes heard instead of the form *sílim.*

The relative form *–s* was common in East Ulster Irish and can also be heard in Donegal. Brian McCourt, Omeath uses *chualanns* and *fheiceanns;* Jane McRory, Tyrone uses *fháganns;* and Kate McGivern, Omeath uses *bheas, bheannaíonns.* Patrick Shiels, Rosgoill, Dominic Gallagher, Downings, and John O Donnell (Johnny Sheimisín) Ranafast use either the form *beas* or *bheas.* These forms are still common in Donegal.

In parts of East Ulster, *inn, ibh, inne* and *ibhse* were used instead of *sibh, sinne* and *sibhse. Muinn* was used instead of *muid* in the first person plural of the verb e.g. *dhéanasmuinn, bhainfeasmuinn.*

In the case of the Verbal Adjective, the ending *–iste* as opposed to *–(a)ithe* was common, e.g. *ataiste, bánaiste, ráitiste.* In Omeath, Owen Keenan uses *Bhí an cnoc uilig folaiste* and Brigid Casserly uses *Cá fhad a bhéas sé fostaiste agat?* This ending can still be heard in Donegal e.g. *náiriste.* There were also examples of *–t* being appended to the Verbal Noun. Eilis Clerkin, Draperstown, provides a good example of this when she uses both *timcheall* and *timcheallt* in the same sentence: *Á, ná bí buartha ina thimcheallt, ná bí ag caoineadh ina thimcheall.* Owen Keenan, Tyrone, uses *coinneáilt* and *fiacháilt* and Brian McCourt, Omeath uses *feiceáilt.*

A generalised form *ina* replaced forms such as *i mo* and was always followed by an aspiration, e.g. *Tá mé ina chónaí.* This is not common in Donegal but I have occasionally heard forms such as *tá sí ina chónaí.*

agam anois agus arís. Cluintear *Bhí sé buachaillí beag ina shuí* ag Brian Mac Cuarta, Ó Méith agus *Tá ins an ghleann ina chónaí trí theaghlach* ag Doiminic Ó Gallchobhair, na Dúnaibh.

Cluintear an fhoirm *sulma* sa bhailiúchán seo nuair is *sula* nó *sara* is coitianta i nDún na nGall. I nGaeilge Oirthear Uladh, d'úsáidtí *fora* nó *for* ('far' i nGaeilge na hAlban) sa chiall *mar*, agus bhíodh an chiall sin le *amach ó go* agus *má go* fosta.

Úsáideadh an leagan *ó* agus *bho*. Cluintear *atá i bhfad bhuaim* ag Mícheál Mac Thiarnáin, as Glinntí Aontroma, agus *bhon tsliabh* agus *bho Bheinn Eachlainn* ag Seán Mag Uidhir, Gleann Ghaibhle. Sna samplaí seo a leanas, úsáidtear *bho* sa chiall 'fá': *ag amharc bho a chuid chomrádaithe* agus *ag amharc bho máistir* ag Brian Mac Amhlaoibh, Aontroim, agus *Chan fheil cearc bho'n toigh* ag Brighid Ní Chaslaigh, Ó Méith.

I measc na bhfocal nó na bhfrásaí a raibh ciall eile leo in Oirthear Uladh, nó nach raibh i nGaeilge Dhún na nGall nó coitianta ansin, bhí: *babhún (sráid), báta (bád), coineascar (tráthnóna), cortha (tuirseach), cosúil (measartha), b'fhéadfaí (b'fhéidir), gadaí (athair), gasta (glic); goidé atá uait (caidé atá a dhíth ort), i bhfogas (in aice), mart (ba), mórán (barraíocht), scológ (feirmeoir), toigh (teach), tonnag (lachan).*

Brian McCourt, Omeath, uses *Bhí sé buachaillí beag ina shuí* and Dominic Gallagher, Downings, uses *Tá ins an ghleann, ina chónaí trí theaghlach.*

The form *sulma* is heard in this collection whereas *sula* or *sara* are more common in Donegal. In East Ulster Irish *fora* or *for* ('*far*' in Scottish Gaelic) were used to mean *mar*, as were *amach ó go* and *má go*.

Both *ó* and *bho* are used. Michael McKiernan, Antrim, uses *atá i bhfad bhuaim* and John Neddy McGuire, Glengevlin, uses *bhon tsliabh* and *bho Bheinn Eachlainn.* In the following examples, *bho* is used to mean *fá*: *ag amharc bho a chuid chomrádaithe* and *ag amharc bho máistir,* Bernard McAuley, Antrim.

Among the words or phrases which had alternative meanings in East Ulster Irish or did not exist, or were not common in Donegal Irish, were: *babhún (sráid = street), báta (bád = boat), coineascar (tráthnóna = afternoon), cortha (tuirseach = tired), cosúil (measartha = middling), b'fhéadfaí (b'fhéidir = maybe), gadaí (athair = father), gasta (glic = smart); goidé atá uait (caidé atá a dhíth ort = what do you want), i bhfogas (in aice = near), mart (ba = cattle), móran (barraíocht = too much), scológ (feirmeoir = farmer), toigh (teach = house), tonnag (lachán = duck).*

The last frontier of fairyland:
bailiú béaloidis in Éirinn

Ba é Séamus Hamilton Ó Duilearga, a tháinig ar an tsaol i mBun Abhann Dalla, Co. Aontroma, an chéad Stiúrthóir Oinigh ar Choimisiún Bhéaloideasa Éireann. Bhí sé ina eagarthóir ar an iris *Béaloideas* ó 1927– 1970 chomh maith. Bunaíodh an Coimisiún Béaloideasa, a bhí faoi choimirce na Roinne Oideachais i mBaile Átha Cliath, i 1935. Chuir sé roimhe bailiú sistéamach, caomhnú agus rangú a dhéanamh ar gach gné de Bhéaloideas na hÉireann.

Chuir Ó Duilearga suim sa bhéaloideas go luath ina shaol. Chuala sé a chéad scéal béaloidis nuair a tháinig an bearrthóir áitiúil chun an tí lena chuid gruaige a bhearradh don chéad uair. Nuair a thug an bearrthóir faoi deara go raibh an siosúr ag cur eagla air, d'inis sé scéal dó lena iúl a bhaint de. Rinneadh deasghnáth rialta de chuid scéalaíochta an bhearrthóra, agus bhí scéal úr leis gach iarraidh, rud a ghin suim sa bhéaloideas a mhairfeadh rith a shaoil.

Ba rí-shoiléir dúil Uí Dhuilearga sa bhéaloideas, agus léirítear sin go fileata, bíodh go bhfuil sé cineál rómánsúil, sa tsliocht seo as "*Irish Stories and Storytellers: Some Reflections and Memories*":

> In the memories of the storytellers of the Gaeltacht the fugitive literature of half the world finds sanctuary, for Irish folk-tale and romance is perhaps the most international feature of our culture. It is a far cry from Conamara to Tibet, from the Western seas to India; but many of the tales told today in the homes of the Gaeltacht have found their way from India, across the sands of Asia, to the rocks of Connacht – to be preserved as by a miracle to this present day on the utmost shores of western Europe, on this the last frontier of fairyland.

The last frontier of fairyland: collecting folklore in Ireland

James Hamilton Delargy, who was born in Cushendall, Co. Antrim, was the first Honorary Director of the Folklore Commission. He was also the editor of *Béaloideas, The Journal of the Folklore of Ireland Society* from 1927–1970. The Folklore Commission was established in 1935 and operated under the auspices of the Department of Education in Dublin. It set out to systematically collect, preserve and classify all aspects of Irish folk-tradition.

Delargy's interest in folklore began early. He heard his first folktale in the Glens of Antrim when a local barber came to give him his first haircut. The barber, noting that he was upset at the sight of the scissors, distracted Delargy by telling him a story. The barber's storytelling became a ritual, and each visit brought a new story, sparking an interest in folktales that would last a lifetime.

Delargy's enthusiasm for the folktale is clearly evident, and eloquently, if somewhat romantically stated, in the following extract from "Irish Stories and Storytellers: Some Reflections and Memories":

> In the memories of the storytellers of the Gaeltacht the fugitive literature of half the world finds sanctuary, for Irish folk-tale and romance is perhaps the most international feature of our culture. It is a far cry from Conamara to Tibet, from the Western seas to India; but many of the tales told today in the homes of the Gaeltacht have found their way from India, across the sands of Asia, to the rocks of Connacht – to be preserved as by a miracle to this present day on the utmost shores of western Europe, on this the last frontier of fairyland.

In the misty background of Irish folktale I see the dim figures of Mongolian horsemen and Venetian traders, Christian missionaries and Buddhist monks, Crusader and Templar and Saracen, Arab and Moor, wandering scholars and jongleurs—each a potential tradition-bearer of Eastern storytelling and motif. But in the dimmer background lies a still more ancient world with which our old Irish Storytellers are a living link—Babylon and Egypt, Greece and Rome, Byzantium and the Eastern Empire—and in the remote distance the great megalithic culture-period which has covered Ireland with its tumuli and its dolmens.

Studies: An Irish Quarterly Review
Iml. 31, Uimh. 121, 1942: 31

Bhí aithreachas ar Ó Duilearga nár cuireadh tús i bhfad níos luaithe leis an phróiseas taifeadta ar an bhéaloideas. Bhí buaireamh ar leith air gur cailleadh ábhar ó chontaetha Aontroma agus an Dúin, ceantair a raibh ceangal acu le hOileán Mhanainn, le hEarra Gael agus le hiarthar na hAlban, agus a raibh an Ghaeilge beagnach caillte iontu faoin am ar bunaíodh an Coimisiún.

Díríodh cuid oibre an Choimisiúin sna blianta tosaigh ar na ceantair sin a raibh an Ghaeilge mar theanga pobail iontu go fóill. Ba é Seán Ó Suilleabháin, a hoileadh i ngnásanna cartlainne in ollscoileanna Lund agus Uppsala, an príomh-chartlannaí ag an choimisiún. Chuir seisean tús le fostú na mbailitheoirí a dhéanfadh bailiú ar ábhar ar fud na tíre. Chuir sé tús le Scéim na Scoileanna fosta (1937–38). Ba seo scéim deonach inar iarradh ar mhúinteoirí bunscoile deis a thabhairt do dhaltaí scoile idir 11-14 bliain d'aois béaloideas a bhailiú taobh amuigh d'uaireanta scoile. Bhí toradh ar dóigh ar an scéim. Bailíodh beagnach 500,000 leathanach béaloidis chan amháin ó na ceantair thraidisiúnta Gaeilge ach ó cheantair eile nár ghnách le bailitheoirí an Choimisiúin freastal orthu.

Lean ionchur Uí Shuileabháin le foilsiú *A Handbook of Irish Folklore* i 1942, a léirigh go maith an saibhreas ábhar a bhí ar fáil in Éirinn. Ina mhullach sin, foilsíodh *The Types of Irish Folktale* i 1963. Bhí cur síos ann ar os cionn 43,000 leagan de bhreis agus seacht gcéad cineál scéal a bailíodh ar fud na tíre suas a fhad le deireadh na 1950í. Ba é 'The Dragon Slayer', a bhfuil os cionn 650 leagan againn de, an ceann a ba mhó a raibh dúil ann.

In the misty background of Irish folktale I see the dim figures of
Mongolian horsemen and Venetian traders, Christian missionaries
and Buddhist monks, Crusader and Templar and Saracen, Arab
and Moor, wandering scholars and jongleurs–each a potential
tradition-bearer of Eastern storytelling and motif. But in the
dimmer background lies a still more ancient world with which our
old Irish Storytellers are a living link–Babylon and Egypt, Greece
and Rome, Byzantium and the Eastern Empire–and in the remote
distance the great megalithic culture-period which has covered
Ireland with its tumuli and its dolmens.

Studies: An Irish Quarterly Review
Vol. 31, No. 121, 1942: 31

Delargy very much regretted that the process of recording folk-tradition
had not begun much earlier. He particularly regretted the loss of
material from counties Antrim and Down, areas which had traditional
links with the Isle of Man, Galloway and the west of Scotland, and in
which Irish had all but disappeared by the time the Commission was
established.

The Commission's work was initially concentrated in those areas in
which Irish remained a community language. Seán Ó Suilleabháin, who
was trained in archival procedures at the universities of Lund and
Uppsala, was the chief archivist at the Commission. He began the
process of employing field-workers to collect material throughout the
country. He also set up the Schools' Scheme (1937–38). The scheme
was voluntary and asked primary school teachers to allow 11–14 year
olds to collect folklore outside school hours. The results were
astonishing. Almost 500,000 pages of folklore was collected, not only
from the traditional Irish-speaking areas but also from areas which
Commission field-workers did not normally frequent.

Ó Suileabháin's contribution continued with the publication of *A
Handbook of Irish Folklore* in 1942, which clearly illustrated the wealth
of material available in Ireland. This was followed by *The Types of Irish
Folktale* in 1963. It listed over 43,000 versions of over seven hundred
tale types which were collected throughout the country up until the
late 1950s. One of the most popular of those was The Dragon Slayer
of which over 650 versions existed.

Rinneadh ionchorprú ar Choimisiún Bhéaloideasa Éireann i Roinn Bhéaloideas Éireann, Coláiste Ollscoile Bhaile Átha Cliath, i 1971. Chomh maith le Scéim na Scoileanna, a luadh thuas, tá thar trí mhilliún leathanach, mílte uaireanta taifeadta fuaime, thar 70,000 grianghraif, leabharlann speisialtóra agus rannóg ceol tíre mar chuid de.

Cé nárbh é bailiúchán an bhéaloidis fócas bhailiúchán Doegen *per se* – ba iad an teanga agus na canúintí an príomhfhócas – tá scéalta béaloidis, scéalta gaisce, orthaí, paidreacha, amhráin agus tomhasanna sa bhailiúchán. Tá difear idir réimse agus caighdeán an ábhair ar chúpla cúis. Siocair srianta teicniúla na ngléasra taifeadta níorbh fhéidir le rian ar bith taifeadta a bheith os cionn ceithre bhomaite, mar sin de, b'éigean do fiú na scéalaithe ab oilte a gcuid ábhar a ghiorrú dá réir. Sa chás sin, ní bheadh na scéalta fada, maisithe ag fóirstean agus tá baol ann gurbh éigin do na scéalaithe míreanna níos giorra agus níos simplí a roghnú as an stór a bhí acu. I gcásanna eile, i gceantair a raibh an Ghaeilge lag iontu, ní raibh na cainteoirí in ann scéal iomlán a aithris a thuilleadh, ach mar sin féin, mhair imir de thraidisiúin saibhir a n-óige.

Bhí an scéalaíocht mar dhlúth agus inneach ag an phobal sin. Bhí spás agus lucht éisteachta tuisceanach eolach de dhíth don scéalaíocht. Ba é an baile an suíomh a ba choitianta. Déanann Alexander Carmichael cur síos beo bríomhar ar shuíomh den chineál sin i bpobal Gaelach ar oileán Íle na hAlbna:

> The conversation is general: the local news, the weather, the price of cattle, these leading up to higher themes—the clearing of the glens (a sore subject), the war, the parliament, the effects of the sun upon the earth and the moon upon the tides. The speaker is eagerly listened to, and is urged to tell more. But he pleads that he came to hear and not to speak, saying:–
>
> > "A chiad sgial air fear an taighe
> > Sgial go la air an aoidh."
>
> The first story from the host
> Story till day from the guest.
>
> The Stranger asks the houseman to tell a story, and after a pause the man complies. The tale is full of incident, action, and pathos.

The Folklore Commission was incorporated into the Department of Irish Folklore at University College Dublin in 1971. In addition to the Schools' Scheme, mentioned above, it houses three million manuscript pages, thousands of hours of audios recordings, over 70,000 photographs, a specialist Library, and a Folk Music section.

Although the focus of the Doegen Collection was not folklore *per se* – speech and dialect were the primary focus – the collection contains many folktales, hero-tales, charms, prayers, songs and riddles. The range and quality of the material vary for a number of reasons. Technical restrictions of the day meant that no more than four minutes could be recorded at a time, so that even the most accomplished storytellers had to adapt accordingly. In such circumstances, the more substantial, ornate tales would not have been appropriate and storytellers may have opted for shorter, less intricate items in stories from their repertoire. In other cases, in areas where the Irish language was weak, speakers could no longer reproduce a complete story, yet a faint echo of the rich tradition of their youth lingered.

Storytelling was an integral part of that world. It required a performance space and an appreciative, knowledgeable audience. The usual setting for storytelling was the family home. Alexander Carmichael paints a vivid picture of such a scene in Gaelic-speaking Islay, Scotland:

> The conversation is general: the local news, the weather, the price of cattle, these leading up to higher themes—the clearing of the glens (a sore subject), the war, the parliament, the effects of the sun upon the earth and the moon upon the tides. The speaker is eagerly listened to, and is urged to tell more. But he pleads that he came to hear and not to speak, saying:–
>
> > "A chiad sgial air fear an taighe
> > Sgial go la air an aoidh."
>
> > The first story from the host
> > Story till day from the guest.
>
> The Stranger asks the houseman to tell a story, and after a pause the man complies. The tale is full of incident, action, and pathos.

It is told simply yet graphically, and at times dramatically—
compelling the undivided attention of the listener. At the pathetic
scenes and distressful events the bosoms of the women may be
seen to heave and their silent tears to fall. Truth overcomes craft,
skill conquers strength, and bravery is rewarded. Occasionally a
momentary excitement occurs when heat and sleep overpower a
boy and he tumbles down among the people below, to be trounced
out and sent home. When the story is ended it is discussed and
commented upon, and the different characters praised or blamed
according to their merits and the views of the critics.

If not late, proverbs, riddles, conundrums, and songs follow.
Some of the tales, however, are long, occupying a night or even
several nights in recital. '*Sgeul Coise Cein*', the story of the foot of
Cian, for example, was in twenty-four parts, each part occupying
a night in telling.

Carmen Gaelica, Ortha nan Gaidheal
1928, 1: xxiii

Bhíodh oícheanta mar sin coitianta in Éirinn chomh maith, áit arbh
é an gnás an chéad scéal a bheith ag fear an tí fosta. Ba iad na fir a
d'inis na scéalta a ba mhó a raibh gradam ag baint leo. Scéalta casta,
gaisce macasamhail scéalta Fiannaíochta nó Ruaraíochta fá Fhionn Mac
Cumhaill nó Chúchulainn a ba choitianta, agus ba ag na seanchaithe ab
fhearr a d'fhágtaí an cineál sin scéil de ghnáth. Ba ag na mná is mó a
bhíodh na síscéalta, na hamhráin, na horthaí agus na paidreacha. Bhí na
scéalta gaisce ar eolas ag cuid de na mná ach is annamh a dhéanfadh
siad aithris orthu, nó níor ghlac an pobal le "scéalta fear" a bheith á n-
inse ag mná. Go hiondúil, bhíodh mná eile anuas orthu siocair go
mbíodh siad ag déanamh 'tomboys' daofa féin dá n-inseodh siad an
cineál sin scéil. Ach sin ráite, cé nár ghnách go mbíodh baint ag mná
leis an chineál sin scéalaíochta, de réir thaithí Uí Dhuilearga, níor chuir
sin bac orthu fear ar bith nach raibh scéal leis i gceart a cheartú.

Ba é an geimhreadh, nuair a bhíodh na hoícheanta ag druid isteach,
séasúr na scéalaíochta. Cé acu fear nó bean tú, ba cuid dhlisteanach den
tsochaí Ghaelach a bheith in ann scéal a insint nó cur i láthair de chineál
inteacht a dhéanamh. Bhí stádas ard ag scéalaithe sa phobal agus níos
faide i gcéin le teacht na mbailitheoirí béaloidis. Rinne Bo Almqvist, iar-
Stiúrthóir, Roinn Bhéaloideas Éireann, cur síos ar an tábhacht a bhí le
bheith in inmhe scéal a inse:

It is told simply yet graphically, and at times dramatically—compelling the undivided attention of the listener. At the pathetic scenes and distressful events the bosoms of the women may be seen to heave and their silent tears to fall. Truth overcomes craft, skill conquers strength, and bravery is rewarded. Occasionally a momentary excitement occurs when heat and sleep overpower a boy and he tumbles down among the people below, to be trounced out and sent home. When the story is ended it is discussed and commented upon, and the different characters praised or blamed according to their merits and the views of the critics.

If not late, proverbs, riddles, conundrums, and songs follow. Some of the tales, however, are long, occupying a night or even several nights in recital. '*Sgeul Coise Cein*', the story of the foot of Cian, for example, was in twenty-four parts, each part occupying a night in telling.

Carmen Gaelica, Ortha nan Gaidheal
1928, 1: xxiii

Scenes like these were common in Ireland as well where it was also the practice that the 'first story goes to the man of the house'. The most prestigious tales were told by men. They were usually elaborate hero-tales, such as those from the Fianna or Ulster cycle about Fionn Mac Cumhaill or Cúchulainn, and were normally the preserve of the best storytellers. Folktales, music, charms and prayers were usually associated with women. Some women also knew hero-tales but rarely performed them, as the performance of 'men's stories' by women was not socially acceptable. Indeed, other females would admonish them for 'making tomboys' of themselves by telling such stories. However, although women generally did not take part in this kind of storytelling this did not, in Delargy's experience, prevent them from correcting a man who was not up to the job.

Winter, with its dark nights, was the main storytelling season. Whether one was a man or a woman, being able to tell a story, or perform in some way, was a vital part of Gaelic society. Good storytellers had status within the community, and with the advent of folklore collection, much further afield. Bo Almqvist, former Director of the Department of Folklore, noted the importance of being able to tell a story:

To be able to tell the elaborate hero-tales, such as those about Fionn Mac Cumhaill and his men, was the quality most highly prized, and the one which gave the greatest prestige. This was more or less confined to the best story-teller. Not being able to tell any story at all, however, was considered such a serious shortcoming that a man who was lacking in this attribute would hardly be counted as a full member of the community.

Béaloideas, Iml XXXVII–XXXVIII, 1969–1970: 63

Bhí tábhacht leis na scéalta i súile an scéalaí fosta nó thuig sé go maith go raibh an cheird ag meath agus go raibh cuma air nach raibh am nó spás ag an tsochaí dó a thuilleadh. Meabhraíonn bailitheoirí na 1930í dúinn gur minic, nuair a dhruid siad le duine a raibh siad ag dúil le hábhar a bhailiú uaidh, go ndeirfeadh sé go raibh siad deich mbliana is fiche nó scór bliain rómhall. Go hádhúil, bhí cuimhne éachtach ag cuid de na seanchaithe sin, agus bhí siad in ann an dúrud ábhar a sholáthar do na bailitheoirí. Déanann Seán Ó hEochaidh, a bhailigh ábhar i nDún na nGall don Choimisiúin Béaloideas, cur síos ar dhuine acu sin, Anna Nic an Luain, as na Cruacha Gorma:

Tá sí ar bhean chomh h-íontach is a casadh orm ariamh. Scríobh mé corradh le dhá chéad abhrán uaithe, agus i dtaca le scéalta, seanchas, paidreacha, agus mioneolas eile de, níl áireamh air ar scríobh mé uaithe. Is minic, le linn domh a bheith a' scríobh síos uaithe, a thug sí tobar fíor-uisce i dtriomlach mór Samhraidh in mo chionn. Thriomochthaí an tobar indiu, agus ar maidin amárach bheadh sé lán go béal arís. Ba dh-é a dhálta sin ag Anna é. Chaithfinn, b'fhéidir, rith lae a' scríobh agus a' breacadh síos píosaí béaloideasa de chineál inteacht uaithe, agus bhéinn réidh léithe, má b'fhíor, agus dá dtéighinn arais lá-thar-na-bhárach bhéadh sí i n-úr na muinge arís, agus bhíodh maoil ar thobar an eolais.

Béaloideas 19, 1949: 6–7

Thóg Ó hEochaidh an iliomad scéalta Fiannaíochta, scéalta idirnáisiúnta, finscéalta, síscéalta, paidreacha, orthaí agus tomhasanna uaithi. Fuarthas bailiúchán mór ábhar ó Éamon a Búrc, as Cill Chiarán, Conamara, fosta agus meastar gur uaidhsean a tógadh an scéal gaisce is faide riamh a ndearnadh taifeadadh air, Eochair, Mac Rí Éireann. Tá

To be able to tell the elaborate hero-tales, such as those about Fionn Mac Cumhaill and his men, was the quality most highly prized, and the one which gave the greatest prestige. This was more or less confined to the best story-teller. Not being able to tell any story at all, however, was considered such a serious shortcoming that a man who was lacking in this attribute would hardly be counted as a full member of the community.

Béaloideas, Iml XXXVII–XXXVIII,
1969–1970: 63

Stories were also important to the storyteller, who was keenly aware that it was a dying art for which society no longer seemed to have time or space. Collectors in the 1930s recall how, upon approaching tradition-bearers, they invariably met with the protest that they were thirty or forty years too late. Fortunately, such tradition-bearers had prodigious memories and some produced extraordinary amounts of material for collectors. Seán Ó hEochaidh, who collected material in Donegal for the Folklore Commission, describes one such informant, Anna Nic an Luain, from the Blue Stacks Mountains:

> She is as wonderful a woman as I ever met. I wrote down over two hundred songs from her, and as regards stories, traditional lore and other short items, there is no knowing how much I wrote down from her. Often while I was writing from her, I was reminded of a well of clear water in a great summer drought. The well would run dry today, and tomorrow morning it would be full to the brim again. Thus it was with Anna. I would spend, perhaps, a whole day writing and taking down pieces of folklore of some kind from her, and I would be finished with her, it would appear, and if I went back the following day she would be ready again, and the well of knowledge would be brimming over.

Béaloideas 19, 1949: 6–7

Ó hEochaidh collected countless tales of the Fianna, international folktales, legends, fairytales, prayers and charms from Anna. Éamon a Búrc, from Cill Chiaráin, in Connemara also provided a large corpus of material and is believed to have produced the longest hero-tale, Eochair,

thar 30,000 focal sa scéal agus b'éigean á thaifeadadh thar thréimhse thrí oíche. Is dócha gur Peig Sayers, as Dún Chaoin i gCo. Chiarraí an seanchaí mná is fearr aithne agus tá an aithne uirthi sin saothraithe oiread as an dochar a mhaítear a rinne a dírbheathaisnéis do ghlúnta pháistí scoile Éireannacha agus atá sé ar ealaíon a cuid seanchais. Bheir Seosamh Ó Dálaigh, a bhailigh os cionn 300 scéal uaithi don Choimisiúin, chun cuimhne chomh maith agus a bhí sí i mbun scéil i réamhrá W. R. Rodgers in *Peig Sayers, An Old Woman's Reflections*:

> Great artist and wise woman that she was, Peig would at once switch from gravity to gaiety, for she was a light-hearted woman, and her changes of mood and face were like the changes of running water. As she talked her hands would be working too; a little clap of the palms to cap a phrase, a flash of the thumb over the shoulder to mark a mystery, a hand hushed to mouth for mischief or whispered secrecy. 'When the fun is at its height it is time go', runs the Irish proverb; and when visitors went each night Peig would draw the ashes over the peat-embers to preserve the fire till morning, reciting her customary prayer: 'I preserve the fire as Christ preserves all. Brigid at the two ends of the house, and Mary in the centre. The three angels and the three apostles who are highest in the Kingdom of Grace, guiding this house and its contents until day.
>
> *Peig Sayers, An Old Woman's Reflections*
> 1962: xiii-xiv

Bhí *Leabhar Sheáin Í Chonaill* (1948) faoin tseanchaí Ciarraíoch as Prior, Seán Ó Conaill, ar chuid den obair is tábhachtaí a rinne Séamus Ó Duilearga. Bhí os cionn 150 scéal béaloidis, finscéal agus ábhair eile béaloidis sa leabhar sin. Is le tréan cumha a dhéanann Ó Duilearga machnamh ar an dóigh ar thuig Séan an tábhacht a bhí le caomhnú a dhéanamh ar an bhéaloideas. Fuair sé bás mí i ndiaidh don taifeadadh a bheith déanta ag Ó Duilearga:

> I have told you now all the tales I can remember, and I am glad that they have been written down. I hope that they will shorten the night for those who read them or hear them being read, and let them not forget me in their prayers, nor the old people from whom I myself learned them.
>
> *Proceedings of the British Academy* 31, 1945: 186

A King's Son in Ireland, ever recorded. It contained over 30,000 words and was recorded over a period of three nights. Peig Sayers, from Dunquin in County Kerry, is probably the best know female storyteller, as much for the alleged trauma inflicted by her autobiography on generations of Irish school children as for her great ability as a storyteller. Seosamh Ó Dálaigh, who collected over 300 stories from her for the Commission, recalls her storytelling abilities in W. R. Rodgers' introduction to *Peig Sayers, An Old Woman's Reflections*:

> Great artist and wise woman that she was, Peig would at once switch from gravity to gaiety, for she was a light-hearted woman, and her changes of mood and face were like the changes of running water. As she talked her hands would be working too; a little clap of the palms to cap a phrase, a flash of the thumb over the shoulder to mark a mystery, a hand hushed to mouth for mischief or whispered secrecy. 'When the fun is at its height it is time go', runs the Irish proverb; and when visitors went each night Peig would draw the ashes over the peat-embers to preserve the fire till morning, reciting her customary prayer: 'I preserve the fire as Christ preserves all. Brigid at the two ends of the house, and Mary in the centre. The three angels and the three apostles who are highest in the Kingdom of Grace, guiding this house and its contents until day.'
>
> *Peig Sayers, An Old Woman's Reflections*
> 1962: xiii-xiv

One of James Hamilton Delargy's seminal works, *Leabhar Sheáin Í Chonaill* (Seán O'Connell's Book, 1948), was a collection of over 150 folktales, legends and traditional lore from the storyteller Seán O'Connell from Prior, Co. Kerry. Delargy rather poignantly recalls how Seán understood the importance of preserving folk-tradition. He died a month after Delargy had finished his recordings:

> I have told you now all the tales I can remember, and I am glad that they have been written down. I hope that they will shorten the night for those who read them or hear them being read, and let them not forget me in their prayers, nor the old people from whom I myself learned them.
>
> *Proceedings of the British Academy* 31, 1945: 186

Nótaí ar úsáid an leabhair seo

Roghnaigh mé na taifeadtaí don leabhar seo de réir na gcritéar seo a leanas: intuigtheacht an taifeadta, fiúntas an ábhair agus, i gcás Dhún na nGall de, ionadaíocht thíreolaíoch an ábhair.

Bhí deis ag cuid de na cainteoirí críoch a chur ar a gcuid scéalta nuair a bhíthear ag déanamh trascríobh orthu i ndiaidh an taifeadta i 1931. Sa chás sin, cuirtear an t-ábhar breise leis an scéal sa leabhar seo. Léirítear sin sa téacs Gaeilge leis an abairt seo a leanas "*Cuireadh an chuid seo a leanas leis an scéal san athinse. Níl sé ar an taifead.*"

Rinne mé trascríobh ar gach taifeadadh a roghnaíodh mar áis ag an té a bheas ag éisteacht leis na taifeadtaí. Tá tagairt ag tús gach téacs Gaeilge den áit a bhfuil an taifeadadh ar na dlúthdhioscaí, mar shampla, Rian 1, DD 1. Ar mhaithe le soiléireacht rinneadh athmháistriú digiteach ar gach rian sa bhailiúchán. Tá liosta na rianta atá ar an dá dhlúthdhiosca atá leis an leabhar seo ar fáil in Aguisín 4.

Cuirtear i láthair na téacsanna de réir contae agus cuirtear in ord iad de réir méid an ábhair a bailíodh i ngach contae. Bailíodh an leibhéal is airde taifeadtaí i gCo. Dhún na nGall agus an leibhéal is ísle i gCo. Dhoire.

Tá nótaí Eagarthóireachta ar lch. 356 a chuireann síos ar an pholasaí eagarthóireachta agus tá focla atá neamhchaighdeánach nó neamhchoitianta sa Ghluais ar lch. 360.

Tarraingítear aird ar fhocla áirithe ag bun gach téacs Gaeilge a léiríonn tréithe suntasacha de chuid Gaeilge na gcainteoirí.

Cuirtear leagan Béarla de gach téacs Gaeilge ar fáil. Tá an t-aistriúchán chomh dílis agus is féidir don bhuntéacs Gaeilge ach seachnaítear aistriúchán amscaí liteartha ar mhaithe le hinléiteacht.

Notes on using this book

Recordings from the Doegen collection were selected using a number of criteria: the intelligibility of the recording, the quality of subject matter and, in the case of Donegal, geographical representation.

Some speakers had the opportunity to complete their stories when material was being transcribed following the recordings in 1931. In such cases, the material is added to the story in this book. This is indicated in the English text by the following sentence "*The following material was provided when the transcriptions were made. It is not recorded*".

Each recording has been transcribed as an aid to those listening to the recordings. A reference appears at the beginning of every Irish text which indicates where each recording is on the CD, e.g. Rian 1, DD 1 (Track 1, CD 1). In order to improve the quality of the recordings, each track has been digitally remastered. A list of the tracks on the CDs which accompany this text is available in Appendix 4.

The texts are presented by county and are ordered according to the amount of material collected in each county. The highest level of recordings were made in Co. Donegal and the lowest in Co. Derry.

The Editorial Notes on page 357 outline the editorial policy and the Glossary on page 360 includes words which are non-standard or uncommon.

Attention is drawn to a selection of words at the end of each Irish text which illustrate distinctive features of the speakers' language.

An English translation is provided for each Irish language text. The translation follows the original as closely as possible while attempting to avoid clumsy literal translations.

Cainteoirí Cho. Dhún na nGall

Seán Ó Domhnaill (Johnny Sheimisín)
c.1863–1948

Rugadh agus tógadh Johnny Sheimisín i Rann na Feirste. Chaith sé bunús a shaoil ansin taobh amuigh de na tréimhsí a chaith sé thall in Albain ar obair shéasúrach. Cuireadh cnuasach dá chuid scéalta i gcló i 1948 agus chuir Comhaltas Uladh amach eagrán úr de *Scéalta Johnny Shéamaisín* i 2004. Lena chois sin, bhailigh sé go leor de chuid seanchais Rann na Feirste lena linn. Is cosúil go raibh drochshlaghdán air nuair a tógadh an t-ábhar atá againn anseo uaidh. Ina chuid nótaí ar an Personal-Bogen, scríobhann Myles Dillon an méid seo: "speaker had a bad cold, in that nasality is unreliable throughout".

Séamus Ó Casaide
1854–1942

Ba as an Cheapach, Teileann, Séamus Ó Caiside. Rinne sé cónaí ansin i rith a shaoil, diomaite de chúig bliana déag a chaith sé i Meiriceá nuair a bhí sé ina stócach óg. Ní raibh léamh ná scríobh na Gaeilge aige, ach bhí sin aige sa Bhéarla. Ba de bhunadh Theilinn a mhuintir fosta agus ba fheirmeoirí é féin agus a athair. Ba é an príomhfhoinse a bhí ag Ludwig Mühlhausen agus é ag ullmhú a leabhair *Zehn Irische Volkserzählungen aus Süd Donegal* (Niemeyer, 1939). Foilsíodh an scéal "Pádaí Ultach agus an Cailín" ar an *Irish Independent* i 1932 agus chuir Séamus Ó Néill leagan scríofa i gcló ar *An tUltach* i 1935 (Iml. 12, uimh. 10, lch. 8).

Co. Donegal Speakers

John O'Donnell
c.1863–1948

John O'Donnell was born and reared in Ranafast. He spent most of his life there, apart from periods of seasonal labour in Scotland. During his lifetime, he was recognised as one of the great storytellers of the Ranafast area. A collection of his stories was published in 1948 and Comhaltas Uladh, The Gaelic League in Ulster, published a new edition of *Scéalta Johnny Shéamaisín* in 2004. He also collected folklore from Ranafast during his lifetime. It appears that he had a bad cold when the Doegen material was collected from him. In his notes on the Personal-Bogen, Myles Dillon writes the following: "speaker had a bad cold, in that nasality is unreliable throughout".

James Cassidy
1854–1942

James Cassidy was from Cappagh, Teelin. He lived there all his life, apart from a fifteen-year spell in America when he was a young man. He could read and write English but was not literate in Irish. His people were also from Teelin and both he and his father were farmers. James was the main informant for Ludwig Mühlhausen in the preparation of his book *Zehn Irische Volkserzählungen aus Süd Donegal* (Niemeyer, 1939). "Paddy Ultach and the girl" was published in the *Irish Independent* in 1932 and Séamus Ó Néill published a version in the periodical *An tUltach* in 1935 (Vol. 12, No. 10, p. 8). Paddy Ultach is the only story collected from him for the Doegen Collection.

Pádraig Ó Siadhail
c.1897–

Ba as an Ard Bán, Míobhaigh, i nGaeltacht Ros Goill Pádraig Ó Siadhail. Ba mhairnéalach é agus chaith sé tréimhsí i mbun a cheird in Éirinn, Albain agus Sasain. Bhí léamh agus scríobh an Bhéarla aige ach ní raibh sé oilte sa Ghaeilge. Bhí sé ceithre bliana déag agus fiche nuair a tógadh an t-ábhar don bhailiúchán seo uaidh.

Pádraig Mac Conaglaigh
c.1859–

Ba de bhunadh Fhánada Pádraig Mac Conaglaigh agus bhí cónaí air i mBaile an Chnoic, an Baile Láir. Chaith sé a shaol uilig ansin taobh amuigh de na sé mhí a bhí sé in Albain agus é i ndeireadh na ndéaga. Ba í an Ghaeilge a theanga dúchais. Ní raibh léamh ná scríobh na Gaeilge aige ach bhí sé oilte sa Bhéarla. Sna nótaí ar an Personal-Bogen, scríobhann Myles Dillon, "articulation indistinct. Very few teeth".

Tomas Ó Gallchobhair
1868–1953

Ba as Baile an Chaisil, Ard an Rátha, Tomás Ó Gallchobhair. De réir a iníne Róise, atá ina cónaí in Ard an Rátha go fóill, chaith a hathair tuairim agus cúig bliana déag i Meiriceá idir Philadelphia agus Butte, Montana. Bhí sé ina mhangaire, ag díol earraí éagsúla leis na fir a bhíodh ag dul don mhianadóireacht thall ansin. Ba i Meiriceá a d'fhoghlaim sé a chuid Béarla, cé gur thuairisc Róise go raibh an oiread sin Éireannach thall i Meiriceá san am go dtiocfadh leis Gaeilge a labhairt bunús an ama. Ní raibh léamh ná scríobh ceachtar den dá theanga ag Tomás. Tá an fheirmeoireacht curtha síos mar shlí bheatha aige sa Personal-Bogen. De réir Róise, bhí patrún rialta leis na hoícheanta sa teach, an tae ar tús, ansin an Paidrín agus an scéalaíocht ar deireadh.

Patrick Shiels
c.1897–

Patrick Shiels was from Ardbane, near Mevagh, in the Rosguill Gaeltacht. He was a merchant seaman and spent time working in Ireland, Scotland and England. He could read and write English only. Patrick was thirty-four when the material for the Doegen collection was recorded.

Patrick McConigley
c.1859–

Patrick McConigley was from Ballincrick, in the Fanad Gaeltacht. He spent his whole life there, apart from a six month period in Scotland in his teens. Irish was his first language. He could read and write English but was not literate in Irish. In the notes on his Personal-Bogen, Myles Dillon writes the following, "articulation indistinct. Very few teeth."

Thomas Gallagher
1868–1953

Thomas was from Ballycashel, Ardara. According to his daughter Rose, who still lives in Ardara, her father spent fifteen years in America between Philadelphia and Butte, Montana. He was a pedlar who sold his wares to miners there. He learned to speak English in America but according to Rose, there were so many Irishmen there that he could speak Irish most of the time. He was not literate in Irish or English and according to his Personal-Bogen he was a farmer. Rose noted that there was a set pattern to the evenings in their house, the tea first, then the Rosary, followed by storytelling.

Seaghan Mac Meanman
1886–1961

Ba as an Ceann Garbh ar an taobh thoir de na Gleanntaí Seán Mac Meanman. Bhí siopa ag a athair agus bhíodh sé ag feirmeoireacht fosta. Rinneadh máistir scoile de Sheán agus chaith sé tréimhsí sna fichidí ag timireacht do Chonradh na Gaeilge, agus ag teagasc i gcoláistí samhraidh Theilinn agus Rann na Feirste. Chuaigh sé le múinteoireacht meánscoile i Scoil Mhic Dhaeid ar na Gleanntaí i 1930. Bhí *Sgéalta Goiride Geimhridh* (1915) ar an chéad leabhar a scríobh sé agus lean ceithre cinn déag eile. Scríobh sé go leor altanna ar pháipéir nuachta agus in irisí, agus bhí an "caighdeán oifigiúil" á chaibidil go minic aige: níor cuireadh athchló ar a chuid leabharthach siocair nach ligfeadh sé iad a chuir amach sa "litriú úr" a fhad agus a bhí sé féin beo. Ina mhullach sin, bhí sé i gcónaí ag bailiú seanchais agus béaloidis a cheantair dúchais féin.

Nóra Uí Chliútaigh
c.1861–

Tá Nóra ar cheann den bheagán ban i mbailiúchán na nUltach a bhfuil an Fhiannaíocht aici. Ba Connolly a hainm sular pósadh í. Ba bhean feirmeora í a raibh cónaí uirthi ar an Ghlasaigh, Fánad. Ba í an Ghaeilge a máthair theanga. Bhí Béarla labhartha aici ach ní raibh léamh nó scríobh na teanga sin aici.

Feidhlimidh (Dhómhnaill Phroinsias) Mac Grianna
c.1848–1944

Rugadh agus tógadh Feilimidh Dhómhnaill Phroinsias i Rann na Feirste. Fear mór scéalaíochta agus seanchais a bhí ann. Bhí a mhac, an scríbhneoir Séamus Ó Grianna (Máire), den bharúil nach raibh seanchaí inchurtha leis ar an bhaile. Bhí Feilimidh pósta ar dheirfiúr Johnny Sheimisín agus fuair an teaghlach scéalta agus amhráin uaithise fosta. Thosaigh sé a dhul anonn go hAlban chuig an obair shéasúrach nuair a bhí sé sé bliana déag agus mhair sin go raibh sé ceithre bliana agus trí scór. Diomaite de sin, chaith Feidhlimidh a shaol fá Rann na Feirste. Bhí Béarla labhartha aige ach ní raibh léamh ná scríobh an Bhéarla ná na Gaeilge aige. Ní léir gur chaith sé am ar bith ar scoil.

John McMenamin
1886–1961

John McMenamin was from Kingarve, to the east of Glenties. His father was a shopkeeper and a farmer. John trained as a teacher and he spent periods in the 1920s as a travelling worker for the Gaelic League, and taught in summer colleges in Teelin and Ranafast. In 1930, he became a teacher at McDaid's Secondary School in Glenties. *Sgéalta Goiride Geimhridh / Winter Tales* (1915) was his first book and fourteen others followed. He wrote numerous articles in newspapers and periodicals, the "official standard" often being his topic of discussion: his books were not reprinted because he would not allow them to be reprinted in the "new spelling" while he was still alive. During his lifetime, he continued to collect stories and folklore from his own native area.

Hannah Clinton
c.1861–

Hannah is one of the few women in the Ulster collection who recites tales about the Fianna. Connolly appears to have been her maiden name. She was a farmer's wife and lived in Glasagh, Fanad. Irish was her mother tongue. She could speak English but was not literate in either language.

Phil Greene
c.1848–1944

Phil Greene was born and raised in Ranafast. He had a keen interest in storytelling and folklore. His son, the writer Séamus Ó Grianna (Máire), considered him to be one of the finest storytellers in the townland. Phil was married to a sister of Johnny Sheimisín's and the family acquired many songs and stories from her too. He began to make the journey to Scotland for seasonal work when he was sixteen and that practice continued until he was sixty-three. Apart from those periods in Scotland, he spent his entire life in Ranafast. He could speak English but was not literate in either the English or Irish language. He does not appear to have had any schooling.

Aodh Ó Dubhthaigh

c1872–

Ba as Tulach Uí Bheaglaoich, Gort an Choirce, Aodh. Bhí sé ina chléireach ag an Chúirt Dúiche i nGort an Choirce agus ba as Gartán a athair, fear a bhí ina fhuinteoir agus ina fheirmeoir. Ba as Cloich Cheann Fhaola máthair Aodha. Scríobhann Myles Dillon nóta ar an Personal-Bogen a deir "liable to literary influence". Tá mé den bharúil gur seo deartháir de chuid Néill Uí Dhubhthaigh ar thóg Seán Ó hEochaidh an oiread sin ábhar uaidh ag tús an chéid seo chaite.

Diarmuid Mac Giolla Cheara

c.1851–

Rugadh agus tógadh Diarmuid Mac Giolla Chearra in Iorras, Cluain Maine. Níor fhág Diarmuid an baile ariamh. Bhí sé na ceithre scór nuair a tógadh an t-ábhar uaidh do bhailiúchán Doegen. Chaith sé tamall ar an bhunscoil i dTír na Sligighe. Ní raibh léamh ná scríobh na Gaeilge aige agus ní raibh ach beagán Béarla labhartha aige. De réir na nótaí ar an Personal-Bogen bhí plúchadh air.

Doiminic Ó Gallchóir

c.1895–

Rugadh agus tógadh Doiminic Ó Gallchóir i nDoire an Chasáin ar na Dúnaibh. Ní cosúil go bhfuair sé oideachas foirmealta ar bith. Ní raibh Béarla ar bith aige agus ní raibh léamh ná scríobh na Gaeilge aige. Ba as na Dúnaibh a athair agus as an Tearmann a mháthair. Feirmeoir a bhí san athair agus gréasaí bróg a bhí i nDoiminic. Bhí sé sé bliana déag agus fiche nuair a rinne sé an taifeadadh do bhailiúchán Doegen.

Tomás Mac Seagháin

c.1861–

Ba as an Cheapach, Teileann, Tomás. Insíonn seisean ceann den dá scéal phearsanta sa bhailiúchán seo, scéal truacánta faoin lá ar cailleadh a mhac. Bhí Tomás deich mbliana agus trí scór san am ar tógadh ábhar Doegen. Ba í an Ghaeilge a theanga dhúchais. Bhí sé ábalta an Béarla a léamh ach ní raibh scríobh an Bhéarla aige. Feirmeoir agus iascaire a bhí ann mar a bhí ina athair roimhe.

Hugh Duffy
c.1872–

Hugh Duffy was from Tullaghobegly, Gortahork. He was a clerical officer for the District Court in Gortahork. His father, a baker and a farmer was from Gartan, and his mother was from Cloghaneely. Myles Dillon notes on his Personal-Bogen form that he was "liable to literary influence". I believe he was a brother of Niall Ó Dubhthaigh's who was one of Seán Ó hEochaidh's sources in the early part of the last century.

Jeremiah Kerr
c.1851–

Jeremiah Kerr was born and raised in Erris, Clonmany. He never left the area and he was eighty years old when he recorded the material for the Doegen collection. He spent some time at primary school in "Tír na Sligighe". He could not read or write Irish and he only had a little spoken English. According to the notes on his Personal-Bogen he suffered from asthma.

Dominic Gallagher
c1895–

Dominic Gallagher was born and raised in Derryhassan, Downings. It appears that he did not have any formal education. He did not speak English and was not literate in either language. His father was a farmer from Downings and his mother was from Termon. Dominic himself was a shoemaker. He was thirty-six years old when he was recorded for the Doegen collection.

Thomas McShane
c.1861–

Thomas was from Cappagh, Teelin. He recites one of the two personal stories in this collection which tells the tragic tale of the day his son was lost at sea. Thomas was seventy years old at the time of the collection of the Doegen material. Irish was his mother tongue. He could read but not write English. Like his father before him, he was a farmer and a fisherman.

Séamus Mag Fhionnlaoigh
c.1898–

Rugadh agus tógadh Séamus Mag Fhionnlaoigh ar oileán Ghabhla. Bhí sé ar scoil chónaithe i Leitir Ceanainn agus ina dhiaidh sin ina ábhar sagairt i Magh Nuad. Deir nóta a rinne Myles Dillon ar an Personal-Bogen "the speaker has been much away from home" agus mar sin de, is dóiche gur measadh go raibh an baol ann go raibh sé faoi thionchair sheachtracha. Ba as Cnoc an Stolaire, Gaoth Dobhair a mháthair agus as Gabhla a athair. Seo an t-aon phíosa cainte atá againn ó dhuine de bhunadh na n-oileán.

Seán Ó Conagla
c. 1855–

Rugadh Seán Ó Conagla i nDoire Fhríl, an Fál Carrach. Chaith sé tamall ina chónaí i Machaire Rabhartaigh agus ansin ar an Cheathrú Ceanainn. De réir nóta a rinneadh ar a chúlra i *Béaloideas*, I:II, 1927, is Mac Congaile a bhí air. Cosúil le go leor lena linn, chaith sé roinnt blianta in Albain. Cúipéir a bhí ann mar a bhí ina athair roimhe. Bhí sé sé bliana déag agus trí scór nuair a rinneadh taifeadadh air do bhailiúchán Doegen. Bhí léamh agus scríobh an Bhéarla aige.

Maighréad Ní Dhomhnaill
c.1915–

Is í Maighréad an duine is óige a ndearnadh taifeadadh uirthi sa bhailiúchán seo. Ní raibh sí ach sé bliana déag san am. Tháinig sí ar an tsaol i gClochar na nGobhar i mBaile na Finne áit arbh as dá hathair. Ba as an Eadarbhaile a máthair agus tá cuma air gur chaith sí tréimhsí idir an dá áit sin. Feirmeoir a bhí san athair. Bhí léamh agus scríobh na Gaeilge agus an Bhéarla ag Maighréad. Tá scéal dá cuid "An Feirmeoir agus na Ceannaithe" curtha i gcló san *Irish Independent*, 25 Feabhra 1932.

James McGinley
c.1898–

James McGinley was born and raised on Gola island. He was at boarding school in Letterkenny and later went to Maynooth to become a priest. Myles Dillon noted on his Personal-Bogen form that "the speaker has been much away from home" and therefore, presumably liable to outside influences. His father was from the island and his mother was from Knockastoller in Gweedore. This is the only recording from a member of the island communities in the Ulster collection.

John Connolly
c. 1855–

John Connolly was born in Derryreel, Falcarragh. He lived in Magheraroarty and later moved to Carrowcannon. According to a note on his background in *Béaloideas*, I:II, 1927 his surname was Mac Congaile. He spent some time in Scotland like many of his generation. John was a cooper like his father before him. He was seventy-six when the material for the Doegen collection was recorded. He could read and write English.

Margaret O'Donnell
c.1915–

Margaret is the youngest person to be recorded for this collection. She was only sixteen at the time. She was born in Cloghernagore, Fintown, which is where her father was from. Her mother was from Adderwal, Doochary, and it appears she spent time in both places. Her father was a farmer. Margaret could read and write both Irish and English. One of her stories "The Farmer and the Buyers" was published in the *Irish Independent*, 25 February 1932.

Phil Mac Giolla Cheara
c.1846–

Rugadh agus tógadh Phil Mac Giolla Cheara i Leitir, Iorras, Inis Eoghain. Chaith sé a shaol uilig ansin, agus bhí sé cúig bliana agus ceithre scór nuair a rinneadh taifeadadh air do bhailiúchán Doegen. Feirmeoir a bhí ann féin agus a athair roimhe. Ní raibh léamh ná scríobh an Bhéarla aige.

Mánas Ó Creag
c.1881–

Rugadh agus tógadh Mánas Ó Creag i dTamhnach an Mhullaigh, tuairim agus cúig mhíle taobh thoir de bhaile Dhún na nGall. Chaith sé a shaol ansin diomaite den dá bhliain a chaith sé in Albain ag obair. Bhí an Ghaeilge agus an Béarla aige. Ní raibh scríobh aige i gceachtar teanga. Bhí sé leathchéad nuair a tógadh ábhar Doegen uaidh.

Róise Nic Cumhaill
c.1871–

Tháinig Róise (John) Nic Cumhaill ar an tsaol i Srath an Arbhair, Mín Corbhaic. Chaith sí bunús a saoil ansin diomaite de thréimhse cúig bliana a chaith sí i dTír Eoghain nuair a bhí sí idir cúig bliana déag agus fiche bliain d'aois. Is dóiche gur ar fostach a bhí sí. San am ar tógadh ábhar Doegen uaithi bhí sí na trí scór agus bhí cónaí uirthi i Loch Cathair, Croich Shlí. Ní raibh léamh ná scríobh an Bhéarla aici. Cuirtear síos a slí bheatha mar "Bean feirmeora" ar an Personal-Bogen. Is léir gur seo an duine céanna ar thóg Alf Sommerfelt ábhar uaithi idir mí Iúil 1915 agus mí na Nollag an bhliain dár gcionn. Dúirt seisean gurbh amhránaí breá í ar thóg sé go leor amhrán uaithi.

Phil Kerr

c.1846–

Phil Kerr was born and raised in Letter, Erris, Inishowen. He spent his whole life there and he was eighty-five when the material for the Doegen collection was recorded. He was a farmer, as was his father before him. He could not read or write English.

Manas Craig

c.1881–

Manas Craig was born and raised in Tawnawully, five miles east of Donegal town. He spent his whole life there apart from a period of two years when he worked in Scotland. He spoke both Irish and English but could not write either. He was fifty years old when the Doegen material was collected from him.

Rose McCole

c.1871–

Rose McCole was born in Stranarwa, Meencorwick. She spent most of her life there apart from a period of five years which she spent in Tyrone, mostly likely as hired help on farms there. She was sixty when the Doegen material was collected and she was living in Loughagher, Crolly, at the time. She could neither read nor write English. She is described as a "farmer's wife" on her Personal-Bogen. It appears that she is the same person from whom Alf Sommerfelt collected material between July 1915 and December of the following year. He noted that she was a fine singer and that he had collected many songs from her. Myles Dillon noted on her Personal-Bogen that she had a "clear musical voice."

Gruagach an Ghaiste

Seán (Johnny Sheimisín) Ó Domhnaill

Tá cúpla insint ar an scéal seo faoi theidil éagsúla, mar shampla, Mac Ghruagaigh an Ghaiste, Iníon Rí na Gréige agus an Crochaire Tarnocht. Bíonn ar laoch an scéil iníon rí a tharrtháil ó fhathaigh nó ón Chrochaire Tarnocht. I gcuid mhaith de na scéalta téann an triúr mac amach ina seal le dhul i gcoimhlint leis na fathaigh agus bíonn an bhua ag an mac is óige. Níl ach an t-aon mhac amháin againn sa scéal seo agus sin Donn Ua Dubhaigh. Is é deireadh an scéil go dtéann Donn i gcomhrac le triúr fathach agus cé go mbíonn an bhua aige gach iarraidh ceileann sé sin ar an rí. Fógraíonn an rí gur cheart don té a mharaigh na fathaigh agus a rinne tarrtháil ar a iníon a theacht ina láthair. Tagann fir as na ceithre hairde ag rá gurbh iadsan a mharaigh na fathaigh, ach tá an dlaoi gruaige ag iníon an rí a bhain sí de cheann Dhoinn agus nuair a chuireann sí lena cheann é, tuigtear dá bhfuil i láthair gurbh eisean an laoch ceart. Ar eagla na heagla, bíonn a chruthúnas féin le Donn agus sin teanga an fhathaigh nó na hollphéiste. Pósann an bheirt agus bíonn bainis acu a mhaireann lá agus bliain, agus bíonn an lá deireanach ar an lá is fearr.

Bhí sin ann, agus más fada ó bhí, bhí rí ina chónaí in Éirinn fada ó shoin agus bhí gaiste aige fá choinne gabhadh éanach. Mharbhadh sé lon dubh achan lá – agus bhí triúr – agus bhaist na comharsanaigh "Gruagach an Ghaiste" mar leasainm air. Bhí triúr mac aige agus chuireadh sé na mic amach ar a seal fá choinne an éin, an mac ba sine an chéad lá, an dara fear an dara lá, agus an mac ab óige an treas lá. C'ainm a bhí ar an fhear óg ach Donn Ua Dubhaigh. Lá amháin chuaigh Donn Ua Dubhaigh amach fá choinne an éin agus labhair an t-éan leis.

The Ogre of the Snare

John O'Donnell

There are a number of versions of this story, for example, The Son of the Ogre of the Snare, The Daughter of the King of Greece and the Naked Hangman. The hero of the story must rescue the king's daughter from a giant or the Naked Hangman. In most tales, three sons go to challenge the giant and the youngest son succeeds in his mission. We only have one son, Donn Ó Dubhaigh, in this story. The story ends with our hero Donn fighting three giants and although he kills them all, he does not reveal his good deeds to the king. The king announces that whoever killed the giants, and rescued his daughter, must present himself to the court. Men come from all arts and parts claiming that they killed the giants, but the king's daughter has kept a lock of Donn's hair and when she puts it to his head all those assembled know that he is the true hero. But just in case, Donn has his own piece of evidence and he produces the giant's tongue. They get married and the wedding lasts a day and a year, and the last day is the best day of all.

Long, long ago there was a king in Ireland and he had a snare to trap birds. He'd kill a blackbird everyday and the neighbours gave him the nickname "the Ogre of the Snare". He had three sons and he would send them out in their turn for the birds, the oldest the first day, the second boy the next day, and the youngest son the third day. What was the young fellow called but Donn Ó Dubhaigh. One day Donn Ó Dubhaigh went out to catch the birds and the bird spoke to him,

"Lig mise ar shiúl," arsa an t-éan, "agus gurb ba fearrde duit é."
D'fhoscail Donn Ua Dubhaigh a dhorn agus lig sé an t-éan ar shiúl,
agus nuair a chuaigh sé isteach chuigna athair, arsa an t-athair leis,

"Cá bhfuil an t-éan?"

"Lig mé ar shiúl é," arsa seisean.

"Bhuel, dheamhan oíche a chodlóchas tú faoi aon scraith liomsa go
deo," arsa an t-athair.

"Dheamhan ar fearr liom a chodladh," arsa Donn Ua Dubhaigh, "ach
cinnte cha chuireann tú ar shiúl mé gan mo chulaith chomhraic agus mo
ghléas marcaíochta."

"Gheobhaidh tú sin," arsa an t-athair.

Chuir sé air a chulaith chomhraic, thug leis a chlaíomha cosanta,
chuaigh a mharcaíocht ar a ghearrán donn agus níor stad sé, idir
choisíocht agus mharcaíocht agus sheoltóireacht, go raibh sé i Ríochta
na Gréige. Bhí sé ina strainséar san tír sin agus shiúil sé leis go dtí go
raibh neoin bheag agus deireadh an lae ann, go dtí gur casadh a fhad
le teach beag deismir 'e chois an bhealaigh mhóir é. Chuaigh sé suas go
dtí doras an toigh, d'amharc sé isteach agus bhí seanchailleach liath ina
suí sa chlúdaigh. D'iarr sé ósta na hoíche uirthi agus dúirt sí go
dtabharfadh agus míle fáilte, ach go raibh an cró beag a bhí aicise
róshuarach fá choinne gaiscíoch dena mhacasamhailsa. Dúirt sé an
dóigh a raibh sise ag cur suas leis ó bhliain go bliain gurb bheag an rud
dósan aon oíche amháin a bhaint as.

"Más mar sin atá," arsa sise, "ceangail do ghearrán don doras agus tar
féin ar aghaidh."

Rinne sé sin. D'éirigh an chailleach dhe léim ina seasamh, rinne réidh
a shuipéar agus nuair a bhí a shuipéar déanta aici – chóirigh sé –
chóirigh sí leabaidh mhín luachair dó agus chuir a luí é. Níorbh fhada
a bhí sé ina luí go dtí go gcuala sé trí gháire mhillteanacha.

"A Rí dá bhfónamh," arsa seisean, "goidé is údar do na trí gháire nach
gcuala mé a leithéid in uaigh ná in oileán ná i mbealach ar bith eile dár
shiúil mé ariamh?"

"Ná-nár chuala tú," arsa sise, "go bhfuil mac Rí faoi Thoinn le troid
le fathach mór as an Domhan Thoir ar an tráigh seo thíos ar maidin
amárach fá dtaobh de níon Rí na Gréige? Má bhuaigheann mac Rí faoi
Thoinn is leis féin níon Rí na Gréige gan bhuille gan urchar, agus má
bhuaigheann an fathach, is leis féin í."

"Let me go," said the bird, "it would be in your own interest."
Donn Ó Dubhaigh opened his fist, and he released the bird, and when
he went in to his father, the father said to him,

"Where's the bird?"

"I let it go," said he.

"Well, you won't sleep another night under the same roof as me,"
said the father.

"I don't give a damn about sleeping," said Donn Ua Dubhaigh, "but
surely you won't send me off without my armour and my means of
travel."

"You'll get that," said his father.

He put his armour on, brought his sword of combat with him on his
brown steed and he didn't stop, between walking, riding and sailing,
until he got to the Kingdom of Greece. He was a stranger in that
country but he walked on until dusk, until he came upon a tidy little
house beside the road. He went up to the door of the house, he looked
in and an old grey-haired woman was sitting in the corner. He asked her
for lodgings for the night and she said she would gladly provide him
with that, but that the tiny house she had wasn't good enough for a
warrior the likes of him. He said that the way she was putting up with
it from year to year, the least he could do was spend one night in it.

"If that's the way of it," said she, "tether your horse to the door and
come on in."

He did that. The old woman leapt up, made his supper and when he had
his supper, she prepared a bed of rushes for him and put him to bed.
He wasn't long in bed until he heard three terrible laughs.

"Oh God who protects us, who is the cause of those three laughs, the
like of which I've never heard in a cave or an island, nor in any other
place I've ever walked?"

"Didn't you hear," said she, "that the King Under the Wave is to fight
a huge giant from the Eastern world about the daughter of the King of
Greece, down there on the beach tomorrow morning? If the King
Under the Wave wins, he will have the daughter of the King of Greece
without casting a blow, and if the giant wins, she is his."

"Cóirigh faom agus cóirigh tharam. Ní mé atá ag dúil le níon an rí," arsa Donn Ua Dubhaigh agus thit sé ina chodladh agus chodlaigh sé an chuid eile den oíche go sámh. Ach má ba luath a d'éirigh an lá, latharna mhárach, ba luaithe a d'éirigh Donn Ua Dubhaigh. Nigh sé a aghaidh agus a lámha, rinne sé a bhricfeasta, chuir air a chulaith comhraic, thug leis a chlaíomha cosanta, chuaigh a mharcaíocht ar a ghearrán donn agus níor stad sé go raibh ag béal na trá.

Bhí mac Rí faoi Thoinn agus níon Rí na Gréige ansin ag fanacht leis an fhathach a theacht chucu ó thaobh na farraige. Nuair a chonaic mac Rí faoi Thoinn Donn Ua Dubhaigh ag tarraingt air,

"Seo gaiscíoch as Éirinn," ar seisean, "agus m'iúl agus mo dhothairne orm go rachaidh mé féin i bhfolach faoi thom go dtí go bhfeice mé goidé atá sé in inneamh a dhéanamh."

"Beir ar do mhisneach, a chladhaire," arsa níon an rí, "nuair atá tú ag goil a fhágáil do chuid oibre le déanamh ag fear eile."

Rian 2, DD 1

Bhain Donn Ua Dubhaigh an srian den ghearrán agus shiúil sé caol díreach a fhad le níon an rí. Labhair sé léithe ins na briathra a chantaí san am sin agus labhair sí leis ins na briathra céanna. D'fhiafraigh sé daoithe go múinte, modhúil, macánta an ligfeadh sí cead dó néal a chodladh ina hucht. Agus dúirt sí go ligfeadh, agus míle fáilte, ach go raibh eagla uirthi go muirfeadh an fathach é, ag toiseacht agus ag inse dó mar a d'ins mise daoibhse.

"Má thig an fathach nuair a bheas mise i mo chodladh," arsa seisean, "croith an srian agus muscalfaidh an srian mise."
Leag sé a cheann ina hucht agus thit sé ina chodladh, agus chuir sise a lámh ina póca agus tharraing sí amach siosúr agus ghearr sí dlaoi dena chuid gruaige as cúl a chinn, chuir isteach i bpáipéar é, chorn an páipéar agus chuir an páipéar ina póca go cúramach.

Níl ann ach go raibh sin déanta aici nuair a tchí sí long lúfar ghasta ag tarraingt uirthi fána cuid seoltaí móra geala tógtha go barr na gcrann, ag treabhadh na farraige agus ag caitheamh cúir ar 'ach taobh daoithe, fathach mór ina shuí ina dheireadh agus bradáin fíor-uisce leis ar bharr a shlaite agus eascann nimhe i mbarriallacha a bhróga. I bhfaiteadh na súl bhí sé istigh ag béal na trá agus chuir sé bos faoi dheireadh an

"That's one for the books. I wasn't expecting the daughter of the king," said Donn Ó Dubhaigh and he fell asleep, and he slept soundly for the rest of the night. But if morning came early the next day, Donn Ó Dubhaigh rose even earlier. He washed his hands and face, made his breakfast, put on his armour, grabbed his sword of combat, went riding on his brown steed and he didn't stop until he reached the edge of the sea.

The King Under the Wave and the daughter of the King of Greece were waiting there for the giant to come to them from the direction of the sea. When the King Under the Wave saw Donn Ó Dubhaigh come towards him,

"Here's a warrior from Ireland," said he, "it is my misery and my misfortune that I myself will hide under a bush to see what he's able to do."

"Take courage, you coward," said the king's daughter, "when you're going to leave your work to another man."

Donn Ó Dubhaigh took the reins off the colt and he walked straight towards the king's daughter. He talked to her in the words that used to be spoken at that time and she spoke to him in the same way. He politely asked her in a gentle, mannerly way if she would let him sleep on her breast. And she said she would gladly but that she was afraid the giant would kill him and she began to tell him as I have told you.

"If the giant comes when I'm sleeping," says he "shake the reins and the reins will wake me."
He laid his head on her breast and he fell asleep, and she put her hand in her pocket and pulled out a pair of scissors and she cut a lock of hair from the back of his head, placed it in some paper, folded the paper and put the paper into her pocket carefully.

She had just about done that when she sees a swift, sprightly ship coming towards her with white sails hoisted to their full extent, ploughing throught the waves and casting spray on all sides, a big giant sitting in the stern with a fresh-water salmon on the tip of his stick and poisonous eels for his shoe laces. In the blink of an eye he was in at the water's edge, and he put his fist under the stern of the vessel and a fist under the bow and he left it high and dry on the grass.

tsoithigh agus bos faoina toiseach agus d'fhág sé tirim glan ina suí thuas ar an fhéar í.

"Dúshlán aon fhear ar an domhan," ar seisean, "an soitheach a chur amach go gcuirfidh mise amach araist í."

Agus le sin chraith níon an rí an srian agus mhuscail Donn Ua Dubhaigh. D'éirigh sé de léim ina sheasamh agus d'amharc sé go fiata, feargach ar an fhathach, agus chuaigh ina araicis. Casadh an dís ar a chéile i lár na trá agus arsa an fathach,

"Sin agus marbhfháisc ort a Dhoinn Uí Dhubhaigh ghránna, mac Ghruagaigh an Ghaiste as Éirinn, nach mór an croí a fuair tú a theacht ag éileamh do cheart féin ormsa. Is mór liom i ngreim thú agus is beag liom i ndá ghreim thú agus níl a fhios agam caidé a dhéanfaidh mé leat mur gcaithfidh mé in airde sa spéir thú agus do mhuineál a bhriseadh ag teacht anuas duit."

"Giorradh shaoil chugat a bheathaigh shalaigh," arsa Donn Ua Dubhaigh, "nach fá choinne cóir agus ceart a bhaint as do cheann mór míofar a thug mise an bealach seo."

"Cé acu is fearr leat sinne a ghoil a sháthadh sceana fada glasa in easnacha a chéile nó greimeannaí caola cruaidhe coraíocht'?" arsa an fathach.

"Is fhearr liom greimeannaí caola cruaidhe coraíocht'," arsa Donn Ua Dubhaigh. "Is iad a chleacht mé i mbaile bheag is i mbaile mór, i gcúirt m'athara agus mo mháthara agus is iad a bheas agam anseo anocht."

Tá an chomhrac ag éirí arís. Choscair siad a chéile aníos agus síos, anuas agus suas, aniar agus siar, anoir agus soir go dtear' siad creagán den bhogán agus bogán den chreagán, tobar glan fíor-uisce i lár na gcloch ghlas.

Dá dtaradh éan beag ó híochtar an domhain go huachtar an domhain is a dh'amharc, a dh'aoir agus a dhéanamh iontais de Dhonn Ua Dhubhaigh agus den fhathach mhór a thiocfadh sé. Agus fá dheireadh nuair a bhí neoin bheag agus deireadh an lae ann, an drúcht ag méadú agus cloch ag géarú agus éanacha beaga na coilleadh craobhaigh ag goil fá bhun dídeann agus foscaidh, thóg Donn Ua Dubhaigh a mhisneach ó leannán a chléibh agus an chéad fháscadh a thug sé don fhathach chuir sé go dtína dhá ghlún sa talamh é, an dara fáscadh go dtína bhásta, agus an tríú fáscadh go húll na scornaí.

"I challenge any man in the world," said he, "to put that vessel to sea before I do it myself again."

With that the king's daughter shook the reins and Donn Ó Dubhaigh woke up. He jumped to his feet and looked fiercely and angrily at the giant, and he went to meet him. They met in the middle of the strand and the giant said,

"I wish death throes and more on you, O ugly brown-haired Ó Dubhaigh, son of the Ogre of the Snare from Ireland, didn't you find great courage to come here to claim your rights over me. You're too big for one bite and too small for two bites, and I don't know what I'll do with you unless I throw you up in the air and break your neck on the way down."

"An early death to you, you filthy beast," said Donn Ó Dubhaigh, "it's to take justice out of your big ugly head that I've come this way."

"Which do you prefer, that we should thrust big, long, steely knives in each other's ribs or wrestle in tight, hard moves?" said the giant.

"I prefer wrestling in tight, hard moves," said Donn Ó Dubhaigh, "they're what I practised in small towns and big towns, in the presence of my father and my mother and I'll have them here tonight," said Donn Ó Dubhaigh.

The battle begins. They struggle with each other, up and down, over and back, east and west until they make hard ground of the soft ground and soft ground of the hard ground, and a spring well in the middle of a hard rock. If a wee bird came from the depths of the world to the top of the world, it would be to shout and wonder at Donn Ó Dubhaigh and the big giant it would come.

And at last at dusk, when the dew was getting thicker and the rocks were getting sharper, and the birds of the branching woods were taking shelter and refuge, Donn Ó Dubhaigh took courage from the love of his heart, and with his first hold of the giant he put him to his two knees in the soil, the second up to his waist, and the third up to his Adam's apple.

"Fód glas os do chionn ansin a bheathach shalaigh," ar seisean.

Chuir sé a lámh síos ansin go dtí an truaill a bhí crochta ar a thaobh agus tharraing sé aníos an chlaíomha cosanta agus,

"Fóill, fóill," arsa an fathach, "a ghaiscígh ab fhearr a bhí ar an domhan agus ná bain an ceann díom. Agus bhéarfaidh mé féirín duit is fearr ná mo cheann."

"Caidé an féirín é?" arsa Donn.

"Bhéarfaidh mé mo chlaíomh solais duit nár fhág fuíoll ariamh ar an bhuille agus a thug solas don domhan." arsa an fathach.

"Ní hé atá mé a shantú ach do cheann," arsa Donn Ua Dubhaigh. Tharraing sé an claíomh agus bhuail sé i mbaic an mhuiníl é agus steall sé an ceann seacht fhaide agus seacht n-iomaire den áth, agus chuaigh sé i réim idir an colann agus an ceann agus bhí an lá bainte aige. Chuaigh Donn Ua Dubhaigh a mharcaíocht ar an ghearrán agus thug sé iarraidh ar an bhaile, agus tháinig mac Rí faoi Thoinn nuair a fuair sé Donn Ua Dubhaigh ar shiúl – agus d'iarr sé – thug sé leis cloigeann an fhathaigh agus thug sé chuig cúirt an rí é.

FÉACH: fathach, oíche, bhfónamh, muscalfaidh, srian, aon, shaoil, bhuaigheann, faom, chodlaigh, inneamh, d'ins, cruaidhe, athara, máthara, strainseár

'A fresh sod over you, you filthy beast," said he. He reached down to his scabbard, which hung at his side, and drew his sword of combat, and,

"Wait, wait," said the giant, "O warrior who is best in the world, don't take my head off me. I'll give you a prize that's better than my head."

"What's your prize?" said Donn.

"I'll give you my sword of light which never shrank from a blow and gave light to the world," said the giant.

"That's not what I crave but your head," said Donn Ó Dubhaigh.

He drew the sword and he struck the base of his neck, and he flung his head seven lengths and seven ridges up the plain, and he stood between the body and the head, and he had won the day. Donn Ó Dubhaigh went riding on his horse and he headed for home, and when the King Under the Wave found him gone, he took the head of the giant with him and brought it to the King's court.

Padaí Ultach

Séamus Ó Caiside

Tá móitíf na trialach coitianta go leor sa scéalaíocht. Ba é an gnás nó triail a chur ar an té a bhíthear le phósadh. Baineann an triail i gcás na bhfear le tréithe ar nós crógacht, láidreacht, ceannaireacht, críonnacht nó mar atá againn sa chás seo le cé chomh fial agus atá an fear atá le pósadh. Léiríonn an scéal gnáthcheacht faoin fhlaithiúlacht agus an mhaith is féidir a theacht as maith a dhéanamh do dhuine eile. Tchítear go bhfuil macalla thraidisiún na Críostaíochta le feiceáil fosta nuair is iasc atá á roinnt go fial ag an fhear leis an tseanbhean.

Bhí buachaill óg ins an áit s'aghainne. Ní raibh aige ach é féin agus a mháthair. Ní raibh talamh ar bith acu ach bothán beag tuighe agus ní raibh aon ghléas beo aige ach ag iascaireacht. Smaointigh sé lá amháin go rachadh sé go haonach Ard an Rátha go gceannaí sé lín fá choinne gléasraí iascaireachta a dhéanamh, líonta agus dorgaí. Chuaigh sé chun aonaigh agus chonaic sé cailín óg dar leis a bhí an-dóighiúil. Agus ba mhaith leis a ghoil chun cainte léithe agus chuaigh. Thug sé cuireadh isteach i dteach tábhairne daoithe agus *thréatáil* sé í. Dúirt sé léithe gur mhaith leis a theacht an chéad aonach eile a bheadh ar an bhaile go bhfeicfeadh sé í. Agus dúirt sí go mbeadh sí ansin fána choinne.

B'fhada leis ná bliain go dteachaigh an mhí thart a raibh an t-aonach le bheith ann. Chuaigh sé chun aonaigh agus bhí sí ar an aonach fána choinne, agus a hathair léithe. Thug sé isteach i dteach tábhairne iad gur *thréatáil* sé iad. Agus dúirt sé lena hathair gur mhaith leis dá dtabharfadh sé a níon dó le pósadh. Dúirt an t-athair, má bhí sí féin sásta go raibh seisean róshásta, agus dúirt an bhean óg go raibh. Níor fhág siad an áit go dtear' siad lá pósta. Tháinig sé abhaile go lúcháireach cionn is go raibh an bhean le fáil aige. Agus thug sé cuireadh do bhuachaillí agus do chailíní a rachadh leis 'na bainse.

Paddy Ultach

James Cassidy

The motif of the 'test' is quite common in storytelling. The person who is to be married is usually tested. The tests, or trials, for men concern traits like bravery, strength, leadership, wisdom, or as is in this case, the generosity of the groom-to-be. The story presents a general lesson about generosity and the good that can come of doing good deeds for others. There is an echo of the Christian tradition in this story also in that the man choses to share fish with the poor woman.

There was a young boy in our place and there was only him and his mother. They didn't have any land, only a little thatched bothy, and he had no way of making a living except for fishing. One day he thought he would go to the fair in Ardara to buy the materials to make fishing equipment, nets and weights. He went to the fair and he saw a young girl who he thought was very good-looking. And he wanted to go and speak to her, and he did. He invited her into a pub and treated her. He told her he'd like to come and see her at the next fair in the town. And she said she'd be there to meet him.

The month he had to wait until the fair came around seemed longer than a year. He went to the fair and she was waiting for him there, and she had her father with her. He brought them into a pub to treat them. And he said to the father that he would like it if he gave him his daughter's hand in marriage. The father said, that if she was satisfied, that he was more than satisfied, and the young woman said she was. They didn't leave the place until they set a date for the wedding. He came home very happy because the woman would be his. And he invited the boys and girls who would go with him to the wedding.

Cupla lá roimhe an lánúin a bheith le pósadh, dúirt sí lena hathair go mb'fhéidir gurbh amaideach an rud a bhí sí ag goil a dhéanamh, ag goil a phósadh fear nach raibh a fhios aici dadaidh fá dtaobh de, agus nach raibh a fhios aici caidé an gléas beo a bhí air. Dúirt an t-athair léithe go raibh sí mall, agus dúirt sí nach raibh, go bhfaigheadh sí amach sulma bpóstaí iad caidé an áit a bhí aige.

D'imigh sí agus chóirigh sí í féin in éideadh bean bhocht a bheadh ag cruinniú, agus shiúil sí léithe go dtáinig sí isteach, tráthnóna go mall, toigh Phadaí Ultach, an buachaill a bhí sí ag goil a phósadh. Ní raibh istigh ins an teach ach an tseanbhean, an mháthair, agus d'iarr sí lóistín go maidin uirthi. Agus dúirt an tseanbhean go bhfaigheadh agus fáilte, an cineál áite a bhí aici. D'imigh sí agus rinne sí sráideog i gcoirnéal an toighe agus luigh sí ins an tsráideog.

Ní raibh sí i bhfad ina luighe nuair cé a shiúil isteach ach Padaí Ultach, agus gallach balláin leis i ndiaidh a bheith ag iascaireacht. D'amharc sé thart agus d'fhiafraigh sé dá mháthair cé seo a bhí ina luighe ins an tsráideog. Dúirt sí gur bean bhocht a tháinig tráthnóna, agus d'iarr áit go maidin agus go dtug sí sin daoithe.

"Maith go leor," arsa an mac.

"A mháthair, an bhfuil dadaidh bruite aghat?"

"Maise, níl," arsa an mháthair, "is maith atá a fhios aghat nach bhfuil. An rud deireanach a bhí sa teach [   ]. Agus níl dadaidh eile aghamsa."

D'imigh sé agus thug sé leis scian agus ghearr sé an ceann bá mhó –

Thug sé leis an ceann is mó de na balláin agus scoilt sé é. Tharraing sé amach an tinidh agus chuir sé dhá rósadh é. Nuair a bhí sé róstaithe aige, thóg sé ar phláta é agus chuaigh sé féin agus a mháthair a ithe.

"B'fhéidir," arsa seisean, "go mbeadh dúil ag an bhean bhocht atá sa tsráideog i ngiota iasc úr comh maith linn féin. Agus ar ndóigh má tá, gheobhaidh sí cuid dó le hithe."

Chuir sí amach a lámh faoi na héadaí, ag tabhairt le fios orthu gur mhaith léithe a fháil. Thug sé daoithe leadhb de, agus chrup sí isteach a lámh ar ais agus d'ith sí é.

Ní raibh níos mó de, chuaigh siad a luighe an oíche sin, agus ar

A few days before the couple were to be married, she said to her father that what she was about to do was silly, marrying a man she didn't know anything about, and that she didn't even know how he made a living. The father told her she was a bit late, and she said she wasn't, that she would find out before they got married what kind of place he had.

She went and dressed herself as if she were an old woman who'd be begging, and she walked on until late in the afternoon, until she came to the house of Paddy Ultach, the man she was going to marry. No one was in the house except the old woman, the mother, and she asked her for lodgings until morning. And the old women said she was more than welcome, despite the kind of place she had. She went off and made up a rough bed in the corner of the house and she lay down on it.

She wasn't long in bed when who walks in but Paddy Ultach, and he had a line of pollock with him because he had just been fishing. He looked around and he asked his mother who was lying on the shake-down. She said she was a poor woman who had arrived that afternoon, asking for somewhere to stay until morning, and she had given her that.

"Fair enough," said the son.

"Mother, have you cooked anything?"

"Well, no I haven't," said the mother," and it's well you know I haven't. The last thing that was in the house, and [   ]. I have nothing else."

He went and took a knife and he cut the biggest one.

He took the largest pollock and split it. He pulled out the fire and put it on to roast. When it was cooked, he lifted the plate, and he and his mother began to eat.

"Maybe," said he, "the old woman on the shake-down would like a bit of fresh fish just as much as ourselves. And if she does, she'll get some of it to eat."

She put her hand out from under the clothes to let them know that she would like some. They gave her a piece of it and she withdrew her hand and ate the fish.

That was it, they went to bed that night and although Paddy Ultach

maidin latharna mhárach, ar luathas ar éirigh Padaí Ultach, bhí an bhean bhocht ar shiúl ag éirí dó. D'fhiafraigh sé dá mháthair caidé a d'éirigh don bhean bhocht a bhí sa tsráideog, go raibh sí ar shiúl. Dúirt sí nach raibh a fhios aici, gur créatúr bocht in'eacht a raibh a buaireamh féin uirthi a bhí ann.

Ní raibh níos mó de, chuaigh sé a dh'iascaireacht mar bhí ariamh, agus nuair a tháinig lá na bainse, ghléas sé féin agus an bunadh óg a bhí le bheith leis le goil 'na bainse. Chuaigh siad síos Gleann Gheis agus deir siad, an bhainis a bhí le Padaí Ultach an lá sin, nach dteachaigh a leithéid ariamh aroimhe fríd Ghleann Gheis.

Nuair a tháinig siad ar amharc theach na bainse bhí cruinniú mór fá dtaobh den teach. Chuaigh siad ann, agus leis an scéal fhada a dhéanamh gairid, himíodh agus pósadh an lánúin.

Nuair a tháinig siad abhaile i ndiaidh a bpósta, d'iarr sí ar an bhuachaill a bhí ag cur thart uisce bheatha an chéad ghloine a thabhairt daoithe-se go n-ólfadh sí sláinte an té ab fhearr léithe ins an teach. Fuair sí an gloine agus shiúil sí a fhad le Padaí Ultach,

"Seo do shláinte, Padaí Ultach," arsa sise, "agus sláinte an bhalláin a chuidigh mé leat a ithe a leithéid seo d'oíche in do theach."

Tháinig náire mhór ar Phadaí Ultach nuair a chuala sé go raibh a fhios aici caidé mar bhí sé ina chónaí agus gurb í a bhí ar lóistín ins an teach.

"Ná bíodh náire ná cás ort, a Phadaí Ultach," arsa sise, "ach go b'é go bhfaca mise go raibh méin mhaith aghat," arsa sise, "leoga ní rachadh mo mhéar a choíche i bhfáinne leat, ach chonacthas domh go raibh an mhéin aghat," arsa sise, "má bhí tú bocht féin, fhad agus bhí méin mhaith aghat, go dtiocfadh liom cur suas leat."

Tháinig sé abhaile agus d'imigh a hathair agus cheannaigh sé leath baile talaimh daoithe, agus chuir sé dhá bhó dhéag agus tarbh ina chrúdh inti. Bhí siad ina gcónaí air go dtí aon lá amháin, aon oíche amháin go háirid, bhí ceann den eallach croithnaithe aici agus chuaigh sí a héileamh. Ní raibh Padaí Ultach ins sa bhaile agus chuir sí froc Phadaí Ultach uirthi agus cheangail sí buarach na bó aniar thairsti.

Féach: buachaill, s'aghainne, aghat, aghamsa, máthair, cupla, scian,
bhuachaillí, mall, luighe, d'fhiafraigh, bainse, gairid, chuaigh, deir, ach go ba
é, méin, dteachaidh, dtear, bhfuigheadh, sulma, tinidh, comh, chrup, áirid,
croithnaithe

got up early the next morning, the old woman was gone before he got up. He asked his mother what had happened to the old woman on the shake-down, that she was gone. She said she didn't know, that she was a poor creature who had her own worries.

That was the end of it, he went fishing as he usually did and when the wedding day arrived, he and the young crowd who were to go with him to the wedding got dressed. They went down Glengesh and they said that the wedding party that was with Paddy Ultach that day, that nothing like it had ever gone through Glengesh.

When they had the wedding house within view they could see there was a big crowd around about the house. They went on, and to cut a long story short, the couple went and got married. When they came home after the wedding, she asked the boy who was giving out the whiskey to give her the first glass so that she could drink the health of the person she liked best in the house. She got the glass and she walked up to Paddy Ultach.

"Here's to your health, Paddy Ultach," said she, "and to health of the pollock I helped you eat on such a night in your house."
Paddy Ultach was really ashamed when he heard that she knew how he lived and that it was she who had stayed in the house.

"You have no cause to be ashamed, Paddy Ultach," said she, "for only that I saw that you had a good heart," said she, "indeed, I wouldn't put my finger in your ring if I hadn't seen your good traits," said she, "even if you were poor, as long as you had a good heart, I could put up with that."

He came home and her father went and bought half a townland for her, and he put a dozen cattle and a bull on it as her dowry. They lived there until one day, one night in particular, when she saw one of the cattle was missing and she went looking for it. Paddy Ultach wasn't at home, and she put Paddy Ultach's coat on and she pulled the rope for the cow around her.

Soir go Bengal

Pádraig Ó Siadhail

Seo leagan simplí de scéal na tóraíochta. Téann na scéalta seo i bhfad siar agus tá go leor samplaí againn ó Gilgamesh go Homer agus ón Holy Grail go dtí The Lord of the Rings. Téann príomhghníomhaí an scéil ar thuras, cuirtear trialacha éagsúla air agus pilleann sé chun na bhaile chuig a phobal féin agus ceacht foghlamtha aige faoi ghnéithe áirithe den tsaol nó bíonn maoin saolta gnóite aige. Is sampla maith an scéal seo den ghnás a bhí ag an scéalaí é féin a chur sa scéal mar ghníomhaí agus ceangal a dhéanamh lena áit agus lena linn féin.

San am a chuaigh thart ins na Dúnaibh, ba é an gnás a bhí ann san áit s'againne an bád is faide a rachadh 'na farraige, sagart a thabhairt ar bord uirthi 'choinne Aifreann a léigheamh. Bhail, ba Seán Ó Siadhail an sagart a bhí ann i m'amsa le ghoil amach ag iascaireacht agus ba ghnách liomsa é a thabhairt chuig gach uile shéasúr liom, amach ar an bhád ab fhaide amach a rachadh.

Ach bhí sin maith go leor, nuair a bhí an séasúr na hiascaireachta thart, cha raibh a fhios agam caidé ab fhearr domh a dhéanamh le ghoil 'na farraige agus cha raibh gléas ar bith agam le ghoil, ach tháinig soitheach seoil isteach lá amháin anoir as na hIn'iacha thoir fá choinne lasta de mhurlais ghoirte. An t-ainm a bheir muidinne orthu inár n-áit-inne "sceilpíní". Agus d'iarr mise ar mo chriú iad a chur ar bord, an bád a fháil lódáilte agus fáil réidh.

Ba í an chriú a bhí liom, Jimmy Antain agus Domhnall Óg. Cha raibh ann ach muid, an triúr de chriú. Rinne siad mar a d'iarr mé orthu agus bhí sin maith go leor. Nuair a bhí achan seort déanta bhí siad ag iarraidh orm fáil réidh gach uile lá, ach cha raibh deifre ar bith orm go dtige an lá seo, fuair an soitheach mór réidh agus nuair a fuair sise réidh fuair mise ar obair chomh tapaidh agus a thiocfadh liom.

East to Bengal

Patrick Shiels

This is a simple version of the quest tale. These stories have a long pedigree and there are many examples, from Gilgamesh to Homer and from the Holy Grail to The Lord of the Rings. The story's protagonist sets out on a quest, he completes a series of trials and returns to his own community, having learned about life or gained wealth. This story illustrates how the storyteller would often place himself within the story, thereby connecting the tale to his own time and place.

In the past in Downings, the practice in our place was that the boat that went furthest out to sea would have a priest brought on board to read Mass. Well, Sean Ó Siadhail was the priest who was there in my time to go out fishing, and I used to take him out with me every fishing season, on the boat that went out the furthest distance.

But that was fine, when the fishing season was over I didn't know what I should do about going to sea, and I didn't have any way of going, but a sailing ship came in one day, east from the Indies, looking for a load of salted mackerel, we call them scelpeens here in our place. And I asked my crew to put them on board, to get the boat loaded and ready.

The crew I had with me were Jimmy Antain and Domhnall Óg. There was only us, the three of a crew. They did as I asked them and that was fine. When everything was done they were asking me every day to get ready, but I was in no hurry until this day comes when the big ship gets ready, and when she got ready, I got into action as fast as I could.

Startáil muid amach agus níl aon bhord dá raibh sise a dhéanamh nach raibh mise ag déanamh bord ina aice. Ach lá amháin thiontaigh an soitheach mór thart ar an bhord ghairid seo – agus dúirt sé liom – dúirt sé liom inse dó cén áit a raibh mé fá choinne a ghoil. Dúirt mé go raibh mé ag goil soir go Bengal, ins na hIn'iacha thoir, le lód de mhurlais ghoirte, sin sceilpíní. Dúirt sé go raibh báigh fhada agam le ghoil thairis go fóill agus go raibh mé i mbunús seachtain amuigh. Dúirt mise má bhí, go raibh sin maith go leor. D'fhiafraigh sé domh an raibh mórán itheacháin ná ólachán ar bord agam agus dúirt mé nach raibh aon rud ach chuid lá amháin.

"Bhail," ar seisean, "tar anseo i m'aicise."

Tháinig mé aníos a fhad leis.

" 'Bhfuil a fhios agat cén cúrsa a bhfuil tú air?"

"Chan fheil a fhios agam," arsa mise, "ach tá mé do choimeádsa."

" 'Bhfuil compáis ar bord agat?"

Sin an rud a dtabharann muidinne snáthad mairnéalach air inár áitinne. Dúirt mise nach bhfaca mise aon chompáis, rud nach bhfacaidh ariamh ach ceann a bhí ag dearthair díom agus bhris an teaghlach í, an barr daoithe, ag déanamh poll ins an urlár. Bhí sin fad ó shoin, ach dúirt sé liom gurbh fhearr domh déanamh suas agus filleadh arís. D'fhiafraigh sé domh caidé an t-ardadh a raibh ó dheas agus d'inis mé dó nuair a thiocfadh uair an dó dhéag, nuair a éireochadh an ghrian amach gur sin an dóigh a mbeadh a fhios agamsa caidé an pointe a raibh mé air, go raibh an ghrian ar m'aghaidh, taobh thoir ar mo láimh chlí, taobh thiar ar mo láimh deis agus ó thuaidh ar mo dhroim. Dúirt sé go raibh sin maith go leor,

"Soir-deas ó thuaidh," arsa seisean "fá choinne na Dúnaibh."

Dúirt mise go raibh sin maith agus chuaigh mé air ach d'iarr sé orm gan mo chúrsa a athrú d'aon rud dá dtiocfadh in mo chasán. Ach nuair a bhí mé dhá lá ag seoltóireacht tháinig soitheach mór aníos agus shéid sé orm coinneáil ar shiúl. Ach níor choinnigh mé aon orlach agus scaoil urchair ach char fhág mise mo chúrsa aon orlach [   ] d'aon fhear dá bhfaca mé ariamh. Agus tháinig sé agus chuir sé suas 'na gaoithe é, agus chuir mise suas é gur bhuail muid an dá bhád le chéile, agus d'fhiafraigh sé domh an raibh itheachán ná ólachán ar bord agam. Dúirt mé nach raibh ach cuid dhá lá agus dúirt sé nach raibh aon rud aigesean ach oiread.

We started out and there wasn't a tack that she was making that I wasn't following. But one day the big ship tacked sharply – and he said to me – he told me to tell him where I was planning to go. I said I was going east to Bengal, in the East Indies, with a load of salted mackerel, that's scelpeens. He said I still had to cross a wide bay and that I had been out the best part of a week. I said if I was, that that was fine. He asked me if I had much food or drink aboard and I said that I had only one day's provisions.

"Well," said he, "come alongside."
I came up to him.
"Do you know which course you're on?"
"I don't know," says I, "but I'm watching you."
"Do you have a compass on board?"
That's what we call a sailor's needle in our place. I said I had never seen a compass, which I never had seen except for the one a brother of mine had and the children broke it, making a hole in the floor with the tip of it. That was a long time ago, but he said to me I'd better hoist the sails and head for home. He asked me which direction was south and I told him that when it would be twelve o'clock, when the sun would rise up that that was how I would know which point I was on, that the sun was on my face, the east on my left, and the west on my right, and the north at my back. He said that was right enough.

"North south-east," said he, "for Downings."
I said that was fine and I started on it, but he asked me not to change my course for anything that came into my path. But when I was two days sailing, a big ship came up and blew its horn at me to give away. But I didn't budge an inch and it shot at me, but I didn't alter my course, I never gave an inch to any man I ever saw. And he came and he furled his sails, and I furled mine and the boats came alongside, and he asked me if I had food or drink on board. I said I had only two days' worth and he said he had nothing either.

Sheol mé liom go dtí go lá heile agus casadh soitheach eile domh agus bhí sise ag stróicigh a cuid éadaí daoithe agus a cuid crainn briste. Agus cha dtiocfadh liomsa aon rud a dhéanamh far a bhí an triúr againn féin beag go leor agus bhí go leor againn le déanamh. D'fhiafraigh siad domh a raibh aon itheachán nó ólachán liom agus dúirt mé nach raibh ach lód de mhurlais ghoirte a bhí liom ag imeacht soir-udaí, agus go dtáinig an drochaimsir orm agus go raibh orm a ghoil arís. Ar seisean,

"Bhéarfaidh mise lód brandaí daoibhse le ghoil soir agus is é an rud is fearr duitse a dhéanamh ná lód de na murlais sin a thabhairt domhsa ar a shon."

Rinne muid mar a d'iarr sé agus nuair a bhí muid dhá lá ag seoladh, chonaic mé an soitheach seoil ag teacht agus bhí a fhios agam gur bád as Tír Cholumbus a bhí inti, agus go raibh fear 'e dhíth uirthi le hí eolas a thabhairt díthe 'na chuain. Chuaigh mise ar bord agus d'fhuig mé *charge* ag Jimmy Antain le í a thabhairt isteach, agus thug seisean isteach í mar a d'iarr mise agus d'fhan muid agus fuair mise ghairm fiche punta. Chuir mé suas teach tábhairne.

FÉACH: In'iacha, inár n-áitinne, muid, maith, díom, mo láimh, lá heile, chasán, go dtige, filleadh, d'fhuig, snáthad, bhfacaidh, éireochaidh

I sailed on until another day and I met another ship, and her sails were in tatters and her mast was broken. But I couldn't do anything for her, for the three of us were small enough ourselves and we had enough to do. They asked me if I had any food or drink with me and I said I only had a load of salted mackerel, which I had with me going far east, and that I had been struck by bad weather and that I had to turn back. He said,

"I'll give you a load of brandy to go east and the best thing for you to do is to give me the load of salt mackerel for it."

We did as he asked and when we were two days sailing, we saw another ship coming and we knew she was a ship from the Land of Columbus and that she needed a man to pilot her into the bay. I went aboard and I left Jimmy Antain to take her in, and he took her in the way I told him to, and we waited and we got payment of twenty pounds. I built a pub.

An Saighdiúir a d'imir Cardaí sa Teampall

Pádraig Mac Conaglaigh

Tá leaganacha den scéal seo le fáil ar fud an domhain agus is minic a athraítear láthair na hinse, mar shampla, tá cuid de na leaganacha suite san Afraic thuaidh le linn an Dara Cogadh Domhanda. Is gnách go gcríochnaíonn an scéal le frása cosúil le 'A chairde, is scéal fíor é. Tá a fhios agam nó ba mise an saighdiúir sin.'

D'ordaigh an t-oifigeach aon lá amháin a pháirtí chun teampaill. Nuair a chuaigh an ministir isteach agus thosaigh sé ar an tSoiscéal, achan duine dá raibh leabhar urnaithe de chineál ar bith – urnaí Bíobla acu – tharraing siad amach – í – iad. Ach bhí saighdiúir ann agus cha raibh dadaidh aigesean, ach chuir sé a lámh isteach ina phóca agus tharraing sé amach paca cardaí, agus thosaigh sé ag amharc orthu dhe réir ceann agus ceann. Chonaic an t-oifigeach é agus tháinig sé chuige.

"Thuathail," a deir sé, "fág uait na cardaí sin. Chan áit ar bith seo dófa."

"Ná bac le sin," a deir an saighdiúir, "níl dadaidh agat le déanamh liomsa anseo."

Ach nuair a bhí achan chineál thart agus chuaigh siad amach 'na sráide. Tháinig an t-oifigeach chuig an tsaighdiúir seo agus deir sé leis,

"Óganaigh," a deir sé, "tá tú ina phríosúnach agam."

"Cá chuige?" a deir an saighdiúir, a deir sé, "caidé atá déanta agam go mbeinn ina phríosúnach agat?"

"D'imir tú *game* cardaí ins an teampall."

"Ó maise, níor imir," – a deir an sagart –, a deir an saighdiúir, a deir sé, "Ní dtear' mé ach gur amharc mé ar an phaca."

"Is cuma fá sin anois," a deir sé, "tá tú ina phríosúnach."

"Is cá háit a gcaithfidh muid a ghoil?" a deir an saighdiúir.

"Caithfidh tú a ghoil roimhe mhéar' an bhaile mhóir."

The Soldier who Played Cards in the Church

Patrick McConigley

Versions of this story are to be found worldwide, for example, there
is a version which is set in north Africa during the Second World
War. The story usually closes with the phrase 'Friends, this is a true
story. I know because I was that soldier.'

One day the officer ordered his company into the church. When the
minister went in and started the Gospel, everyone who had a prayer
book of any kind or a Bible took it out. But there was one soldier who
had nothing at all, but he put his hand in his pocket and he pulled out
a pack of cards, and he started to look at them one by one. The officer
saw him and he approached him,

"Tuathal," said he, "put those cards aside. This is no place for them."

"Don't bother with that," the soldier said, "you've no authority over
me in here."

But when everything was over and they went out to the street. The
officer came to the solider and he said to him,

"Young man," said he, "you're my prisoner now."

"Why?" said the soldier, "What have I done that I'd become a prisoner
of yours?"

"You played a game of cards in the church."

"Oh, well, I did not," the soldier says, says he, "I only made to look
at the pack."

"That doesn't matter now," said he, "you're a prisoner."

"And where are we going?" said the soldier.

"You'll have to go before the mayor of the big town."

Ach chuaigh siad agus nuair a fuair siad a fhad le teach an mhéar' bhí
sé ag a dinnéara. Nuair a rinne sé a dhinnéar, tháinig sé amach,

"Bhail," a deir sé leis an oifigeach, "goidé na gnaithí atá agat liom,
goidé na gnaithí atá agat liom?"

"Bhuel, le do thoil," a deir an t-oifigeach, "thug mé saighdiúir anseo
roimhe d'onóir cionn is a bheith ag imirt cardaí in sa teampall."

"Ag imirt cardaí sa teampall?"

"Seith, maise."

"An ba é sin an saighdiúir?"

" 'S é."

"Bhuel," arsa sé, "goidé atá le ráit ar do shon féin? Tá dúil agam go
bhfuil rud maith agus cuid mhaith de. Ná mur bhfuil," a deir sé,
"gheobhaidh tú an úsáid is measa a fuair aon fhear ariamh."

"Bhuel," a deir an saighdiúir, "tá mé le cúig seachtain ag ghoil thart
agus níl aon ghléas mór beo orm. Níl dadaidh agam, níl leabhar urnaí
agam, níl Bíobla agam, níl dadaidh agam ach paca cardaí. Ach, tá dúil
agam go dtabharfadh d'onóir éisteacht damh san rud atá rún agam a
chur in do láthair."

Chuir sé a lámh isteach ina phóca agus tharraing sé amach an paca
cardaí agus spréigh sé iad roimh an mhéara agus thosaigh sé leis an
aon.

"Nuair a tchím an t-aon," a deir sé, "cuireann sé in mo cheann nach
bhfuil ann ach aon Dia amháin. Nuair a tchím a dó cuireann sé in mo
cheann an tAthair agus an Mac. Nuair a tchím an trí, cuireann sé in mo
cheann an tAthair, an Mac agus an Spiorad Naomh. Nuair a tchím an
ceathair cuireann sé in mo cheann na ceithre dhaoine maithe a bhí ag
spréadh an tsoiscéil fríd an tsaoil, sin Mata, Marcus, Lucas agus Eoin.
Nuair a tchím an cúig cuireann sé i mo cheann na cúig mhaighdean
uasal a bhí ag déanamh suas a gcuid solais. Nuair a tchím an sé cuireann
sé i mo cheann gur in sé lá a rinne Dia neamh agus talamh. Nuair a
tchím an seacht, cuireann sé i mo cheann go dtear' Dia a scríste agus go
dtear' sé an seachtú lá ina lá saoire. Nuair a tchím a hocht, cuireann sé
i mo cheann na hocht ndaoine maithe a shábháil Dia nuair a chuir sé
an díle ar an tsaol, Noah, a bhean, a triúr mac agus a gcuid mná. Nuair
a tchím a naoi, cuireann sé i mo cheann na naoi ndaoine a ghlan Dia
an aicíd mhillteanach a bhí orthu, lioprasaí. Ach bhí deich gcloigne
ann, char phill aon nduine acu ach aon nduine amháin le buíochas a

But they went and when they got as far as the Mayor's house, he was at his dinner. When he had his dinner, he came out.

"Well," he said to the officer, "what business do you have with me?"

"Well, if you please," said the officer, "I've brought a soldier here before your honour who was playing cards in the church."

"Playing cards in the church?"

"Yes, indeed."

"Is this that soldier?"

"It is."

"Well," said he, "what have you to say for yourself? I hope it's good and there's a lot of it. For if there isn't," said he, "you'll get the worst treatment any man ever got."

"Well," said the soldier, "I've been on the move for five weeks and I'm in a bad way. I have damn all, no prayer book, no Bible, nothing but a pack of cards. But, I hope your honour will give a hearing to what I'm going to put before you."

He put his hand into his pocket and he pulled out the pack of cards and he spread them before the mayor and he started with the one.

"When I see the one," said he, "it reminds me that there is only one God. When I see the two, it reminds me of the Father and the Son. When I see the three, it reminds me of the Father, the Son and the Holy Ghost. When I see the four, it reminds me of the four good people who were spreading the Gospel throughout the world, that's Matthew, Mark, Luke and John. When I see the five, it reminds me of the five noble virgins who trimmed their lamps. When I see the six, I am reminded that God made heaven and earth in six days. When I see the seven, it reminds me that God rested and that he made the seventh day into a day of rest. When I see the eight, it reminds me of the eight good people who God saved when he flooded the earth, Noah, his wife, their three sons and their wives. When I see the nine, it reminds me of the nine people God cured of the terrible disease they had, leprosy. But there were ten and only one of them returned to give thanks for the other

thabhairt ar son na naoi gcloigne ar chor ar bith. Nuair a tchím an deich, cuireann sé i mo cheann na deich n-aithne a thug Dia do Mhaoise ar chnoc Síneach, ar an dá thábla clocha."

Bheir sé ar an chuileat agus chuir sé ar an taobh amháin é.

"Nuair a tchím an bhanríon cuireann sé i mo cheann an bhanríon uasal a tháinig as an áit b'fhaide ar shiúl den tsaol le fiachailt a chur ar an rí Solomon déanamh amach go raibh sí féin ina bhean comh críonna agus bhí seisean ina fhear. Thug sí léithe deich gcloigne is daichead gasraí ...

Cuireadh an chuid seo a leanas leis an scéal san athinse. Níl sé ar an taifeadadh.
agus deich gcloigne is daichead girseachaí agus chuir sí culaith gasraí uilig orthu, agus thug sí iad roimh an Rí Solomon le eisean inse cé acu. Nigh na girseachaí suas go dtí a gcuid uilleann agus char nigh na gasraí thar cheann na láimhe. Bhí rí Solomon ábalta inse ansin cé acu a bhí ina ngirseachaí agus cé bhí ina ngasraí.

"Nuair a tchím an rí," arsa seisean, "cuireann sé i mo cheann an Rí atá ar thalamh agus an Rí atá ar neamh, Rí na bhflaitheas."

Stop sé ansin.

"Bhail," deir an méar', "thug tú cuntas maith ar achan charda ach an carda amháin.

"Goidé an carda é sin?" a deir an saighdiúir.

"An chuileat." a deir an méar'.

"Ó," a deir sé, "thiocfadh liom cuntas maith a tabhairt ar an cheann sin mur mbeadh corraí ar d'onóir liom,

"Cha bheadh." a deir a méar', "Cha bheadh corraí ar bith orm mur gcuirfeá síos ar an chuileat [ ] féin."

"An chuileat is mó a chuala mé iomrá ariamh air, an t-oifigeach a thug mé anseo in do láthair inniu."

"Ó," a deir an méar', "chan fhuil a fhios agam an ba é an chuileat is mó é, ach tá mé siúráilte gurb é an t-amadán is mó é."

"Thiocfadh liom teisint duit anois," arsa an saighdiúir, "goidé an dóigh a ndéanfainn úsáid de na cardaí seo, an leabhar urnaithe, an Bhíobla agus phaca cardaí."

"Ó, tá fhios agam," arsa an méar', "gur fear gasta atá ionat, acht tá eagla orm go mbeidh obair agat sin a thabhairt chun solais."

"Nuair a chuntasaim cá mhéad cardaí atá sa phaca, tá trí chead, trí

nine. When I see the ten, it reminds me of the Ten Commandments that God gave to Moses on two stone tablets, on Mount Sinai."
He grabs the knave and puts it to the outside.

"When I see the queen, it reminds me of the noble queen who came from a place far away to impress upon King Solomon that she was as wise a woman as he was a man. She brought with her fifty boys ...

The following material was provided when the transcriptions were made. It is not recorded.
and fifty girls and she put boys' clothing on all of them, and she brought them before King Solomon so that he could tell which were which. The girls washed up to their elbows and the boys only washed up to their wrists. King Solomon was able to tell then which were girls and which were boys.

"When I see the king," said he, "it reminds me of the King who is on earth and in heaven, King of Heaven."
He stopped then.

"Well," said the mayor, "you gave a good account for each card except for one card."

"Which card is that? said the soldier.

"The knave," said the major.

" Oh," said he, "I could give you a good account of that one if your Honour wouldn't be angry with me."

"I wouldn't," said the mayor. "I wouldn't be angry if you didn't give an account of the knave itself."

"The biggest knave I ever heard of was the officer who brought me here before you today."

"Oh," said the mayor. "I don't know if he's the biggest knave, but I'm sure he is the biggest fool."

"I could show you now," said the soldier, "how I would use these cards, the prayer book, the Bible and the pack of cards."

"Oh, I know," said the mayor, "that you're a fly man, but I'm afraid that you'll have difficulty coming up with that."

"When I count the number of cards in the pack, three hundred, three

fiche agus cúig spota, tá an oiread sin laetha ins an bhliain. Sin an dóigh a dtig liomsa déanamh amach leabhar urnaithe, Bíobla agus an paca cardaí."

D'ordaigh an onóir dó builbhín aráin, greim cáise agus thug sé píosa airgid dó, agus d'ins air ghoil i gceann a ghnaithe, gurb é an fear a ba ghaiste a casadh ariamh air.

FÉACH: chonaic agus tháinig; amháin, dófa; ba é, seith, aon fhear, cúig, taobh, neamh, buíochas, taobh, bhanríon, tsaighdiúir, dinnéara, char phill, fiachailt, teisint, chuntasaim

score, and five spots, there are that many days in the year. That is how I can make out a prayer book, a Bible and a pack of cards."

His Honour ordered that a loaf of bread, a bite of cheese and a piece of silver be given to him, and he told him to go about this business, that he was the smartest man he had ever met.

Goll Mac Morna agus an Bhean Mhór

Tomás Ó Gallchobhair

Tá cuma air gur seo leagan den laoi Fiannaíochta 'Laoidh na Mná
Móire'. Is é creatlach an scéil ná go dtéann Fionn agus na Fianna
amach ag seilg i nGleann na Smól agus tchíonn siad an eilit mhaol.
Téann conairt na Féinne ar thóir na heilite ach ní féidir í a mharú
agus cailltear iomlán na conairte ach Bran. Athraíonn an eilit cruth
agus fágtar bean álainn ina háit. Leanann na Fianna an spéirbhean
go hInis Sluagh na mBan áit a raibh sí díbrithe ag a hathair. Chomh
luath agus a labhraíonn Fionn, athraíonn cruth na mnaoi agus
déantar cailleach mhór ghránna di. Iarrann sí Fionn Mac Cumhaill
mar chéile agus diúltaíonn seisean di. Téann siad a chogaíocht le
chéile agus faigheann na Fianna an bhua uirthi. Tagann an
chailleach ina cruth álainn féin arís nuair atá an bás aici. Cuireadh
faoi gheasa í cónaí le mná eile siocair gur thuar saoi de chuid a
hathar go gcuirfeadh mac dá cuid deireadh le ríocht na Gréige agus
go dtabharfadh sé bás an rí.

Nuair a chonaic Goll cabhlach ag teacht isteach 'na chuain,
   "Cé a bhéarfas scéal ón toinn?" arsa Goll.
   "Mise," arsa Caoilte.
Ba é an fear a ba lúthmhaire san Fhéinn é. Ach nuair a – sula raibh
Caoilte – sula raibh sé ag an chuan bhí an Bhean Mhór istigh i dtír.
Nuair a chonaic sé scéimh na mná, chreathnaigh sé ó mullach go lár ach
gur fhiafraigh sé, cén talamh ná cén tír arbh as di, an mnaoi bhreá.
   "Ó, mise níon Ard-Rí Gréige," arsa sise, "d'fhéachadh comhrac le
deich gcéad laoch mar a bhfuil ins an Fhéinn," arsa sise, "agus Goll
caoch. Aithris dó mo scéal, go scriosfaidh mé Feara Fáil mur bhfagha
mé mo chéile ag Fionn an áigh."
   Nuair a chuaigh Caoilte a fhad le Goll agus d'inis sé an scéal do
Gholl, ghléas Goll céad fear in arm ghléasta ghoil a chomhrac leis an

Goll Mac Morna and the Big Woman

Thomas Gallagher

This story appears to be a version of the Fenian lay, or narrative poem, 'The Lay of the Big Woman'. The basis of the story is that Fionn and the Fianna go out hunting to Gleann na Smól where they spot the fairy hind. The Fianna's hounds pursue the hind but fail to kill it, and the whole pack of hounds are lost except for Bran. The hind shape-shifts and is replaced by a beautiful woman. The Fianna follow her and go the Isle of the Host of Women to which she has been banished by her father. As soon as Fionn utters a word, the beautiful woman shape-shifts again and becomes an ugly old hag. She asks for Fionn's hand in marriage but he refuses her. A battle ensues and the Fianna defeat her. The old hag shape-shifts once again and becomes her own beautiful self, just as she is about to die. She had been put under a spell and could only live with other women because one of her father's seers predicted that a son of hers would destroy the kingdom of Greece and kill the king.

When Goll saw the fleet coming into the bay,

"Who will bring news from the sea?" said Goll.

"I will," said Caoilte.

He was the fastest of all the Fianna. But before Caoilte – before he got to the bay – the Big Woman was ashore. When he saw the beauty of the woman, he shook from head to toe but he asked, which land or country this fine woman was from.

"Oh, I'm the daughter of the high King of Greece," said she, "who is prepared to fight with a thousand warriors of the Fianna," said she, "and with near-sighted Goll. Tell him my story, that I'll destroy the men of Ireland unless I get Fionn of the havoc for a husband."

When Caoilte reached Goll and he told Goll the story, Goll equipped a hundred in battle dress to go into battle with the Big Woman. When

Mhnaoi Mhóir. Nuair a chuaigh an ghrian síos fúithi, bhí naoi gcéad eile fá seach. An méid eile de na fir a bhí ann thuit siad fá Ard na Laoch, agus gur chuir Goll air a chlogad agus a scéith, a chlaíomh bheart óir ag goil a chomhrac leis an Mhnaoi Mhóir.

Ó, cibé tchífeadh comhrac na beirte, chuirfeadh siad ceatha tineadh dá arm nimhe agus ceatha fola dá gcuid sciathacha. Cé gur mhór neartmhar Goll, ba bheag lorg a láimhe ins an mhnaoi. Cé gur mhaith a chlogad agus a scéith is iomaí cneá a bhí air roimh dheireadh na hoíche. Tháinig Fionn a fhad leis,

"Maise," arsa Fionn, "tá tú sáraithe, suaite, fliuch le trí hoíche agus le trí lá. An dtabharfá cead d'Oscar amhghach," ar seisean, "a ghoil a chomhrac leis an mhnaoi mhóir?"

"Ó, níl sé aon fhear beo ná beathaigh," arsa Goll, "ná in Éirinn más í an t-oileán is aoibhne bláth, aon fhear ní ligfinn a chomhrac léithe go dtitfidh sí le mo láimh." Ach go bhfuair ina dhiaidh sin Fionn cead ó Gholl le Oscar amhghach a ghoil a chomhrac leis an Mhnaoi Mhóir.

"Anois," arsa Fionn, arsa seisean, "cuimhnigh a mhic cá fhad agus bhí tú fá ghruaim aici ins an cheangal gharbh."
Thug sé léim leoin de. Chuir sé a chlaíomh go dtí cuid na dhoirn fríd chorp na Mná Móire isteach. Ar thitim dhen talamh ansin don Mhaoi Mhóir,

"Ó, mise níon Ard-Rí Gréige," arsa sise, "an bhean ba séimhiacha bhí ag sileadh súl ach go ba é draíocht a chrosta m'athara féin, chuir ag bliantaí fá gheasa mé. Rinneadh fios dó," ar sise, "dá bhfaighinn mac rí ná ceannfort slóigh go mbeadh mac agam a ngéillfeadh an domhan dó agus go gcaillfeadh seisean a cheann agus a choróin."

FÉACH: chonaic, comhraic, airm, feara, chífeadh, lorg, cneá, dhoirn, domhan, chrosta, mnaoi, séimhiacha

the sun set behind her, there were still nine hundred men. The remaining men went to Ard na Laoch until Goll put on his helmet and his shield, his golden-handled sword to go to fight with the Big Woman. Oh, whoever would see the battle between them, showers of fire erupted from their vicious weapons and showers of blood from their shields. Although Goll was big and strong he made little impact on this woman. Although his helmet and shield were good, many's the wound he had by the end of the day. Fionn came up to him,

"Musha," said Fionn, "you've been worn out, wet and weary for the past three days and three nights. Would you allow fierce Oscar," said he, "to do battle with the Big Woman?"

"Oh, there's no man alive," said Goll, "nor in Ireland, even if it's a beautiful bountiful island, not a single man I would let do battle with her before she falls at my own hand."
Nevertheless, Fionn got permission from Goll for fierce Oscar to do battle with the Big Woman.

"Now," said Fionn, said he, "remember, son, how long she had you pinned in the rough tackle."
He leapt like a lion. He stuck his sword up to the hilt into the body of the Big Woman.

"Oh, I'm the daughter of the High King of Greece," said she, "the gentlest woman who ever shed a tear but for the magic imposed by my own father, who put me under a spell for years. He was informed," said she, "that if I got the son of the commander of the army that I would have a son that the world would have to surrender to, and that he would lose his head and his crown."

Murchadh Mór agus Murchadh Beag

Seaghan Mac Meanman

Seo sampla den rud ar a dtugtar 'scéal slabhra' ina mbíonn sraith fhada chasta abairtí de ghnáth. Bíonn plotaí na scéalta seo measartha tanaí go minic agus cuirtear an bhéim ar bhua an scéalaí teanga chasta an scéil a iompar agus gan dul in aimhréidh ann. Sa leagan seo caithfidh Murchadh Mór pionós a chur ar Mhurchadh Beag siocair gur ith sé a chuid sútha craobh agus téann sé amach a chuardach slaite le sin a dhéanamh. Ach tá fáil na slaite bunaithe ar shraith chasta imeachtaí. Seo an cineál liodáin a bíos ag deireadh an scéil de ghnáth: 'Tá mé ag iarraidh sop chocháin a bhéarfas mé don bhó, a bhéarfas domh bainne, a ólfas an cat, a ruaigfeas an luchóg, a scríobfas an t-im, a rachas i ladhra an ghadhair, a ruaigfeas fia, a shnámhfas uisce, a fhliuchfas cloch, a líofas tua, a ghearrfas slat, a bhuailfeas Murchadh Beag a d'ith mo chuid sútha craobh aréir.' Is gnách fosta go n-éalaíonn Murchadh Beag ach ní sin mar atá againn sa scéal seo. Tá leaganacha den scéal seo le fáil in Éirinn agus in Albain.

Bhí Murchadh Mór agus Murchadh Beag an-ghaolmhar dá chéile agus bhí an bheirt ina gcónaí ins an teach amháin. Bhí Murchadh Mór ina phánaí mhór láidir agus choinníodh sé Murchadh Beag i gcónaí faoina smacht. Aon mhaidin amháin thug Murchadh Mór cupán do Mhurchadh Bheag agus arsa seisean,

"Gabh amach 'na coilleadh agus cruinnigh lán an chupáin de shúth' craobh domh."

Thóg Murchadh Beag an cupán agus d'imigh sé 'na coilleadh. Chruinnigh sé na súth' craobh agus thug a aghaidh ar an bhaile. Ach caidé a tháinig air ach cith fearthanna agus fuaigh sé isteach faoi chrann le foscadh a fháil. Nuair a bhí sé ansin thúsaigh sé a dh'amharc ar na súth' craobh milse a bhí sé ag iompar 'na bhaile chuig Murchadh Mór falsa. Bhuail tcíocras é. D'éirigh an tcíocras ní ba mhó. D'ith sé súth craobh amháin, d'ith sé an dara ceann. Chuaigh sé ón bheagán go dtí

Big Murray and Wee Murray

John McMenamin

This is an example of a 'chain-tale' which usually involves a long and complicated sequence of sentences. The plots of these stories tend to be quite sparse and the emphasis is placed on the ability of the storyteller to deliver the tongue-twisting dialogue and not slip-up. In this version Big Murray must punish Wee Murray for eating all his berries and he sets off to look for a stick for that purpose. But finding a stick is dependent on a long and complicated chain of events. The final sentence of the story usually goes something like this: 'I need a sop of hay that I'll give to the cow, that'll give me milk, that the cat'll drink, that'll scare the mouse, that'll scrape the butter, that'll go into the toes of the hound, that'll chase the deer, that'll swim the water, that'll wet the stone, that'll whet the axe, that'll cut the stick, that'll beat Wee Murray who ate all my berries last night.' In other tales Wee Murray normally escapes his punishment but that is not the case in this story. Versions of this story are found in Ireland and Scotland.

Big Murray and Wee Murray were closely related to each other and they both lived in the same house. Big Murray was a big, strong, plump lad and he always kept Wee Murray under his thumb. One morning Big Murray gave Wee Murray a cup and he said,

"Go out to the woods and gather a cupful of berries for me."

Wee Murray took the cup and went into the woods. He gathered the berries and headed for home. But it happened to rain and he went under a tree to shelter. When he was there, he started to look at the sweet berries he was carry home to big lazy Murray. He got a craving. The craving got worse. He ate one berry. He ate another one. He went from a little to a lot and he finally ate the whole cupful. He headed home and

an mórán agus fá dheireadh d'ith sé suas a raibh ins an chupán.

Thug sé a aghaidh ansin ar an bhaile agus thug an cupán folamh do Mhurchadh Mhór. D'amharc Murchadh Mór air agus d'aithin sé i gceart go raibh súth' craobh ann. Duine dúranta mallfhoclach a bhí ann agus níor dhúirt sé dadaidh.

Ar maidin latharna mhárach thug sé an cupán do Mhurchadh Bheag aríst agus thug sé an t-ordú céanna dó. Thug – d'imigh an fear beag 'na coilleadh, chruinnigh sé na súth' craobh, thug sé a aghaidh ar an bhaile. Ach tháinig cith fearthanna air agus chuaigh sé isteach faoin chrann chéanna le foscadh a fháil. Nuair a bhí sé ansin thúsaigh sé a dh'amharc ar na súth' craobh a bhí sé ag iompar 'na bhaile chuig an fhalsóir mhór. D'ith sé ceann amháin, d'ith sé an dara ceann agus, fá dheireadh, d'ith sé suas a raibh ins an chupán. In áit é a ghoil ar ais 'na coilleadh ansin fá choinne tuilleadh, thug sé a aghaidh ar an bhaile. Thug sé an cupán do Mhurchadh Mhór. D'amharc Murchadh Mór air agus d'aithin sé i gceart go raibh súth' craobh ann. Ach duine dúranta mallfhoclach a bhí ann agus níor dhúirt sé dadaidh.

Ach ar maidin – nuair a fuair – nuair a ghlac Murchadh Beag a bhricfeasta, labhair an fear mór leis aríst,

"Gabh amach 'na coilleadh inniu," deir sé, "agus cruinnigh lán an chupáin de shúth' craobh domh agus bíodh a fhios agatsa má ghní tú inniu mar rinne tú inné agus arú inné, go bhfuil tú ag deireadh do chúrsa."

"Bhail," arsa Murchadh Beag, "glacfaidh mé bricfeasta maith. Ní dhéanfaidh mé athbhricfeasta."

Rinne sé sin agus d'imigh sé 'na coilleadh. Chruinnigh sé na súth' craobh agus thug sé a aghaidh ar an bhaile. Ach, go mí-ádhúil dó féin, tháinig cith fearthanna air san áit céanna agus chuaigh sé isteach faoin chrann céanna le foscadh a fháil. Nuair a bhí sé ansin thúsaigh sé ag amharc ar na toradh mhilis. Dar leis féin,

"Íosfaidh mé ceann amháin, ní chroithneochaidh sé an oiread sin."
D'ith sé an ceann amháin. Dar leis féin ansin,

"Íosfaidh mé dhá cheann eile agus tiocfaidh mé le sin."
D'ith sé an dá cheann eile ach bhí an tcíocras ag méadú ar fad agus, i ndeireadh na dála, d'ith sé suas a raibh ins an chupán. Ansin thug sé a aghaidh ar an bhaile.

gave Big Murray the empty cup. He was a dour, slow-speaking person and he said nothing.

The following morning he gave Wee Murray the cup once again and gave him the same orders. The wee man went to the woods, gathered the berries and headed for home. But a shower started and he went under the same tree for shelter. While he was there, he started looking at the berries he was carrying home to the big, lazy fellow. He ate one, then a second one, and finally he ate the whole cupful. Instead of going back to the woods for more, he headed for home. He gave Big Murray the cup. Big Murray looked at it and he knew fine well there had been berries in it. But he was a dour, slow-speaking person and he said nothing.

The next morning when Wee Murray was having his breakfast, Big Murray spoke to him again,

"Go out to the woods today," said he, "gather a full cup of berries for me and I'll have you know that if you do today what you did yesterday, you're on the final warning."

"Well," said Wee Murray, "I'll have a good breakfast then I won't have to have another."

He did that and he went to the woods. He gathered the berries and headed for home. But, unfortunately for him, it rained in exactly the same spot and he went in under the tree to shelter. While he was there, he started to look at the sweet fruit. He thought to himself,

"I'll eat one, he won't miss that much."
He ate one. He thought to himself then,
"I'll eat two more and that'll do me."
He ate another two but his craving was growing all the time, and in the end, he ate up the whole cup.

Then he headed for home.

Bhí an fhearg – bhí fearg iontach ar Mhurchadh Mhór agus deir sé le Murchadh Beag,

"Cuirfidh mé chun báis thú anois, ní ligfidh mé níos mó leat. D'fhulaing mé rófhada uait. Ach anois cuirfidh mé chun báis thú."

Ní thearn – an fear – an pánaí mór dadaidh ach bior iarainn a chur isteach ins an tinidh go raibh sé dearg te. Ansin dhóigh sé an dá shúil i gcloigeann Mhurchaidh Bhig. Nuair a bhí an méid sin déanta aige,

"Anois," deir sé leis an fhear bheag, "fágaim thú ins an tseanchill sin thall. Ní raibh duine ar bith istigh ansin nach raibh marbh ar maidin."

Féach: Murchadh, gaolmhar, láidir, cupán, thúsaigh, croithneochaidh, aghaidh, deir, fearthanna, aríst, thearn, coilleadh, tcíocras

Big Murray was very angry and he said to Wee Murray,

"I'll kill you now, I won't let you get away with anything else. I've suffered because of you for too long but now I'll kill you."
The big well-fed fellow did nothing but put an iron spike into the fire until it was red-hot. Then he burned the two eyes in Wee Murray's head. When he had done that much,

"Now," said he to the wee man, "I'll leave you in that old graveyard over there. There was no one in there this morning who wasn't dead."

Bean Dhiarmuid Dhoinn

Nóra Uí Chliútaigh

Tá cúpla ceann de phríomhcharachtair na Féinne sa scéal seo againn. Tá Diarmuid Donn Ua Duibhne ann, fear a raibh ball seirce air agus ar thit gach bean dá bhfacaidh é i ngrá leis. Is é Tóraíocht Dhiarmuid agus Ghráinne an scéal is clúití faoi. Lena chois sin, tá Goll Mac Morna againn a raibh clú troda seachas seirce air. Bhí Goll, a bhí ar leathshúil siocair cosaint na Féinne, ar cheann de na fir a ba láidre san Fhéinn. Tchítear seo nuair a bhuaileann sé an 'crann comhraic'. Seo móitíf a úsáidtear ní amháin le cumhacht an laoich a léiriú ach le heagla a chur ar an namhaid. Tá cuntas níos ornáidí le fáil sa scéalaíocht ar thionchar an bhuille chomhraic. Deirtí nach raibh leanbh i mbroinn, searrach i láir, uan i gcaoire ná meannán i ngabhar nár thiontaigh naoi n-uaire agus ar ais nuair a chuala siad an buille comhraic.

Bhí lá deas samhraidh ann agus chuaigh Fiannaibh na hÉireann amach a sheilg, agus chuaigh na mná síos le hiad féin a nighe – nigh – agus nuair a chuaigh siad síos, dúirt siad gurbh fhearr daofa ghoil síos go glas-fharraige na hÉireanna an áit a raibh an t-uisce glan. Ach nuair a fuair siad a fhad le glas-fharraige na hÉireanna, bhain siad daofa a gcuid éadaigh go dtearn' bean Dhiarmuid Dhoinn, d'fhan sí ag coimeád a gcuid éadaigh, an bhfuil a fhios agat, cha dteachaigh sí amach ins an uisce.

Charbh fhada dófa go dtáinig diúlach isteach agus bád leis, agus é ag caitheamh in airde úll ins an aer agus cheapfadh sé ar bharr a chlaímh é. Agus bhí an bád ina rith agus bhéarfadh sí ar ghaoth a bhí róithe agus cha bhéarfadh an ghaoth a bhí ina diaidh uirthi. Ach tháinig an diúlach isteach agus tháinig sé aníos agus d'amharc sé fríd na mná, agus is í bean Dhiarmuid Dhoinn an bhean a ba deise. Bheir sé greim barr-méire

Diarmuid Donn's Wife

Hannah Clinton

This story includes a number of the main characters of the Fenian Cycle. There is Diarmuid Donn Ua Duibhne who possessed a love-spot and with whom every woman who saw it fell helplessly in love. The Pursuit of Diarmuid and Gráinne is probably the most well-known story about him. We also have Goll Mac Morna who was famous for making war not love. Goll was one-eyed as result of his many battles in defence of the Fianna and was one of the strongest men in the warrior band. This is amply illustrated when he strikes the challenge pole. This motif is used not only to demonstrate the hero's power but also to terrify the enemy. Accounts of the effect of striking the challenge pole are more ornate in other versions and usually run something like this 'When he struck the challenge pole, there wasn't a child in a woman, a foal in a mare, a lamb in a sheep, or a kid in a she-goat that didn't turn around nine times and back again in their mothers' womb.'

It was a lovely summer's day and the Fianna of Ireland went out hunting, and the women went down to wash themselves, when they went down, they said they would be better off going down to the green sea of Ireland where the water was clean. But when they got as far as the green sea of Ireland, they took off their clothes so that Diarmuid Donn's wife, she stayed to watch over their clothes, you know, she didn't go out into the water.

It wasn't long before an intruder came with a boat and he was tossing an apple in the air and he would catch it on the tip of his sword. And the boat was running, and she would catch the wind before her and the wind behind her couldn't catch her. But the intruder came in and he came up and looked through the women and Diarmuid Donn's wife was the loveliest. He caught her by the tips of her fingers and around

agus caol-coise uirthi, agus chaith sé isteach ins an bhád í agus d'imigh sé agus d'fhág sé iad.

Chuaigh na mná uilig faoi bhrón agus cha raibh a fhios acu caidé a dhéanfadh siad agus tháinig siad 'na bhaile, agus shuigh siad agus thosaigh siad a ghol. Ach tháinig ansin, tháinig na Fianna nuair a tháinig siad 'na bhaile, deir siadsan tá rud inteacht ar na mná. Chan fheiceann muid aon duine acu amuigh ar na hardáin mar ba ghnách leofa. Ach nuair a tháinig siad isteach bhí siad uilig faoi bhrón agus d'inis siad dófa go dtugadh ar shiúl bean Dhiarmuid Dhuibh.

"Bhuel," a deir Goll, deir sé, "cibé áit a bhfuil sí gheobhaidh mise í."

"Bhuel," a dúirt siadsan.

Ansin chagain Fionn a ordóg agus gheobhadh sé i dtólamh fios as an ordóg nuair a chagnóchadh sé í. Agus dúirt sé,

"Tá sí thoir anois ins an domhain thoir, in airde in teach-barr, ina shuí ins an fhuinneog agus cha dtig linn a fáil nó tá oiread, tá oiread airm ansin agus nach dtig leat a fáil isteach. Tá geafta iarainn ann agus cha dtig le aon duine a ghoil isteach ansin ach an té a toiseochas a mharaíodh sé an ceann roimhe. Deir Goll, deir sé,

"Troidfidh mise é."

Ghread siad leofa soir agus nuair a fuair siad ar amharc ar an teach-barr, rinne bean Dhiarmuid Dhoinn gáire agus tchífeá an dúlagán beag a bhí ar thóin a putóige.

"Ó," a deir an fear liath.

"B'éigean duit go bhfaca tú rud inteacht galánta nuair a thaitin sé leat go maith. Cha dtearn' tú gáire ó tháinig tú anseo roimhe."

"Tchím leoga," a deir sí "tchím ag teacht ...

Cuireadh an chuid seo a leanas leis an scéal san athinse. Níl sé ar an taifeadadh.
cuid Fiann na hÉireanna agus m'fhear féin ar a dtús agus leoga, is daoibh féin is measa nuair a tháinig siad a fhad leis an gheafta."
Bhí geafta iarainn ansin, ord mór agus crann comhraic. Bheir Goll ar an ord agus bhuail buille ar an chrann comhraic agus chuir sé an chathair ar crith, agus d'iarr siad ar an ghaiscíoch ghoil agus an buille sin a throid. Deir sé,

"Níl maith domhsa a ghoil a throid an fhir a bhuail an buille sin."
Chuir Goll a ghualainn leis an gheafta agus chaith sé isteach é. Chuaigh Diarmuid Donn isteach agus thug sé leis a bhean, agus shiúil siad leofa

her ankles and he threw her into the boat, and he went away and left them.

The women became very sad and they didn't know what they would do, and they came home and they sat down and they started to cry. But they came then, when the Fianna came home, they said there's something wrong with the women. We don't see anyone out and about as they used to be. But when they came in, they were all sad and they told them that Diarmuid Donn's wife had been abducted.

"Well," said Goll, said he, "wherever she is, I'll find her."

"Well." said they.

Then Fionn chewed his thumb and he would always get knowledge from the thumb when he chewed it, and he said,

"She's over in the eastern world, up in a high tower, sitting in the window and we can't get her for there is such an army that we can't get in. There's an iron gate and no one can get in except the one who kills the person before him. Goll said, said he,

"I'll fight him."

They headed off towards the east and when they were within sight of the high tower and Diarmuid Donn's wife laughed, you could see a wee thorn down in her innards.

"Oh," said the grey-haired man.

"It must be that you've seen something beautiful and that it really pleased you. You haven't laughed since you came here."

"I see, indeed," said she, ...

The following material was provided when the transcriptions were made. It is not recorded.

"I see the Fianna of Ireland, and my own husband leading them, and you'll be the worse for it when they come as far as the gate."

There was an iron gate there, a large sledge-hammer and a challenge stake. Goll took hold of the sledge-hammer and hit the challenge stake, and he made the city shake and they asked the warrior to go and defend that blow. He said,

"There's no use in me going to fight the man that struck that blow." Goll put his shoulder to the gate and pushed it in. Diarmuid Donn went

ag teacht 'na bhaile go dtáinig siad go léana glas. Bhí an lá te agus iad coirithe, agus shuigh siad a dhéanamh a scríste, agus thit siad ina gcodladh. Tháinig an scúilleannach arís agus thug sé leis bean Dhiarmuid Dhoinn ar ais, agus nuair a mhuscail siad bhí bean Dhiarmuid Dhoinn ar shiúl.

Chagain Fionn a ordóg ar ais agus dúirt sé go raibh sí ar ais ar shiúl leis an fhear, agus go gcuirfeadh sé isteach in uaigh í a raibh dhá cheann leis agus rud ar bith a dheachaigh isteach cha dtiocfadh sé amach a choíche.

Dúirt Goll, deir sé,

"Rachaidh muid anois comh tiubh agus thig linn agus racha' mise ar cheann den uaigh agus racha sibhse ar an cheann eile agus má tharraingíonn sí ar a cheann a bhí sé air, ná ligidh isteach é. Agus má tharraingíonn sé ar an cheann eile cha ligim isteach é."
Agus tháinig seisean leis an bhean chuig an ceann a raibh na Fianna uilig air agus bhain siad dó agus char smaointigh siad ar Gholl. Nuair a tháinig siad fhad leis an léana glas shuigh siad síos agus smaointigh siad ar Gholl. Agus chagain Fionn a ordóige ar ais agus dúirt sé,

"An bhfeiceann tú an spéir sin ag teacht agus 'tá mar bheadh dhá choinneal ann. Sin mo dearthársa ag teacht agus a dhá shúil mar bheadh dhá choinneal ann ar mhéad is tá fearg air, mar d'fhág muid inár ndiaidh é. Luígí uilig agus titigí thart marbh."
Nuair a tháinig Goll chuir sé a ladhar mhór faoi fhear acu agus chaith sé péirse talamh é. Chosáil sé thart uilig ortha agus shíl sé go raibh siad uilig marbh. Agus d'éirigh Fionn suas agus dúirt sé,

"A dheartháir, goidé tá ort."

"Ó, cha bhac daoibh dá mbeadh fhios agam go raibh sibh beo, cha ligfinn ceann thar bráid."

FÉACH: deas, nighe, dófa, úlla, ghaoth, tchífeá, róithe, chagnóchadh, chan fheiceann, corraithe

inside and he took his wife with him, and they kept on towards home until they reached the green lawn. The day was warm and they were worn out, and they sat down to rest and they fell asleep. The intruder returned and he took Diarmuid Donn's wife with him again, and when they woke up Diarmuid Donn's wife was gone. Fionn chewed his thumb again and he said that she was once more away with the man, and that he would put her in a grave that had two ends and that anything that went into it would never come out again.

Goll said, said he,

"We'll go now as fast as we can and I'll go on one end of the grave and you'll go on the other end. If she approaches your end don't let her in and if she heads for mine, I won't let her in."

And he came with the woman to the end where all the Fianna were, and they took her and they never thought of Goll. When they reached the green plain, they sat down and they remembered Goll. And Fionn chewed his thumb again and he said,

"Do you see that sky up ahead and what looks like two candles? That's my brother coming and his two eyes are like two candles he's that angry that we left him behind. Lie down and pretend you're dead." When Goll arrived he put his big toe under a man and he threw him the length of six perches of land. He prodded them all with his feet and he thought they were all dead. And Fionn rose up and he said,

"Brother, what's ails you?"

"Oh, if I'd known any of you were alive, I'd never have let you pass."

Scéal an tSeanghabha

Feidhlimidh (Dhómhnaill Phroinsias) Mac Grianna

Seo ceann eile de na scéalta a bhfuil an gníomhaí é féin i gceartlár an scéil agus a n-insíonn sé an scéal amhail agus dá mba rud é gur lom Dé na fírinne é. Foghlaimíonn an gníomhaí go bhfuil teacht ar dhuais ach an dua a chaitheamh leis agus neamhiontas a dhéanamh den dream atá ag spochadh as. Tuigeann sé go mbeidh toradh ar fhoighid. Tá an loch a luaitear sa scéal seo, 'Loch na bhFaircheach' i nGleann Tornáin, Dún Lúiche. Úsáideann Feidhlimidh an leagan 'Loch na Faircheach'.

Tá loch ins an áit s'againne a dtugann siad Loch na Faircheach uirthi agus ní dheachaigh aon fhear ariamh a dh'iascaireacht na locha nach mbeadh díolta ar shon a shaothair. Gheobhadh siad oiread i gcónaí agus a dhíolfadh ar shon an lae. Bhí bealach mór go dtí í agus i ndiaidh – theadh na lucht – an mhuintir a mbeadh beathaigh acu théid sinne an bealach mór, ach théamist-inne i gcónaí an aichearra. Théamist amach fríd na cnoic agus bhí sí ocht míle uainn.

Bhí seanghabha ina chónaí ins an am a chuaigh thart ar thaobh an locha agus bhí sé ag saothrú oiread airgid dá raibh ghaibhne ann san áit uilig. Bhí sé maith i gceart ag cur cruitheacha ar bheathaigh. Théid siad leis na beathaigh a chur cruitheacha orthu na ceárta ionsair an ghabha agus ghníodh siad lá iascaireachta ar an loch, agus dhíoladh an lá ar shon cruitheacha a chur ar na beathaigh.

Bhí siad ag obair leo mar sin go dtí aon mhaidin amháin, a chuaigh siad a dh'iascaireacht agus bhí an seanghabha marbh. Thoisigh siad a chuartú an airgid. Chuartaigh siad i rith an lae ach ní bhfuair siad airgead ar bith. Chuartaigh siad latharna mhárach; ní bhfuair siad airgead ar bith. Thug siad suas an cuartú. Chuaigh achan nduine a dh'iascaireacht. Ní raibh duine ar bith ag amharc i ndiaidh an airgid a bhí ag an tseanduine.

The Old Blacksmith's Story

Phil Greene

This story provides an example of the practice of the protagonist firmly locating himself within the story and telling it as though it were God's honest truth. The protagonist learns that he can win a prize if he perseveres and ignores the taunts of his fellow fishermen. He understands that patience pays off. The lake mentioned here is Glentornan Lough which is in Glentornan, Dunlewey.

There's a lake in our place they call Glentornan Lough and no man ever went fishing on the lake who didn't get a good return for his efforts. They would always get enough to pay for the day. There was a road into it and those who had horses, they would take the road but we would take the shortcut. We would go out through the mountains and it was eight miles away from us.

There was an old blacksmith at the time who lived by the lakeshore and he was earning more money than anyone else in the area. He was very good at making shoes for horses. They would go to the forge with the horses to have shoes put on by the blacksmith, and they would do a day's fishing on the lake and that would pay for shoeing the horses.

They were working away like that until one morning, they went fishing and the old blacksmith was dead. They started to look for the money. They looked all day but they didn't find any money. They looked the second day and they didn't find any money either. They gave up the search. Everyone went fishing. No one was bothered about the old man's money.

Rinne muidinne suas, scaifte againn, céadtaí bliain ina dhiaidh sin, ghoil amach agus lá iascaireachta a dhéanamh ar Loch na Faircheach. Chuaigh muid amach. An chéad bhaoite a chuir mise amach, chuaigh mo dhuán síos i súil na hinneora a bhí sa loch. Bhí eascann faoin inneoir agus fuair an eascann greim ar an bhaoite. Thug sé broideadh domhsa ach ní raibh maith domh tarraingt, bhí mé i bhfostach.

Bhí mé ansin ceanglaithe i rith an lae. Bhí na hiascairí ag gáirí, ag magadh faom, ag iarraidh orm briseadh. Níor bhris mé go dtí go raibh an tráthnóna ann. Nuair a thoisigh na hiascairí a dhéanamh suas a gcuid éisc, ag goil 'na bhaile, chonaic mise go gcaithfinn briseadh an uair sin. Bhí mé – bhí rud inteacht a tharraingt. Thug mé aon tarraingt amháin agus chaith mé an inneoir thuas agus an eascann cúig slata déag fríd an fhraoch. D'amharc mé suas go bhfeicfinn caidé a bhí liom. Chonaic mé carrfhia thuas agus é a greafadaigh lena chosa.

Chuaigh mé suas. Chruinnigh na hiascairí go dtí mé go bhfeicfeadh siad caidé a thug mé isteach. Nuair a bhí an carrfhia ag creafadaigh lena chosa, nocht sé ceann cláir. Thóg mise an clár. Bhí clár eile faoi. Thóg mé an clár sin. Bhí bocsa faoin chlár sin. Thóg mé an bocsa. Bhí eochair faoin bhocsa. Bhain mé an glas den bhocsa. Bhí an bocsa lán óir.

Sheasaigh na hiascairí ar leataobh mar a rachadh siad a dhéanamh suas gur cheart domhsa an t-ór a rannt ach níor labhair fear ar bith liomsa. Chuir mise an bocsa faoi m'ascaill agus shiúil mé liom 'na bhaile. Nuair a tháinig mé 'na bhaile d'fhiafraigh an bhean domh an bhfuair mé iasc ar bith. Dúirt mé nach bhfuair.

" 'Bhfuair aon nduine aon cheann?"

"Fuair achan nduine a ualach éisc ach mise."

"B'annamh leat é," a deir sí.

D'fhág mé féin an bocsa síos ar an tábla. Thug mé an eochair as mo phóca. D'fhoscail mé an bocsa agus bhí an bocsa lán óir.

"Sin an iascaireacht atá liomsa."

D'amharc sí ar an bhocsa,

"Is fearr sin i bhfad ná an t-iasc."

FÉACH: aer, rith, dhaoine, broideadh, tráthnóna, chonaic, mar sin, fhraoch, théid, théimist, ghníodh, rannt

We decided, a group of us, hundreds of years later to go out and do a day's fishing at Glentornan Lough. We went out. The first bait I put out, the hook went down into the eye of an anvil in the lake. There was an eel under the anvil and the eel caught the bait. I felt the bite but I wasn't able to pull, I was stuck.

I was stuck there all day. The fishermen were laughing and taking a hand at me and telling me to let go. I didn't let go until the evening. When the fishermen started to pack away their fish, setting off home, I knew I'd have to give up then. I was pulling and tugging. I gave one big pull and I threw the anvil and the eel fifteen yards up through the heather. I looked up to see what I had. I saw a deer up above and it was flailing its feet about. I went up.

The fishermen drew near me to see what I had brought in. When the deer was flailing about it revealed a lid. I lifted the lid. There was another lid underneath. I lifted that lid. There was a box under that lid. I lifted the box. There was a key under the box. I unlocked the box. The box was full of gold.

The fishermen stood aside as if they'd decided that I should share out the gold but not one of them spoke to me. I put the box under my oxter and I walked on home.

When I came home, my wife asked if I had caught any fish. I said I hadn't.

"Did anyone else get any?"

"Everyone got a load of fish except me."

"That's not like you," said she.

I laid the box on the table. I took the key out of my pocket. I opened the box and the box was full of gold.

"That the fishing I have with me."

She looked at the box,

"That's much better than fish."

Teagasc Críostaí an Chonnachtaigh

Aodh Ó Dubhthaigh

D'éirigh Caiticeasmaí nó Teagaisc Críostaí coitianta sa 16ú haois. Foilsíodh 44 eagrán de chaiticeasma Martin Luther 'Small Catechism, for children and simple folk' roimh a bhás i 1546. Chuir an Frith-Reifirméisean a gcuid Teagaisc Críostaí féin ar fáil agus ba bheirt Íosánach, Peter Canisius agus Robert Bellarmine na caiticeasmóirí a ba chlúití sna luathbhlianta. Bunaíodh Teagaisc Críostaí na Gaeilge a bheag nó a mhór ar na téacsanna Íosánach. Tá Teagasg Críosdaidhe (1608) Ghiolla Brighde Uí hEodhusa go mór faoi thionchar Canisius agus Bellarmine agus lean an tionchar sin tríd an aithris a rinne na caiticeasmóirí a lean é ar stíl agus ábhar Uí Eodhusa. Ba as Inis Ceithleann Ó hEodhusa agus fuair sé a chuid oideachais i Douay and Louvain. Tá 'An Teagask Creestye agus Paidreagha na Mainne agus an tranona', a cuireadh i gcló i nDún Dealgan i 1793, ar cheann de na téacsanna is sine i nGaeilge Chúige Uladh. Lean an nós an téacs foghraíochta a úsáid suas go dtí na 1860í. Bhí an-éileamh ar na Teagaisc Críostaí agus baineadh úsáid astu i scoileanna agus sa bhaile. Cuireadh i gcló na céadta míle cóip thart ar Éirinn agus tá go leor acu sin le fáil go fóill.

In ainm an Athar 's a Mhic 's an Spiorad Naomh. Amen.
Teagasc Críostaí an Chonnachtaigh.

Cé a chruthaigh thú? Chruthaigh an tAthair mé.
Goidé an cruthú thug sé ort? Rinne sé ar an chuma agus ar an déanamh Leis Féin mé.
Cé a cheannaigh thú? Cheannaigh an Mac mé.
Goidé an ceannacht a thug Sé ort? A chuid fola agus feola a strócadh ar chrann na croiche, É a chéasadh ar mo shon.
Cé a thug tíolacthaí dhuit? An Spiorad Naomh.
Goidé na tíolacthaí a thug Sé dhuit? Na cúig céadfaí corparala, blas,

The Connacht Catechism

Hugh Duffy

Catechisms have been popular since the 16th century. Forty-four editions of Martin Luther's "Small Catechism, for children and simple folk" were published by the time of his death in 1546. The Counter-Reformation also produced its own catechisms, the most famous catechists of the time were the Jesuits Peter Canisius and Robert Bellarmine. The Irish-language catechisms of the 17th century were largely modelled on the Jesuit texts. Bonaventure O'Hussey's The Teagasg Críosdaidhe (1608) is heavily indebted to the Canisian and Bellarmine catechisms and this influence continued through the adoption of O'Hussey's style and content by subsequent Irish-language catechists. O'Hussey was from Enniskillen and was educated at Douay and Louvain. One of the oldest texts in Ulster Irish appears to have been printed in Dundalk in 1793 "An Teagask Creestye agus Paidreagha na Mainne agus an Tranona" (The Catechism and Morning and Evening Prayers). This practice of rendering the Irish-language text phonetically continued until the 1860s. The catechisms were extremely popular and were used in schools and in the home. Hundreds of thousands were printed all over Ireland and many copies have survived to this day.

In the name of the Father, Son and the Holy Ghost. Amen
The Connacht Catechism

Who created you? The Father created me.
How did he create you? He made me in his Own likeness.
Who saved you? The Son saved me.
How did he save you? By sacrificing his body on the cross, by dying on the cross for me.
Who gave you graces? The Holy Spirit.
Which graces did He give you? The five corporal senses, taste, smell,

boladh, mothú, amharc, agus éisteacht, lúth mo chosa agus mo lámha, an Spiorad Naomh a bheannaigh mé, a thug ó laige go neart mé agus a thug cumhacht domh ar an-spiorad na lámha clí.

Goidé an fáth a n-abrann tú "Amen"? Ag iarraidh ar Dhia an ní sin a dúirt muid a bheith déanta go maith in Ainm Dé.

Cé hÉ d'Athair? Tá, Dia.

Cé hí do mháthair? Tá, an Eaglais.

Goidé bheir an Eaglais mar mháthair chugat? Mar is iad a bhaist mé.

Goidé ghní baisteadh dhuit? Ghní sé Críostaí dhomh.

Goidé an rud Críostaí? An té a aidighíos, a chreidíos agus a choimhlíonas dligheadh Dé go hiomlán.

Goidé an comhartha Críostaí atá ort? Comhartha na cora Críosta ina ndéanaim mé féin a choisreacadh.

Cá mhéad uair a ndéan tú thú féin a choisreacadh? Gach uile uair agus gach uile am. Níl am áirith' agam leis, ach go speisialta ag luigh' agus ag éirí domh. Bíonn sé ina scáth dídean idir muid féin agus anchumhachtaí an diabhail.

Cér beag duit sin a rá de briathra béil is gan do lámh a chorradh leis? Nuair a chuirim mo lámh ar mo cheann, cuiridh sé i gcuimhne domh gur thuas atá an tAthair trócaireach, an chéad Phearsa den Tríonóid. Nuair a chuirim mo lámh ar mo bhroinn, aidighím agus creidím gur ghlac Mac Dé colann daonna, go dteachaigh sé i mbroinn na hÓighe ag sábháil an chineadh daonna a bhí ag goil go hIfreann.

Cá fhad a bhí siad ag goil go hIfreann? Corradh agus ceithre mhíle bliain. Nuair a chuirim mo lámh ar mo ghualainn deas is ar mo ghualainn clí, aidighím agus creidim gur idir an tAthair agus an Mac a tháinig is a dtiocfaidh.

Goide – goidé an comhartha nach trí Déithe iad sin, mar atá an tAthair, an Mac, agus an Spiorad Naomh? Ní hiontaí é ná go bhfuil an siocán agus an sneachta agus an leac oighreoige, agus gan iontu ach aon uisce amháin.

FÉACH: rinne, goidé, dhuit, dhomh, dligheadh, mhéad, coimhlíonas, aidighíos, chreidíos, Tríonóid, ghualainn, oighreoige, clí, idir, bheir, gní, aidighím

touch, sight and hearing, and the use of my arms and legs, the Holy Spirit blessed me, brought me from weakness to strength, and gave me power over the antichrists of the left.

Why do you say "Amen"? To ask God that what we have said be done well in the Name of God.

Who is your Father? God.

Who is your Mother? The Church.

As a mother what does the Church give you? It baptised me.

What does baptism do for you? It makes me a Christian.

What is a Christian? A person who acknowledges, believes and fulfils the law of God fully.

What is the sign of a Christian? The sign of the cross of Christ with which I bless myself.

How many times do you bless yourself? Always and everywhere. There is no particular time, but especially on going to bed and rising. It is a shield between us and the power of the devil.

Is there any point in saying that without raising your hand in blessing? When I put my hand on my head, it reminds me that the merciful Father is above, the first Person of the Trinity. When I put my hand to my breast, I acknowledge and believe that the Son of God became man, that he was begot in the womb of the Virgin to save mankind from hell. How long were they going to hell for? Over four thousand years. When I put my hand on my right shoulder and on my left shoulder, I acknowledge and believe that between the Father and the Son it will come.

What is the sign that they are not three Divine Persons, the Father, Son and Holy Spirit?

It is no more surprising than the fact that frost, snow and ice are the one and the same water.

Amadán Shliabh Gad

Diarmuid Mac Giolla Chearra

Is é an gnás sna scéalta seo nó go gcaithfidh an laoch, sa chás seo gnáthdhuine a dhéanfas maith, dhul ar thasc le iníon an rí a bheith aige. Deir an rí gur féidir le fear ar bith a iníon a bheith aige ach é a bheith in ann tabhairt airsean a rá gur bréagadóir é. Bheir seo deis don scéalaí áibhéil iontach a dhéanamh agus tá leaganacha fada den scéal ina dtarlaíonn gach rud níos iontaí ná a chéile iontu. Mar shampla, deirtear go bhfuil carn aoiligh chomh mór ag an scéalaí agus go mbíonn na cearca ag piocadh na réaltóga anuas as an spéir. Ach is cuma caidé a bíos ráite, ní ghéilleann an rí don scéalaí go ndeir sé rud inteacht mar seo 'An rí is measa a bhí, bhí sé níos fearr ná tusa, a bhréagadóir, bhradaigh, bhragánta.' Deireann an rí ansin gur breagadóir é. Faigheann an 'gnáth' fhear iníon an rí le pósadh agus dhéanann sé prionsa breá.

Bhuel, bhí amadán ar Shliabh Gad ina chónaí ag an athair, agus 'uair a bhí, d'imigh sé ansin agus bhí sé ráite go rachadh sé a shuirí le níon an rí, a bhí ag tnúth.

"Ó," arsa siadsan "goidé an mhaith duit a ghoil a shuirí le níon an rí sin. Ar ndóighe, cha déan siad ach an ceann a bhaint duit. Cha ngeobhadh duine ar bith níon an rí ach an té bhainfeadh bréaga aisti." D'imigh seisean agus fuaigh sé ann, agus nuair a fuaigh, d'imigh sé ansin agus thug an rí amach é agus theiseaneochadh sé cruach fhéir dó. Nuair a fuaigh,

"An bhfacaidh tú aon chruach fhéir ariamh nas mó ná í sin?"

"Hoch," arsa seisean, "chonaic mé cruach fhéir comh mór le ceathrar don é seo. Bhí cruach Mhuire – cruach fhéir aige m'athair mór ar Shliabh Gad agus dá rachadh coileach in airde in lár na cruaiche agus coileach in airde ar achan cheann nach gcluinfeadh aon cheann de na

The Fool on Slieve Gad

Jeremiah Kerr

It is usual in this kind of story that the hero, in this case a common man who comes up in the world, must perform certain tasks in order to gain the hand of the king's daughter. The king announces that any man who can compel him to say that he is a liar can have his daughter's hand. This provides the storyteller with ample opportunity to exaggerate wildly and in some versions of the tale the actions become progressively more fantastical. For example, in one story the protagonist states that his midden is so big that his hens can stand on top of it and peck the stars out of the sky. But the king resists these exaggerations and it is only when the protagonist says something like: 'The worst king that ever lived was a better king than you, you filthy, rotten, liar.' that the king calls him a liar. The common man marries the king's daughter and becomes a worthy prince.

Well, there was a fool who lived on Sliabh Gad with his father, and he went off then and it was said that he would go courting the king's daughter who was expecting.

"So," said they, "what's the point of courting that king's daughter. They'll only take the head off you. No one would get the king's daughter but the person who could make her lie."

He left and he went there, and the king brought him out to show him a haystack. When he went,

"Did you ever see a haystack bigger than that one?"

"Ha," said he, "I saw a haystack as big as four of those. My grandfather had a haystack on Sliabh Gad and if a cock went up on the middle of the stack and a cock up on each end, neither of the cocks could hear the other one crowing."

coiligh ceann eile ag scairtigh."

"Tchím," arsa seisean, "Bhuel," arsa seisean, arsa seisean ansin leis. Thug sé amach a theasbain garradh cáil dó. D'abair sé ansin leis an bhfacaidh sé aon gharradh cáil ariamh a bhí nas mó ná sin.

"Och," arsa seisean, "Chonaic mé garradh cáil ag m'athair mór ar Sliabh Gad, agus bhí cráin mhuice aige agus chaill sé a chráin mhuice, agus chuaigh sé amach lá amháin agus bhí dhá phigín déag aige istigh sa chroidhe, croidhe de chuid an cháil, agus nuair a bhí, thug sé isteach iad, agus nuair a thug, chas madadh rua dó nuair a bhí sé ag teacht isteach agus bhí sé ag cac pramais, agus bhuail sé ceann de na pramais isteach sa choirce."

FÉACH: gad, athair, shuirí, taobh, coirce, 'uair (nuair), nas mó, fuaigh, chuaigh, croidhe, cha déan, theiseaneochaidh, theasbain, d'abair

"I see", said he. "Well," he said, said he to him then. He took him out to show him a field of cabbage. Then he said to him had he ever seen a field of cabbage that was bigger than that.

"Och," said he, "I saw my grandfather's field of cabbage on Sliabh Gad, and he had a sow and he lost the sow. And he went out one day and there were twelve piglets in the head of cabbage. And since he had – he brought them in and when he did, he met a fox as he was coming in and it was dropping dry turds and he kicked one of the turds into the corn."

Mac an Rí agus Níon an Ghreasaí Bróg

Pádraig Ó Siadhail

Bhíodh dúil mhór ag an phobal sna scéalta a chuirfeadh an t-ord sóisialta as a riocht. Sa scéal seo tugtar ar mhac an rí, ainneoin a chuid maoine, ceird a fhoghlaim sula bhfaigheann sé an cailín. Nuair atáthar ag baint as faoin ord saolta is minic a úsáidtear móitíf na coille le sin a chur in iúl nó ní sheasann rialacha na sochaí inti. Is ann a tharlaíonn rudaí neamhghnácha, mar shampla, déantar 'gnáth' fhear de mhac an rí. Feictear fosta móitíf an dearbháin a chinntíonn don chailín go bhfuil an fear ceart aici. Sa chás seo is é fáinne an phósta an dearbhán ach i scéalta eile is dlaoi gruaige a bíos ann. Ní bhíonn deireadh maith ar an chaiftín, drochdhuine an scéil seo. Náirítear os comhair an phobail é nuair a nochtar a chuid drochghníomhartha. Mar phionós bruitear in íle ghalach é. Téann an scéalaí in aimréití rud beag i dtosach an scéil seo.

Bhí rí a tháinig ins an áit s'againne agus bhí aon níon aige agus bhí sí ar an scoil in mo chuideachtsa, in sa leabhar liom – agus bhí sí ansin – mac gréasaí bróg. Ba mhaith leis níon an rí – mac an ghréasaí bróg seo – a fháil le pósadh agus d'iarr sé ar an ghréasaí bróg dá dtiocfadh leis a chomhairle a dhéanamh suas eatarthu.

Ach bhí sin maith go leor, nuair a chuaigh an rí a dh'iarraidh níon an ghréasaí bróg – bhí sé – is é a dúirt an gréasaí bróg leis gurb é an rud ab fhearr dó a dhéanamh ghoil agus ceird a fháil sula bhfaigheadh sé a níonsa. Ach is é rud a *happenáil,* cha raibh ceird aige agus na tríú cuairt a tháinig sé a dh'iarraidh níon an ghréasaí bróg chan fhuair sé í agus d'imigh sé ag gol an uair seo.

Nuair a d'imigh sé ag gol, bhí sé ag siúl ar an bhóthar i rith tamallt fada go dteachaigh sé go dtí an coillidh, agus nuair a chuaigh sé go dtí an choillidh, casadh seanfhear de ag gearradh slatacha agus tháinig sé amach roimhe.

The King's Son and the Shoemaker's Daughter
Patrick Shiels

Tales about the disruption of the social order were very popular. In this story the king's son, despite his wealth, must learn a trade to get the girl. The forest motif is often used to express the undermining of the social order as the normal rules of society do not apply there. Strange things happen in the forest, for example, a king's son becomes a 'common' man. The motif of the token is also used here which confirms the identity of the hero for the heroine. In this case the token is a wedding ring but in others it may be a lock of hair. The villain of the piece, the captain, does not fare well. He is shamed before the court when his dastardly deeds are exposed. As punishment he is boiled in oil. The storyteller is somewhat confused at the beginning of this story.

There was a king who came to our place here and he had one daughter and she was at school with me, in the same class as me, and there she was, a shoemaker's daughter. The king wanted to marry this shoemaker's daughter, and he asked the shoemaker if he would make a suitable arrangement.

That was fine, when the king went to ask for the shoemaker's daughter's hand in marriage, the shoemaker said that he needed to go and learn a trade before he could have his daughter. But he didn't have a trade and the third time he went to ask for the shoemaker's daughter he didn't get her and he went off crying this time.

He was walking along the road for a long time in tears until he went off the road and into the wood where he met an old man who was cutting sticks.

"A bhuachaill óg," arsa seisean, "Caidé seo an t-ábhar atá ortsa, de fhear comh breá leat a bheith ag goil thart ag gol?"

"Ó tá, níon gréasaí bróg de fhear bocht nach bhfaighinnse le pósadh agus mé ina fhear shaibhir."

"Maith go leor," ar seisean, "caidé an t-ábhar atá ciotach le seo?"

"Tá, mar nach bhfuil ceird agam."

"Bhuel, cha bhím-se i bhfad ag fáil ceird duit. An bhfuil scian phóca agat?"

"Tá, maise," ar seisean.

"Bhuel, tar isteach anseo liomsa."

Chuaigh siad isteach 'na coilleadha de bhaint slatacha agus nuair a bhí siad ag baint na slatacha is é an cheird a d'fhoghlaim sé de, ag déanamh basgaidí. Bhí sin maith go leor. Nuair a fuair sé an cheird tháinig sé ar aist agus d'iarr sé níon an ghréasaí bróg, agus fuair sé í mar bhí an cheird seo aige ag déanamh basgaidí.

Ach tamallt ina dhiaidh, tháinig soitheach isteach agus chuir sí síos ancaire ar an Mholl Rua. Agus chuaigh siad suas i láthair an chaisleáin agus nuair a fuaigh an caiftín agus a chriú suas 'na chaisleáin a chuartadh im agus uibheacha, chonaic siad an ainnir uasal thuas anseo agus bhí bród ar an chaiftín a leithéid a fheiceáil. Dúirt sé lena chriú gur mhaith leis í seo do ghoid agus gurb é an dóigh a dtiocfadh leis sin a dhéanamh comhairle a thabhairt orthu a theacht ar bord aigesean, agus nuair a gheobhadh sé istigh sa chábán iad gurb é an rud a bhí ag an triúr le déanamh, an slabhradh a ligint ar shiúl mar nach dtiocfadh leofa é a thabhairt ar bord dhá thairbhe go dtógfadh siad raicín, agus a bheith faoi sheoladh chomh tapaidh agus a thiocfadh leofa, agus gan a dhath a dhéanamh ach go bhfuigheadh siad amach ar an aibhléis mór.

Bhí sin maith go leor, rinne siad mar a d'iarr sé air agus thug sé comhairle orthu ag goil 'na chábáin agus fuaigh siad isteach ansin. Ach nuair a bhí siad de ghairm traidhfil laetha a bheith amuigh, chuir sé isteach i mbairille an rí óg agus chaith sé amach é agus an t-éadan ins an bhairille. Bhí an rí seo ag ghoil ó thoinn go toinn leis an bhairille go dtí go lá amháin stad sé de léimnigh. Pholl an duine bocht amach lena scian phóca agus bhí sé istigh ar an oileán seo agus nuair a fuair sé – mheasfadh sé go raibh sé ar an oileán seo – pholl sé amach, bhris sé an bairille, is fuair sé amach.

"Young man," said he, "Why is such a fine young man as yourself going about crying?"

"Oh, because I can't get a poor shoemaker's daughter to marry and I'm a rich man."

"I see," said he, "why is that?"

"Because I don't have a trade."

"Well, I won't be long getting you a trade. Do you have a pocket knife?"

"I do, indeed," said he.

"Well, follow me."

They went into the woods to cut sticks and when they were cutting the sticks, he taught him the trade of making baskets. That was fine.

When he had a trade, he returned and he asked for the shoemaker's daughter and he got her because he had this trade of making baskets. But shortly after that, a ship came in and put down anchor in Mulroy Bay. And they came to present themselves to the court, and when the captain and his crew went up to the castle looking for butter and eggs, they saw the beautiful young woman up there and the captain was proud to see such a beauty. He told his crew that he would like to abduct her and that the best way to do that was to advise them to come aboard his ship, and when he would get them in the cabin that the three should lift the anchor because they wouldn't be able to bring it on board as it would make too much of a racket, and to put to sea as fast as possible and to do nothing until they got out to deep water.

That was fine, they did as he asked and he advised them to go to the cabin and they went in there then. But when he was within a trifle days of being out, he put the young king into a barrel and they threw it out, with the lid on the barrel. The king was rolling from wave to wave in the barrel until one day, it stopped moving. The poor man had made a hole with his pocket knife, and he was in on this island – and when he found – he thought he was on an island, he broke out, broke the barrel and got out.

Fuaigh sé ó áit go háit fríd an choillidh a bhí ar an oileán seo ag gearradh slatacha agus ag déanamh basgaidí agus á ndíol, ag iarraidh a bheith ag coinneáil an duine bhocht é féin ó ocras. Tá, go dtí go dtáinig sé go dtí an baile mór agus bhí cúirt ann, ná caisleán mar a bheireann muidinne air san áit seo. Agus chuaigh sé suas in achar a chaisléain agus d'fhiafraigh sé den shearbhánnaí an chaisleáin an raibh an ainnir uasal seo istigh. Dúirt sé go raibh. Dúirt sé gur mhaith leis ainnir uasal ar bith dá mbeadh in gcaisleán a fheiceáil, agus tháinig sí amach, agus d'fhiafraigh sé daoithe an gceannóchadh sí basgaid mar nach raibh a fhios aige cé a bhí roimhe. Ach d'aithin sise eisean agus ar sise,

"Ceannóchaidh, ach tar anseo amárach le ceann nas deise."
Agus bhí fáinne aige nuair a bhris sé féin agus í féin ag a bpósadh, agus d'fhiafraigh sí de agus dúirt sé go raibh, agus d'aithin sé ansin latharna mhárach cé a bhí aige.
Anois ar sise,

"Suigh síos ins an teach sin agus glac do lóistín, agus cuir ort culaith mhaith éadaigh agus amárach beidh féasta againne nuair a thiocfas an caiftín isteach, agus bhéarfaidh muid méara an bhaile mhór anseo agus iarrfaidh mise scéal nó amhrán dó a inse. Agus nuair a beas sin déanta, tchífidh muid, bhéarfadh mise thú a dh'iarraidh mo dhíchillt an scéal seo a inse, go bhfeicfidh muid caidé mar a rachas."
Dúirt seisean go raibh sin maith go leor. Rinne siad mar a d'iarr sé agus nuair a bhí an suipéar agus an tae thart acu ann san oíche seo, tháinig an caiftín isteach agus dúirt sí nuair a bhí méara an bhaile mhór ann ...

FÉACH: gol, tamallt, chaisleáin, fuaigh, bhocht, muidinne, áraist, nas deise, díchillt, amhrán, chan fhuair, coilleadha, gceannóchadh, dteachaigh, bhfuighinnse, rachas

He went from one place to another in the wood, which was on the island, cutting sticks and making baskets, and selling them to keep the poor man from starving. That's until he came to the big town and there was a court there, we call it a castle in this place. And he went up to the castle and he asked the castle servant if there was a beautiful young woman inside. He said there was. He said he would like to see any beautiful young woman who might be in the castle and she came out. He asked her if she would buy sticks because he didn't know who he had before him. But she recognised him and she said,

"I'll buy them but come back tomorrow with nicer ones."
And he had a ring when he and she had married, and she asked him, and he said he had, and he recognised then the next day who she was.

Now says she,
"Sit down in that house and take lodgings and put on a good suit of clothes, and tomorrow we'll have a feast when the captain comes in, and we'll bring the mayor of the big town here and I'll ask that a story or song is said for him. And when that is done, you'll see, I'll do my best to tell this story to see how it goes."
He said that was fair enough. They did as he said and when the supper and tea were finished this night, the captain came in, and she said when the mayor of the big town was there ...

Triúr amadán

Doiminic Ó Gallchóir

Sa scéal seo tá triail le cur ar na mná le cruthú go bhfuil siad cliste go leor le cíos in aisce a fháil ar feadh bliana. Is éadócha amach go dtarlódh a leithéid d'imeacht ach tá an scéal seo ag tabhairt deise don lucht éisteachta a leithéid a shamhailt, díreach mar a shamhlódh duine inniu go mbainfeadh sé an 'Lottery'.

Tá gleann beag in dTír Chonaill. Tá ins an ghleann ina chónaí trí theaghlach. Tá acu giota talamh, éis bhí siad bocht, ag troid leis an tsaol agus an saol ag troid leofa agus é in amannaí ag fáil buaidh orthu. Gurbh é an gnás in san am sin 'e lá go rachadh gach fuile dhuine i láthair an tiarna ag ceann deireanach bliana leis an chíos a dhíol.

An bhliain sin cha raibh sí acu. Cha rachadh aon duine de na fir le labhairt. D'ordaigh achan fhear dona bhean a ghoil. Chuaigh na mná i láthair an tiarna. An chéad bhean a chuaigh isteach chuige is é dúirt sí leis,

"Ó, a chroí, ní bhfuil an t-airgead sin agamsa duit inniu. Caithfidh tú spás a thabhairt domh tamallt eile."

Bhí fearg mhór ar an tiarna nuair a chuala sé seo,

"Goidé an t-ábhar a dtáinig tusa mura bhféadfadh – d'fhear a ba cheart a theacht agus labhairt liom?"

" Ó a chroí, tá m'fhearsa amaideach, tá m'fhearsa amaideach. Níl a dhath teacht i láthair ann le a theacht ag labhairt le do mhacasamhailsa."

"Bí amuigh, bí amuigh."

Tháinig an darna bean isteach agus dúirt sí an chaint chéanna.

"Goidé a thug tusa anseo?" a deir an tiarna léithe. "Cad chuige nach dtáinig d'fhear? Is é a ba cheart a theacht agus labhairt liom."

"Tá m'fhearsa amaideach, tá m'fhearsa amaideach. Níl maith ar bith ann le theacht le labhairt le do mhacasamhailsa ar chor ar bith."

Three Fools

Dominic Gallagher

In this story the women are to be tested to see if they are clever enough to win a year's free rent. It is highly unlikely that such an event would occur but the storyteller gives the audience the opportunity to imagine it just as someone today might imagine winning the Lottery.

There's a little glen in Donegal. Three families live in that glen. They have a piece of land and they're poor, fighting for survival and the world is fighting back, and sometimes getting the better of them. It was the custom in those days that everyone would go before the landlord at the end of the year to pay the rent. This particular year they didn't have it. Not one of the men would go. Each man ordered his wife to go. The women went before the landlord. This is what the first woman who went in said to him,

"Oh dear, I don't have that money. You have to give me some more time."

The landlord was very angry when he heard this,

"Why did you come when it's your husband who should come to talk to me?"

"Oh dear, my husband is foolish, my husband is foolish. He hasn't the gumption to come to talk to the likes of you."

"Get out, get out."

The second woman came in and she said the same thing.

"What brought you here?" the landlord said to her. "Why did your husband not come? He should have come and talked to me."

"My husband is foolish, my husband is foolish. He's not good enough to talk to the likes of you at all."

Na tríú bean a tháinig isteach dhein sise an scéal chéanna.

"Goidé an t-ábhar," arsa an tiarna, "a dtáinig tusa anseo a chaint liom? Cá tuighe nár chuir tú d'fhear? Is é a ba cheart a theacht. Téighigí 'na bhaile anois agus déanaidh achan duine agaibh amadáin de bhur bhfear. Cibé agaibh is fearr a dhéanfas amadán de bhur bhfear bronnfaidh mé oraibh an talamh saor ar chíos fríd mur saol."

An chéad bhean a chuaigh 'na bhaile, anois deir sí leis an fhear,

"Téigh amach amárach i gceann do spád agus obair go cruaidh nach bí muid inár ceap magaidh i ndiaidh achan duine eile, agus ná bí ag teacht isteach agus scairtfidh mise ort nuair a bheas an tráth réidh."

Chuaigh sé amach ansin 'na chuibhrinn ar maidin. An nuair amháin a chuaigh seisean amach thoisigh sise. Chuir sí an t-éadach síos, chuir sí na bríste ar na giosachaí, na cótaí ar na gásúraí, agus chuir sí an driosúr in áit na tineafa agus an tinidh in áit an drisear, agus cha dtear' sí a dhath dinnéir réidh ar chor ar bith. Thug an t-ocras airsean a theacht isteach ansin agus nuair a tháinig sé a fhad leis an doras, deir sé,

"An bhfuil an dinnéar réidh agat a bhean udaí?"

"Cé thú?" a deir sí, "Ní thú – ní seo do theach ar chor ar bith."

D'imigh sé leis ansin. Shíl sé féin nárbh é a theach a bhí ann, fríd na comharsan ag cuartú a theach. Nach raibh sin amaideach go leor?

An darna bean deir sise lena fear, a deir sí,

"Is fearr duit a ghoil 'na tsiopa inniu – níl faill agamsa – fá choinne gráinnín tae is siúchra."

D'imigh sé 'na tsiopa. Rith sé mar b'fhearr a dtiocfadh leis, mar a d'iarr sí. Nuair a bhí sé ag teacht ar ais, thit sé thaire chlaí ach char chuir sí suim ar bith ansin. Bhí sé ag deánamh nach dtearn sé a dhath air. Ach nuair a tháinig sé isteach ar an doras, léim sí ina shuigh' agus rith sí síos roimhe, thóg sí a dhá lámh in airde.

"Ó, a Dhia," deir sí, "goidé a tháinig ort? Caidé a tháinig ort a chroí?"

"Cha dtáinig a dhath."

"Ó a Dhia," a deir sí, "is beag a shíl mé an lá a pósadh muid go mbeinn i mo bhaintreach comh luath seo."

Le sin, scanraigh an croí amach as. Shíl sé féin go dtáinig rud inteacht air agus thit sé i laige. Streacháil sí é isteach 'na leapa. Dúirt sí leis,

The third woman who came in had the same story.

"What's the reason," said the landlord, "you came to talk to me? Why didn't you send your husband? It's him that should come. Go home and each one of you must make a fool of your husbands. Whichever of you best makes a fool of your husband, I will give you the land rent free for life."

The first woman who went home, now she said to her husband,

"Go out with your spade tomorrow and work hard lest we be a figure of fun for everyone else and don't be coming in until I call you when the meal is ready."

He went out to the field in the morning. Once he went out, she started. She put the clothes on – she put the trousers on the girls and the dresses on the boys. She put the dresser in the fireplace and the fire where the dresser was, and she didn't prepare any dinner at all. The hunger made him come in and when he came as far as the door, he said,

"Hey, woman, is the dinner ready?"

"Who're you?" says she, "You're not – this is not your house at all."

He went off then. He himself thought that it wasn't his house, he went around the neighbours looking for his house. Wasn't that foolish enough?

The second woman she says to her husband, she says,

"You'd better go to the shop today. I don't have the time, for a wee bit of tea and sugar."

He went to the shop. He ran as best he could, as she had asked. When he was coming back he fell over a wall but he didn't pay it any heed. He was thinking it didn't do him any harm. But when he came in the door, she jumped up and she ran down to meet him, she threw her two hands in the air,

"Oh, God," said she, "What happened to you? What happened to you, my love?"

"Nothing happened to me."

"Oh, God," said she, "Oh, God, little did I think the day I was married that I would be a widow this soon."

With that, the heart was frightened out of him. He himself thought something had happened to him and he fainted. She huckstered him into the bed. She said to him,

"Is fearr domh cur fá choinne an eaglais duit."
Cuireadh fá choinne an eaglais. Rinne seisean 'ach fuile cheart leis, darbh é ba chóir déanta. Nuair a d'imigh an tEaglaiseach, deir sí,
"A chroí, is goirid uait anois. Druid do chuid súile, tá an bás ag teannadh leat." Dhruid an creatúr sin a chuid súile. Shíl sé go raibh.

FÉACH: ina chónaí, buaidh, buachaill, darna, bhur saol, giosachaí, gasraí, tinefa, tinidh deanamh, deir sí, scanraigh, 'ach fuile

"I'd better send for the clergy for you."

The clergyman was sent for. He performed every right for him, everything that should be done. When the clergyman left, she said,

"My love, it's not long now. Close your eyes, death's drawing near."

That crayther closed his eyes. He thought he was ...

Goidé mar a Fuair mo Mhac Bás

Tomás Mac Seagháin

Tá seo ar cheann de dhá scéal phearsanta a insítear do na bailitheoirí. Is scéal truamhéalach é fá bháthadh i dTeileann. Tá léiriú ann ar chuid de na nósanna a bhain le pobal iascaireachta, mar shampla, an dóigh a lastaí coinneal i ngach fuinneog nuair a bheithí amuigh ag cuardach duine a cailleadh ar an fharraige.

Bhí mé lá amháin, mé féin agus mo mhac, chuaigh muid amach a dh'iascaireacht le triúr eile. Agus is gairid an t-am a bhí muid ar siúl ag iascaireacht, cuireadh mise agus fear an chomharsan amach ar charraig agus d'imigh seisean agus beirt eile uainn. Agus is ró-ghairid an t-am a bhí siad ar siúl uaim nuair a tháinig siad le scéal chugham go raibh sé croithnaithe acu. Agus thug siad mise siar ins an áit inar cailleadh é agus ní raibh aon dath le fáil againn ach a bhearad a bhí ar an uisce.

Tháinig mé abhaile agus an scéal sin liom ansin agus bhí muid an uile lá ar feadh coicíse ag feitheamh air, go bhfaighimis a chorp ar dhóigh in'eacht le tabhairt 'na huaighe. Agus ar an ceathrú lá déag, bhí Oifigeach na gCoastguards ar siúl lena chuid níonacha ag déanamh pléisiúir agus ag teacht abhaile dó, casadh leis ar bharr na farraige agus é ag goil ó sholas.

Chuir sé scéala chughamsa aniar 'na bhaile agus bhí na soilse le lasadh sna tithe an uair sin. Agus d'imigh mé féin agus fear an chomharsan ná go dteachaigh muid san áit a dtug sé tuairisc dúinn a bhfaca sé é. Agus bhí muid ag cuartú anonn agus anall. Agus thug an uile bhád eile ansin dár gcuala an scéal, thug siad iarraidh fosta orainn.

Ach bhí mise agus an fear a bhí liom ag amharc agus ag cuartú agus bhí sé comh dorcha agus chonaic mé an t-uisce ag corradh, solas ag teacht ar an uisce, agus chuaigh muid isteach agus arsa mise leis an chomrádaí,

How my Son Died

Thomas McShane

This is one of the two personal stories which were related to the collectors. It is the tragic tale of a drowning in Teelin. It also recounts some of the practices of the fishing community, such as the practice of putting a candle in each window when boats went out to search for someone lost at sea.

I was out fishing with three others one day, myself and my son. And it was shortly after we went out fishing that myself and a neighbour of mine were sent out onto a rock, and he and the other two left us. They were away from us no time at all when they came with the news that he was missing. And they brought me over to where he went missing and we could find nothing but his cap in the water.

I came home with that news and we were all waiting for a fortnight for his body so that we could bury him. And on the fourteenth day, an Officer of the Coastguards was out enjoying the day with his daughters and on his way home at dusk he saw him floating on the sea.

He sent news over home to me and the lights were to be lit in the houses that time. And a neighbour and I went to where he told us he saw him. And we were looking here and there. And every other boat there that heard the story headed towards us too. But me and the man who was with me were looking and searching, and it was so dark, and I saw the water moving, a light on the water, and we approached it, and I said to my companion,

"Tá rud in'each ar an uisce istigh ansin."
Agus chuaigh muid a fhad leis an áit a raibh an t-uisce ag corradh agus
bhí seisean ag snámh ar bharr na farraige. Thug muid isteach chun an
bháid é ansin agus abhaile, agus ní raibh ann ach a thabhairt 'na huaighe
ar maidin lá arna mhárach.

FÉACH: in'each, in'eacht, chugham, feitheamh, deachaidh, gcuala, corradh,
abhaile

"There's something in there."

And we went up to the place where the water was stirring and he was floating on the water. We lifted him into the boat then and brought him home, and there was nothing left to do but take him to his grave the next morning.

Rian 16, DD 1

Oileán Ghabhla

Séamus Mag Fhionnlaoigh

Ba as Gabhla ó dhúchas an sagart a d'inis an scéal seo. Tá cuntas
ann ar shaol Ghabhla agus ar na deacrachtaí a bhíodh ag pobail na
n-oileán san am. Tuairim agus deich mbliana agus fiche i ndiaidh
taifeadadh a dhéanamh ar an chuntas seo, bánaíodh Gabhla.

Tá oileán Ghabhla ina luighe amuigh trí mhíle ón tír mór ar chósta
Thír Chonaill, leath bealaigh idir Toraigh agus Árainn. Tá deich
dteaghlach agus fiche ann agus tuairim ar chéad go leith duine. Tá feirm
beag talamh ag gach teaghlach ach saothraíonn siad a mbeatha ar bharr
na farraige. Tá na fir ina n-iascairí agus ina mbádóirí maithe. Bíonn siad
ag iascaireacht gliomaigh, balláin, deargógaí, scadáin, murlaisc agus
bradáin. Tá bádaí beaga agus bádaí móra acu, bádaí beaga fá choinne
iascaireacht' chois talamh agus na bádaí eile fá choinne iascaireacht'
san doimhneacht.

Tháinig caill mhór ar an oileán i mbliana. Tráthnóna amháin chuaigh
ceathrar fear amach a dh'iascaireacht bradán. Bhí an oíche olc, gaoth
mhór agus farraige mhór, agus í ag éirí níos measa gach bomaite. I
mBáighe Thoraigh a bhí leabaidh na hiascaireachta. Bhí sin naoi nó
deich dhe mhílte as Gabhla. Ní fhacaidh ceachtar acu Gabhla aríst
ariamh beo. Cailleadh iad. Tháinig an bád isteach latharna mhárach
agus gan cearr uirthi, ach ní fhacthas aon duine de na coirp ariamh.

Ba mhór an tubaiste a thug an chaill sin ar an oileán agus go
mórmhór ar a gcuid daoine muinteartha, na daoine a gcailleadh. Triúr
deartháireacha a bhí i dtriúr de na fir. Triúr buachaillí óga a d'fhág a
mháthair beo. Tá sí anois léithe féin, a croidhe briste brúite agus í ag
amharc amach ar an fharraige mhór gach lá ag dréim lena cuid mic nach
dtig a choíche, mar dúirt sí liom lá amháin "Chaill mé lán toighe de fhir.
Is sin trioblóid an tsaoil."

Gola Island

James McGinley

The storyteller here is a priest who was a native of Gola island. It provides an account of island life and the difficulties facing island communities at the time. Gola was abandoned about thirty years after this recording was made.

The island of Gola lies three miles from the mainland on the coast of Donegal, halfway between Tory and Aran. There are thirty families on it and about a hundred and fifty people. Every family has a small farm of land but they earn their living on the sea. The men are good fishermen and boatmen. They fish for lobsters, byan, pollock, herring, mackerel and salmon. They have small boats and large boats, small boats for inshore fishing and the other boats for fishing in the deep water.

A great loss struck the island this year. One evening four men went out to fish for salmon. The night was bad, with a high wind and sea, and it was getting worse by the minute. The fishing bed was in the bay of Tory. That was nine or ten miles from Gola. None of them ever saw Gola alive again. They were lost. The boat came in next day and it wasn't damaged, but not one of the corpses was ever seen.

It was a great misfortune that brought that loss to the island, and especially to their relatives, the people who were left. Three of the men were brothers, three young boys who left their mother alive. She is now alone, her heart broken and bruised as she looks out at the open sea every day, hoping for her sons who will never come, as she said to me one day "I lost a full house of men, that is a whole world of sorrow."

I nGabhla ní labhartar dadaidh ach Gaeilge. Gaeilge atá ag na páistí, atá ag na daoine móra agus na daoine beaga. Labharann siad í san bhaile agus ar scoil, ag goil go teach an phobail agus ag obair ar an *farm*. Caitlicigh is iad uilig ach níl teach pobail ar bith ar an Oileán. Caithfidh siad a ghoil amach go tír mór agus tá cuid mhór trioblóide ag goil go teach an phobail go háirid san gheimhreadh. Bíonn an fharraige mór, bíonn an bealach olc, bíonn na poirt olc, agus corruair san gheimhreadh ní thig leo a ghoil go teach an phobail ar chor ar bith.

Tá scoil amháin ar an oileán agus téann páistí an oileáin uilig ar an scoil sin. Tá siopa amháin ar an oileán fosta ach tig siopaí isteach as an tír mór agus gníonn siad cuid mhór oibre ar an oileán. Díolann siad agus ceanna'onn siad. Thart fá Ghabhla tá oileáin eile. Tá Inis Meáin agus Inis Oirthir, tá Oileán Uaighe, tá Inis Fraoigh, Oileán Ghabhla agus Oileán Eala. Tá áiteacha eile fosta, creagacha, agus tá a n-ainm féin ar achan chreag. Tá an Tor Ghlas, an Tor Rua, tá Iompainn ann, tá na Doichill ann, sin an áit ar cailleadh bád fad ó shin, agus sin an t-ainm atá ar an áit anois "na Doichill".

FÉACH: luighe, deich, leith, teaghlach, fir, gaoth, latharna mhárach, croidhe, tsaoil, creagracha, fhacaidh, aríst, labhartar, labharann, gníonn, ceanna'onn

In Gola nothing is spoken but Irish. It is Irish that the children have, that the grownups and young people have. They speak it in the home and at school, going to the chapel and working on the farm. They are all Catholics but there is no chapel on the island. They have to go out to the mainland and there's a lot of difficulty getting to the chapel, especially in winter. The sea is high, the road is bad, the ports are rough, and an odd time in the winter they can't go to the chapel at all.

There's one school on the island and all the island's children go to that school. There's one shop on the island too, but mobile shops come in from the mainland and they do a lot of business on the island. They sell and they buy. There are other islands around about Gola. There are Inishmeane and Inishsirrer, there is Owey Island, there are Inisfree, Gola Island and Allagh Island. There are other places too, rocks, and every rock has its own name. There is Torglass, Torroe, there is Umfin, there is "the Doichill"; that's where a boat was lost long ago and that is the name of the place now "the Dangerous Place".

Scéal an tSionnaigh

Feidhlimidh (Dhomhnaill Phroinsias) Mac Grianna

Bhí scéalta faoi ainmhithe coitianta roimhe seo. Chláraigh Antti Aarne agus Stith Thompson, a chum córas Aarne-Thompson, os cionn trí chéad cineál scéalta fá ainmhithe ón bhéaloideas idirnáisiúnta agus bailíodh corradh agus an tríú cuid acu sin in Éirinn. Bíonn na scéalta gairid, gonta agus leagtar an bhéim ar an tsiamsaíocht. Is é an madadh rua nó an sionnach, mar atá againn sa scéal seo, an carachtar is coitianta sa chatagóir seo scéalta.

Beathach iontach seanaimseartha an madadh rua. Ní chorrann sé uan ná caora fá chupla míle den áit a mbíonn an bhrocach aige. Bhí sé ag tarraingt ar theach a raibh cuid mhór éanlaith ann agus ag tabhairt ar shiúl a gcuid éanlaith, agus ní raibh dul ag duine ar bith a fheiceáil. Lá amháin rinne fear an toighe amach an chuid eile acu a chur ar shiúl ón teach uilig agus é féin coimhéad, fiachailt an dtiocfadh sé ar an mhadadh rua. Dhruid sé na doirse uilig agus luigh sé ar cholpa na leapa. Chuir sé an éanlaith isteach 'na cisteanaigh agus dhruid sé na doirse.

Bhuel, bhí sé ina luí ansin tamallt beag. Bhí poll thíos ar bhinn an tí a dtugadh siad an lindéar air. Níorbh fhada gur mhoithigh sé an madadh rua ag teacht agus ag cur a ghaosán isteach ar an lindéar. Tháinig sé isteach. D'imigh an éanlaith 'na tseomra, ná nach ionadh, ag teitheadh. Chuaigh an madadh rua suas ins sa tseomra ina ndiaidh. Nuair a fuair fear an toighe an madadh rua sa tseomra, d'éirigh sé de léim ina sheasamh agus tháinig sé anuas agus sheasaigh sé ar an lindéar. Tháinig an madadh rua anuas. Bhí sé ceapaithe. Ní raibh a fhios aige caidé a bhí le déanamh aige. D'amharc sé thart. Bhí culaith úr éadaigh ag fear an toighe a bhí sé i ndiaidh a fháil déanta ag an táilliúir, nach raibh air ariamh. Tharraing an madadh rua anuas an chulaith agus chuir sé trasna ar an tinidh í.

The Story of the Fox

Phil Greene

Animal tales were very common in the past. Antti Aarne and Stith Thompson, who created the Aarne-Thompson classification system, identified over three hundred types of stories about animals from international folklore, and about a third of those were collected in Ireland. The stories are short and pithy and the emphasis is very often on the comic detail. The fox is the most common character in these types of tales.

The fox is a very cute animal. It doesn't disturb lambs or sheep within a couple of miles of where it has its lair. It was coming to a house with a lot of hens and it was taking the hens away, and no one had any way of catching sight of it. One day the man of the house decided to send all the rest of them away from the house and he would keep watch to see if he could get the fox. He closed all the doors and he lay down on the edge of the bed. He put the hens in the kitchen and he closed the doors.

Well, he was lying there for a wee while. There was a hole down on the side of the house that they called the linder. It wasn't long until he heard the fox coming and sticking its nose in the linder. Little wonder the hens went into the bedroom to escape. The fox went up after them. When the man of the house had the fox in the room, he got up, and he came down and he stood on the linder. The fox came down. It was trapped. It didn't know what to do. It looked around. The man of the house had a new suit of clothes that he had just had made by the tailor and had never worn. The fox pulled the suit down and he put it across the fire.

"Bruith leat, más mian leat," dar leis an fhear thíos, "ní chorróchaidh mise go dtí go raibh tusa agam."

Bruitheadh an chulaith. Chuaigh sé a tharraingt an éadaigh ón leabaidh ansin. Bhruith sé dhá raibh 'e éadach ar an leabaidh. Bhruith sé dhá raibh d'éadach istigh. Ní raibh maith ann. Ní chorróchadh fear an tí ón lindéar. Ins an deireadh d'amharc sé thart, chonaic sé gunna ar dhá bhacán thall ar thaobh an toighe. Thug sé anuas an gunna, chuir sé sa tinidh í, agus an glas ins an tinidh, agus thug sé a haghaidh ar an fhear a bhí ar an lindéar.

Nuair a chonaic an fear thíos an gunna sa tinidh bhí a fhios aige go raibh sí *lódáilte*. Léim sé ar leataobh. Nuair a fuair an madadh rua an lindéar foscailte, thug sé léim amach 'e gheall ar imeacht. Nuair a bhí sé ag goil sa lindéar, d'imigh an gunna. Mharaigh sé é. Sin mar a chuaigh an chríonnacht ina thóin don madadh rua.

FÉACH: iontach, uan, éanlaith, tseomra, mothaigh, ceapaithe, fiachailt, cisteanaigh, sheasaigh, chorróchaidh

"Burn away, if you want," thought the man below, "I'll not budge until I have you."

His suit was burned. It started to pull the clothes off the bed then. It burned all the clothes on the bed. It burned all the clothes that were there. It didn't matter. The man of the house wouldn't move off the linder. Finally dancing about, it saw a gun on two brackets over on the side wall of the house. It took the gun down, put it in the fire and the lock in the fire, and it faced the man who was on the linder. When the man below saw the gun in the fire, he knew it was loaded. He jumped aside. When the fox found the linder open, it jumped out trying to escape. When it was getting into the linder the gun went off. It killed him. That was how its wisdom made a mockery of the fox.

Na Trí Naomh ar a mBealach go Toraigh

Aodh Ó Dubhthaigh

Bhí seanchas na naomh á scríobh in Éirinn ón 7ú aois go deireadh na meánaoise. Bhí go leor seanchais fúthu sa bhéaloideas fosta go háirithe faoi Cholmcille mar atá againn anseo. De réir sheanchas áitiúil Thulach Uí Bheaglaoich – paróiste Chloich Cheann Fhaola agus Ghaoth Dobhair sa lá atá inniu ann – thug Naomh Beaglaoich, Naomh Fíonán, agus Naomh Dubhthach cuairt ar an cheantar i gcuideachta Naomh Colmcille san 6ú haois. Bhunaigh Colmcille a eaglais ar Thoraigh, Naomh Beaglaoich i mBaile an Teampaill, Naomh Fíonán ar an Ráith agus Naomh Dubhthach in Inis Dubhaigh. Bhuail na ceithre naomh le chéile san áit a dtugtar Cnoc na Naomh anois air le cíoradh a dhéanamh ar an dóigh ab fhearr leis na draoithe a dhíbirt as Toraigh. Seo leagan amháin den réimse scéalta a dhéanann cur síos ar an dóigh ar cuireadh sin i gcrích. Níl Naomh Dubhthach sa leagan seo agus tchífidh tú go dtéann ár scéalaí ar seachrán nó iarrann na naoimh uilig cuidiú Dé nuair is gnách gur Colmcille amháin a dhéanann sin agus dá réir éiríonn leis a bhachall a chur go Toraigh. Thig spréadh an chlóca a léamh mar mheafar do leathnú na Críostaíochta agus is dóiche go dtagraíonn díbirt na péiste do dhíbirt an Phágánachais as Toraigh. Tchítear móitíf an chlóca ag spréadh sa tseanchas fá Naomh Brighid agus tá scéalta eile ann faoi naoimh ag teilgean a mbachaill amach ar oileáin Phágánacha leis an Chríostaíocht a chur i réim, mar shampla, caitheann Naomh Conall Caol a bhachall amach go hInis Caol i nGaoth Beara leis na draoithe a dhíbirt as an oileán sin.

Na trí naomh ar a mbealach go Toraigh.

Bhí Naomh Colmcille, Naomh Fíonán agus Naomh Beaglaoich i mullach Chnoc na Naomh taobh amuigh de Ghort an Choirce ar a

The Three Saints on their Way to Tory

Hugh Duffy

The lore of saints has been popular in Ireland since medieval times and the oral tradition includes many stories about saints, particularly about Colmcille or St. Columba. According to local tradition in the Tullaghobegley area – today the parishes of Cloghaneely and Gweedore – St. Begley, St. Finian and St. Dubhach visited the area with Colmcille in the sixth century. St. Colmcille founded his church on Tory island, St. Begley at Baillintemple, St. Finian at Ray and St. Dubhach at Inishdooey. The four saints met at what was to become known as Cnoc na Naomh, or the Hill of Saints, to discuss how best to expel the druids from Tory. This story is one of a number of versions of how this came about. St. Dubhach is not included in this version and you will note that our storyteller is somewhat confused in that all his saints invoke the help of God, whereas it is usually only Colmcille and thereby he succeeds in casting his staff onto Tory island. The spreading cloak in the story may be seen as a metaphor for the spread of Christianity, while the banishment of the monster may allude to the banishment of Paganism from Tory island. The motif of the spreading cloak also appears in the lore of St. Brigid and similar tales exist of other saints casting their staff onto pagan islands to bring Christianity where it previously had not existed, for example, St. Conall Caol casts his staff onto Inis Caol in Gweebarra to oust the druids from that particular island.

The three saints on the way to Tory.

St. Colmcille, St. Finian and St. Begley were on top of the Hill of the Saints, outside Gortahork, on their way to Tory. They went down to the

mbealach go Toraigh. Chuaigh siad síos go dtí an cuan, ní raibh bád ar bith le fáil acu. Chaith Naomh Fíonán a chroisín amach ins an fharraige, agus dúirt sé,

"Le cuidiú Dé rachaidh mo chroisín-sa go Toraigh."

Ach cha dteachaigh sí go Toraigh, ach bhuail sí isteach faoi Eas Fíonáin. Chaith Naomh Beaglaoich a chroisín isteach ansin, agus dúirt sé,

"Rachaidh mo chroisínsa go Toraigh le cuidiú Dé."

Ach cha dteachaigh sé go Toraigh ach bhuail sé isteach – ag – faoi Thulacha Beaglaoich. Chaith Naomh Colmcille a chroisín ins an fharraige ansin agus dúirt sé,

"Le cuidiú Dé, rachaidh mo chroisínsa go Toraigh."

Chuaigh croisín Cholmcille go Toraigh. D'fhoscail an fharraige suas do na naoimh ansin mar d'fhoscail sí do Mhaoise ag an Mhuir Ruaidh fadó, agus shiúil na trí naomh isteach ar thón na farraige go oileán Thoraí.

Bhí na daoine ina bpágánaigh ar an oileán ins na laetha sin agus ní raibh siad sásta na naoimh a ligint isteach. Bhí brat beag ag Colmcille ina lámh, agus dúirt sé,

" 'Bhfuil duine ar bith ansin a bhéarfas leithead an bhrat sin domh go ndéanfaidh muid ár scíste."

Ní raibh duine ar bith i dToraigh a bhéarfadh an cead sin dó ach fear amháin de Chlainn Uí Dhúgáin. Agus dúirt sé le Colmcille,

"Bhéarfaidh mise cead duit."

Lig Colmcille an brat síos ar an oileán. Thoisigh sé a spréadh agus a spréadh, gur spréigh sé thaire Thoraigh ar fad. Chuir sé na luchógaí móra agus na beathaigh allta a bhí i dToraigh ins na laetha sin amach ar an fharraige. Bhí cú nimhe ann, ná anspiorad, d'fhág sí lorg a ceithre cosa agus barr a rubaill ar chreig nuair a thug sí léim amach ins an fharraige.

Thug Colmcille na daoine chun creidimh ansin. Chuir siad suas teampall mór agus mainistir i dToraigh, agus bhí grá mór aige ar an oileán bheag sin. Ach nuair a bhí sé ag fágáil Thoraí, dúirt sé,

"Mo thrí thruaighe naoi n-uaire, Toraigh, Uaigh agus Árainn."

FÉACH: naomh, chroisín, ruaidh, thón, leithead, mainistir, scíste, truaighe, dteachaigh, ligint, bheirfeas, beathaigh, rubaill

bay. They could not get a boat. St. Finian cast his crosier out to sea and said,

"With God's help my crosier will go to Tory."
But it didn't reach Tory it landed in Finian's Falls instead. St. Begley cast his crosier then and he said,
"My crosier will go the Tory with God's help."
But it didn't go to Tory, instead it landed at Tullaghobegley. St. Colmcille cast his crosier into the sea and he said,
"With God's help my crosier will go to Tory."
Colmcille's crosier went to Tory. The sea opened up for the saints then just as the Red Sea had parted for Moses long ago, and the three saints walked into Tory on the sea-bed. The people on the island in those days were pagans and they didn't want to let the saints in. Colmcille had a cloak in his hand and he said,

"Is there anyone who'll give me the width of that cloak so that we can have a rest?"
There was no one on Tory who would give him that permission except for one of the O'Doogan clan. And he said to Colmcille,
"I'll give you permission."
Colmcille laid his cloak on the island. It started to spread and spread until it had covered the whole of Tory. He cast out to sea the rats and wild animals that lived in Tory at that time. There was a poisonous hound, or an evil spirit, it left the mark of its paws and the tip of its tail on a rock there when it jumped into the sea.

Colmcille converted the people then. He built a big church and a monastery in Tory, and he greatly loved that little island. When he was leaving Tory, he said,
"My three sorrows nine times over, Tory, Ooey and Aran."

An Fear Uasal agus an Fear Bocht

Seán Ó Conagla

Tchífidh tú go ndeir Seán ag deireadh an scéil go bhfuil dearmad déanta aige, ach is é an rud a tharlaigh nó go ndeachaigh sé in abar sa scéal. I ndiaidh iníon an fhir bhoicht a bheith ag an fhear uasal tamall, shantaigh sé searrach a bhí ag a hathair agus le tréan cleasaíochta fuair sé an searrach ón fhear bhocht. Chuaigh seisean chuig an iníon ag iarraidh a comhairle agus de thairbhe na comhairle sin fuair a hathair an searrach ar ais. Ní róshásta a bhí an fear uasal agus rinne sé iarracht í a dhíbirt ón teach. Mheabhraigh sí dó go raibh conradh eatarthu agus d'admhaigh sé go raibh. Ba ansin a d'iarr sí a trí ultach saibhris. Bheir sí ar an triúr clainne a bhí aici, chuir ceann faoi gach ascaill agus ceann ar a droim. Ansin líon sí braillín lán óir agus ar deireadh thug sí ar an fhear uasal é féin a dhul suas ar a droim. D'fhiafraigh seisean daoithe caidé a tharlódh dá chuid tailte. Dúirt sise gur dheamhan ar mhiste léithe, go raibh a cuid aicise. Ghéill sé do iníon an fhir bhoicht agus chónaigh siad beirt le chéile as sin amach.

Bhí fear uasal ann am amháin – ann – agus bhí fear bocht ag obair achan lá aige, agus ag goil 'na bhaile san oíche. Agus aon oíche amháin, dúirt sé leis an fhear bhocht, mur bhfuasclóchadh sé ceist ar maidin latharna mhárach dó, a bhí sé ag goil a chur air, nach dtabharfadh sé obair níos mó dó. Agus ba í an cheist í, freagair a bheith leis, caidé na trí ní a ba sine agus a b'óige ar an tsaol.

Chuaigh an fear bocht 'na bhaile, briste brónach is cha raibh a fhios aige caidé an freagair a bhéarfadh sé air. Chuir a níon ceist air caidé an brón a bhí air, nach raibh sé mar ba ghnách leis ag cuartú a shuipéir. D'ins sé daoithe caidé dúirt an fear uasal leis agus nach dtiocfadh leis freagair a thabhairt air, nach raibh a fhios aige údar an cheist a chuir sé air. D'ins sé daoithe ansin caidé an cheist, agus d'iarr sí air suí agna

The Rich Man and the Poor Man

John Connolly

You will note that Seán says 'I have forgotten it' at the end of this story but what actually happens is that he forgets the story sequence. When the poor man's daughter had been with the rich man for a while, he coveted her father's mare and tricked the old man into giving it to him. He sought his daughter's advice about how to get the mare back. The rich man was not impressed and he tried to throw her out. She reminded him that they had entered into a contract which he admitted they had. She demanded her three armfuls of wealth at that point. She grabbed her three children and put one under each oxter and one on her back. She filled a sheet full of gold then and finally she made the rich man get up on her back. He asked her what would happen to his property. She said she didn't give a damn, that she had all she needed. He gave in to the poor man's daughter and they lived together from that day forward.

Once upon a time, there was a rich man and a poor man worked for him every day and he'd go home every night. And one night, he told the poor man that if he didn't have the answer to the question he was going to put to him the next morning, that he wouldn't give him anymore work. And this was the question he was to have the answer for, "what were the three oldest and youngest things in the world?".

The poor man went home, sad and broken, he didn't know what answer he'd give. His daughter asked him why he was sad, that he wasn't his usual self, looking for his supper. He told her what the gentleman said to him, and that he couldn't give an answer, that he didn't understand the question. He then told her what the question was and she asked him to sit down to his supper, and when he'd be leaving

shuipéar, agus nuair a bheadh sé ag imeacht ar maidin, go n-inseochadh sise dó an freagra a bhéarfadh sé ar an fhear uasal. Nuair a d'éirigh sé ar maidin, d'iarr a níon air inse don fhear uasal gurb í an – léann – gurb í an ghrian, an ghealach agus an fhoghlaim na trí ní a ba sine agus a b'óige ar an tsaol.

"Cé d'ins sin duit?" arsa an fear uasal.

"Níon atá sa bhaile agam." arsa an fear bocht.

"Caithfidh tú í a thabhairt domhsa." arsa an fear uasal.

"Le do thoil," arsa an fear bocht, "níl sí fóirsteanach le theacht in do láthair."

"Is cuma liom caidé mar tá sí," arsa an fear uasal, "caithfidh sí a theacht in mo láthair."

Chóirigh an fear bocht a níon comh maith agus a tháinig leis agus thug roimhe an fhear uasal í. Agus dúirt an fear uasal – léithe – go raibh sé ag goil á glacadh ina bean.

"Bhail." arsa an cailín.

Chuir sé ceist ar an chailín an raibh sí sásta.

"Tá mé sásta," arsa an cailín, "ar acht."

"Caidé an t-acht?" arsa an fear uasal.

"Tá, mo thrí ultach den tsaibhris is fhearr atá agat a thabhairt domh an lá a chuirfeas tú ar shiúl mé. Tá fhios agam nach gcoinneann tú i bhfad mé."

"Gheo' tú sin." arsa an fear uasal.

Bhí sí ag an fhear uasal go raibh triúr de chlann ann agus san am sin tháinig fear uasal eile ar cuairt chuige ar laetha saoire.

– Ó, rinne mé dearmad dó. –

FÉACH: amháin, oíche, aon, tsaol, freagair, ghnách, chuigna, is fhearr, gheo', saoire, bhfuasclóchadh, inseochadh, bheirfeadh, chuirfeas, gcoinneann

the next morning that she would tell him the answer he'd bring to the gentleman. When he got up the next morning, the daughter told him to tell the gentleman that the sun, moon and education were the three oldest and youngest things in the world.

"Who told you that?" said the gentleman.

"My daughter at home," said the poor man.

"You'll have to give her to me," said the gentleman.

"Please," said the poor man, "she's not fit to be brought before you."

"I don't care how she is," said the gentleman, "she must come before me."

The poor man fixed up his daughter as best he could and brought her before the gentleman. And the gentleman said he was going to take her as his wife.

"Well," said the girl, "there's a condition."

"What's the condition?" said the gentleman.

"It's that you give me three armfuls of the best of the wealth you have when you send me away. I know that you won't keep me long."

"You'll get that," said the gentleman.

She was with the gentleman until she had three of a family and at that time another gentleman came to visit on his holidays.

– Oh, I've forgotten it. –

Máire Ní Abhráin

Maighréad Ní Dhomhnaill

Is léir go bhfuil cumhachtaí osnádúrtha ag Máire Ní Abhráin nó Mór Ní Odhráin mar a thugtar uirthi i scéalta eile. Tá seans ann go bhfuil baint aici le hadhradh na gréine i bhfad siar ós rud é go dtugtar Mór Ní Ghréine uirthi i gCiarraí agus gur gnách léithe a bheith ina cónaí sa teach is faide siar in Éirinn. Is mart a mharaíonn Mór i gcuid mhaith de na scéalta ach sílim gur molt a mharaíonn sí sa scéal seo.

Bhí bean ina cónaí in Éirinn fadó agus bhí sí cúig chéad bliain d'aois. Bhí Ó Domhnaill i nDún na nGall an t-am sin agus chualaidh sé iomrá uirthi, agus rinne sé amach go rachadh sé go bhfeicfeadh sé í, an raibh sin fíor. Shiúil sé leis agus fuair sé eolas an bhealaigh go dtí go dtáinig sé go dtí an teach. Chuaigh sé isteach agus bhí seanduine agus seanbhean ina suidhe ag an tinidh agus iad in aois leanbaíochta.

"Cá bhfuil bhur máthair?" arsa seisean.

"Ó," ar siadsan, "tá sí amuigh ag buachailleacht."

Chuaigh sé amach 'na páirce agus chonaic sé an bhean a bhí ag coimhéad na mba agus d'fhiafraigh sé daoithe,

"An tusa Mór Ní Abhráin?"

"Is mé," arsa sise.

"Bhail," arsa seisean, "cá tuighe a bhfuil tusa chomh óg agus níon agus mac atá istigh ins an teach agus iad in aois leanbaíochta?"

"Bhail," arsa sise, "níor ith mise greim ariamh ach nuair a bhí ocras orm. Níor ól mé deoch ariamh ach nuair a bhí tart orm. Níor shuigh mé ariamh mo chónaí nuair a bhí a fhios agam go bhfaighinn obair ag mo chomharsan, agus mur gcreide tusa an rud a dúirt mé, bhí mé fiche bliain nuair a tháinig mé 'na bhaile seo agus níl aon bhliain ó shoin nár mharaigh mé molt agus chuir mé cnámha isteach ansin ag cóthra atá

Máire Ní Abhráin

Margaret O'Donnell

It appears that Máire Ní Abhráin, or Mór Ní Odhráin as she is known in other stories, had supernatural powers. She may have been associated with sun worship as she is called Mór na Gréine 'The Big One of the Sun' in Kerry and she lived in the house which was as far west as it was possible to go in Ireland. Mór usually kills a cow in other stories but I believe she kills a ram in this story, a castrated ram to be precise.

A woman who was five hundred years old lived in Ireland long ago. O'Donnell was living in Donegal at that time and he heard tell of her, and he decided he would go and see her, to see if it was true. He started out and he found his way to the house. He went in and an old man and an old woman were sitting at the fire and they were well up in years.

"Where's your mother?" said he.

"Oh," said they, "she's out looking after the cattle."

He went out to the field and he saw the woman who was looking after the cattle and he asked,

"Are you *the* Mór Ní Abhráin?"

"I am." said she.

"Well," said he, "why are you so young when you have a son and daughter inside in the house who are well up in years?"

"Well," said she, "I never ate a bite unless I was hungry. I never took a drink unless I was thirsty. I never sat about when I knew I could get work from my neighbours, and if you don't believe me, I was twenty years old when I came to this town and there isn't a year since that I haven't killed a ram and put its bones there in that press that's there at

ansiud ag an doras. Gabh thusa isteach anois agus cuntas go bhfeice
tú."

Fuaigh Ó Domhnaill isteach. Chuntas sé amach ceithre chéad agus
ceithre scór cnámh agus chonaic sé ansin go raibh caint na mná fíor. Ní
raibh a dhath le déanamh aige ach pilleadh 'na bhaile agus a bheith
sásta.

FÉACH: seanduine, suidhe, cá bhfuil, páirce, tuighe, cóthra, ansiud,
gcreididh, go bhfeice, pilleadh

the door. Go inside now and count them until you see."

O'Donnell went inside. He counted out four hundred and four score and he saw then that what the woman said was true. There was nothing for him to do but return home and be content.

An Claíomh Solais

Phil Mac Giolla Chearra

Is léir nach bhfuil ach mearchuimhne ag an chainteoir ar an scéal. Tá an taifeadadh measartha doiléir fosta agus chuaigh sé crua orm cuid den chaint a thuigbheáil. Glacaim leis gurb é an diabhal an Crooked-legged Gentleman a luaitear sa scéal seo agus go bhfuil an príomhcharachtar ag déanamh cearrbhachais leis. De bharr an chearrbhachais sin bíonn air a dhul ar thóir an Chlaímh Solais. Is móitíf idirnáisiúnta an Claíomh Solais agus síltear gur eascair tábhacht an chlaímh as creideamh ár gciansinsear gur gníomh draíochta a bhí i ndéanamh claimhte. Tá tagairtí do chlaimhte i leabharthaí naofa na gCríostaithe, na nGiúdach agus na Moslamach. Déantar neach mothaitheach den chlaíomh agus bíonn réimse cumhachta aige ó tionchar a bheith aige ar an té a iompraíonn é, go dtí ceannas iomlán a bheith aige ar an úinéir. Sa bhéaloideas tchítear an claíomh mar uirlis ar gá í a úsáid le gruagach nó namhaid ar leith a mharú, tríd ionsaí a dhéanamh ar bhall leochaileach ar an chorp, mar shampla. Sa scéal seo cuirtear an dallamullóg ar an namhaid agus baintear an ceann de leis an chlaíomh. I leaganacha eile, iarrtar air amharc ar dhorn an chlaímh san dóigh go nochtar ball leochaileach an namhad agus gur féidir a mharú ansin.

Bhail, bhí fear ann agus bhí a athair le bás agus chuir an t-athair d'fhiachadh air a ghoil thart trí huaire fá ard ghlas a bhí thuas os cionn an toighe. Agus chuaigh sé thart an chéad uair, ní raibh a dhath [ ] ag *gambláil* na cártaí.

"Beidh," arsa seisean.

Thoisigh sé – chuir sé – chuir an *Crooked-legged gentleman*, chuir sé an *game* air. Chuaigh sé lá de na laetha amach ar ais agus chuaigh sé thart fán ard agus bhí *game* eile acu. Ar seisean,

"B'fhearr duit stad a dh'imirt cártaí," arsa seisean leis, "ná cuirfidh sé seo [ ] deireadh."

The Sword of Light

Phil Kerr

It is clear that this speaker does not fully remember the story. The recording is not very clear and it is difficult to understand some of the speech. I assume that Crooked-legged Gentleman with whom the main character is gambling is the devil. As a result of his gambling he must go and seek the Sword of Light. The Sword of Light is an international motif which arises from the importance of the sword in the belief systems of our ancestors, as the making of a sword was thought to be a magical or divine process. There are references to swords in the holy books of Christians, Jews and Muslims. In folklore, the sword becomes a sentient being and it possesses a range of powers from directly influencing or totally controlling its bearer. In folklore the sword is often the only weapon which can slay a particular giant or enemy, by striking at a vulnerable spot on its body. In this story the enemy is fooled into parting with the sword and he is beheaded. In other versions, he is asked to look at the sword hilt which exposes his vulnerable spot, thereby enabling his execution.

Well, there was a man and his father was for death, and his father made him go around a green hillock, which was above the house, three times. And he went around the first time, no one was [ ] gambling with the cards.

"They will," said he.

He started. The Crooked-legged Gentleman, he put the game on him. He went out again one of the days, and he went about the hillock and they had another game. Says he,

"You'd better stop playing cards," said he to him, "or this'll put [ ] in the end."

Char fhan sé ar chor ar bith. Chuaigh sé an tríú lá amach agus chuir an fear eile an *game* ar an *Crrooked-legged gentleman.*

"Anois," arsa seisean, "Bhéarfaidh tú an *Sword of Life* and *the Life of Man* ionsormsa, agus bhéarfaidh mé lá agus bliain duit le í a thabhairt ar ais," ar sé.

Agus tháinig sé chun toighe, agus shuigh sé ar chathaoir, agus bhris sé trí railí ins an chathaoir leis an osna a lig sé as nuair a chuala sé go gcaithfeadh sé a ghoil a dh'iarraidh an *Sword of Life* agus *the Life of Man.*

"Anois, sin mo mhuintirsa," arsa sise. "Agus má fhaigheann sé an *Sword of Life* agus *Life of Man*," arsa a bhean, "sin mo mhuintirsa a bhfuil sin aige. Má fhaigheann sé sin, tiocfaidh sé agus – muirfidh sé – muirfidh sé thusa agus gheobhaidh sé an *Sword of Life*, agus muirfidh sé mo mhuintirsa fosta."

D'imigh sé ansin, d'fhan sé go raibh fá ceithre lá den aimsir bheith suas. D'imigh sé ansin agus bhí beathach lúthmhar aige. Chuir sé a mharcaíocht ar an bheathach agus thiomáin sé leis go raibh sé ansin. Nuair a chuaigh sé isteach a fhad leis an gheafta a bhí ann, scairt sé an *Sword of Life* agus *the Life of Man* a thabhairt amach ionsair. Dúirt siad go dtabharfadh. Chaith siad an claíomh ar an bheathach agus chaith siad píosa den eireaball de. Char lig sé síos an beathach ar chor ar bith é féin.

An dara lá, thug muintir na gclaíomh beathach dó a bhí nas lúthmhaire ná é. Agus chuaigh sé isteach agus thug siad iarraidh air, agus scairt sé an *Sword of Life* agus an *Life of Man*. Agus chaith siad an t-eireaball, iomlán an eireaibill den bheathach. An tríú lá, fuaigh sé isteach agus fuair sé an *Sword of Life* agus an *Life of Man* le tabhairt 'na bhaile agus ar ais, thug sé 'na bhaile é. Anois arsa siadsan,

"An bhfuil a fhios agat goidé a dhéanfas tú?"

"Goidé?"

"Iarr an claíomh sin eile, nuair a bhéarfas tú dó é, abair nach bhfaca tú ariamh an scríbhneoireacht sin atá ar an chos aige más fada a shiúlann tú, agus é a thabhairt duit más é do thoil é."

Chuaigh sé ar a dhá ghlún agus d'iarr sé an claíomh sin a thabhairt dófa go bhfeicfeadh sé é. Chuaigh sé – dúirt siad go dtabharfadh, agus chuaigh sé suas agus fuair sé an claíomh, agus chaith sí an ceann den fhear seo.

Agus sin *end of it*, anois!

He didn't hang around. He went out the third day and the other man put the game on the Crooked-legged Gentleman

"Now," says he, "you'll bring the Sword of Life and the Life of Man to me, and I'll give you a year and a day to bring it back."
And he came to the house and he sat on a chair, and when he heard that he would have to bring back the Sword of Life and the Life of Man, he broke three rails on the chair with the sigh he let out.

"Now, they're my people," said she, "and if he gets the Sword of Life and the Life of Man," said the woman, "they're my people who have it. If he gets that, he'll come and he'll kill, he'll kill you, and he'll get the Sword of Life and he'll kill my people too."

He left then and he stopped when he was within four days of the time being up. He went then and he had a fast horse. He rode the horse and rode on until he arrived there. When he went in as far as the gate that was there, he called for the Sword of Life and the Life of Man to be brought out to him. They said they would. They threw the sword at the horse and they knocked a piece of the tail off it. He didn't let the horse touch the ground himself at all.

On the second day, the people with the sword gave him a horse that was faster than it. And he went in and they had a go at him, and he called for the Sword of Life and the Life of Man. And they took the tail off it, the whole tail off the horse. On the third day, he went in and he got the Sword of Life and the Life of Man to take home and back, he took it home, and now they said,

"Do you know what you should do?"

"What?"

"Ask for that other sword, when you give it to him, say you never in your life saw anything like that writing on the handle, even though you're well-travelled, and to please give it to you."

"If that's what you want."
He went on his two knees and he asked for that sword to be given to them so that he could see it. They said they would, and he went up and he got the sword, and he took the head off this man.
That's the end of it now!

FÉACH: athair, chuala, bheith, lúthmhar, fuaigh, dófa, dh'imirt, toighe, gheafta, eireaball, char fhan, ionsair, goidé, muirfidh, bheireas

Goll Mac Morna agus Fianna an Domhain Thoir

Nóra Uí Chliútaigh

Tchítear móitíf 'an namhaid ón oirthear' i scéalta béaloidis ar fud na hEorpa. Tá trácht sa scéal seo ar an síor-throid a bhíodh idir Fianna na hÉireann agus Fianna an Domhain Thoir. I gcuid den bhéaloideas luaitear go sonrach an Tuirc nó an Ghréig agus is minic gurb as na tíortha sin a thig an fathach nó an gruagach. Is dóiche gur iarsmaí na tagairtí seo do na hionraí ón oirthear, go háirithe cuid na nÓtamach agus tréimhse na gcrosáidí.

Bhí na Fiannaibh na hÉireanna agus Fianna an Domhain Thoir, bhí siad i dtólamh ag troid, agus chuir Fianna an Domhain Thoir scéal chuig na Fianna na hÉireann a ghoil soir agus go ndéanfadh siad síocháin, agus go n-iarrfadh an t-athair an t-arm a thabhairt leofa. Agus – nuair a bhí siadsan ag déanamh – nuair a bhí Fianna na hÉireann ag déanamh réidh le ghoil soir, dúirt siad dá rachadh siad soir anois, agus dá rachadh na Fianna thoir a throid leofa, go raibh siadsan, nach raibh aon dath hairm leofa. Agus dúirt an fear eile nach dtiocfadh leofa aon dath airm a thabhairt leofa, nach raibh an cead acu.

"Bhail," a dúirt sé, "cha dtéann muid gan rud inteacht."

"Bhail, goidé a bhéarfas muidinne?" ar sé.

"Bhéarfaidh mise liom, " a deir Goll, "mo mhiodóg."

"Bhail," a deir siadsan, "cha dtig leat an mhiodóg a thabhairt leat ná cá háit a gcuirfidh tú í?"

"Ó, bhéarfaidh mé liom in áit folaigh í agus chan fhaigheann siadsan í."

Bhuel – thug sé – d'imigh siad agus thug Goll an mhiodóg leis agus cha dtiocfadh le aon nduine a inse cá raibh an mhiodóg leis, agus nuair a chuaigh siad soir ansin thosaigh siad a dh'ithe agus a dh'ól agus bhí fáilte mhór ag na Fianna thoir rófa. Ach i lár na hoíche nuair a chuaigh an ceol ina gceann, thosaigh siad a throid. Agus nuair a bhí siad ag

Goll Mac Morna and the Fianna of the Eastern World

Hannah Clinton

The motif of the 'enemy from the east' appears in folklore all over Europe. This story recounts the constant battles between the Fianna agus the warriors from the eastern world. Some folklore makes specific reference to Turkey and Greece as the countries of origin for giants or ogres. This is probably a relic of the communal memory of historical invasions from the east, particularly those of the Ottoman Empire and the period of the crusades.

The Fianna of Ireland and the Fianna of the Eastern World were always fighting, and the Fianna of the Eastern World sent word to Ireland's Fianna to go east to make peace, and that the father would ask that they bring their weapons with them. And when the Fianna of Ireland were getting ready to go east, they said that if they went east now and if the eastern Fianna started to fight with them – that they – that they didn't have any weapons with them. And another man said that they could not bring a single piece of weaponry with them, that they were not allowed.

"Well," he said, "we'll not go without something."

"Well, what'll we bring?" said he.

"I'll bring," said Goll, "the dagger."

"Well," said they, "you can't take the dagger for where'll you put it?"

"Oh, I'll put it in a hiding place and they won't find it."

Well, they left and Goll took the dagger with him, and no-one could tell where he had the dagger, and when they went east then, they began to eat and drink and the Eastern Fianna had a big welcome for them. But in the middle of the night when the music went to their heads, they started to fight. And when they were fighting there and the eastern

troid ansin, agus bhí an t-arm ag an mhuintir thoir, agus cha raibh aon dath airm ag na Fianna abhus agus bhí siad á marbha'. Dúirt duine acu le Goll,

"Cá bhfuil an mhiodóg?"

Tharraing Goll, tharraing sé amach an mhiodóg agus mharaigh sé ocht bhfichead, ocht gcéad, ochtar agus ocht duine déag sulma dtearna sé an t-eadaraiscín.

FÉACH: i dtólamh, t-athair, t-airm, rófa, sulma, bhéarfas, chan fhaigheann, dh'ithe, dh'ól, marbha

ones had the weapons, and the Fianna here had no weapons and they were thrashing them. One of them said to Goll,

"Where's the dagger?"
Goll drew, he drew the dagger and he killed eight score, eight hundred and eighty-eight before peace was made.

An Feirmeoir agus a Bhean Dhóighiúil

Mánas Ó Creag

Is minic a chaithfidh an bhean dhóighiúil a dílseacht a chruthú don fhear i scéalta béaloidis. Le sin a dhéanamh cuirtear faoi thriail í nó buailtear bob uirthi, díreach mar a dhéantar sa scéal seo. Tchítear fosta sa scéal seo go bhfuil deis ag an oibrí bob a bhualadh ar an cheannasaí agus airgead a ghnóthú as. Bhíodh éileamh ar an chineál seo scéil roimhe seo nó ní gnách go dtarlódh a leithéid sa ghnáthshaol nó is ag an cheannasaí a bhíodh lámh in uachtar sa tsaol sin.

Nuair a bhí mise i mo dhiúlach óg, bhí mé ar aimsir ag feilmeoir thuas san áit a dtugann siad Paite Gabha air. Fear óg a bhí ann agus bhí bean an-dóighiúil aige, agus nuair a bhí sinn amuigh ag obair, bhí sé i dtólamh ag inse domh féin dá dtigeadh dadaidh airsean go bhfaigheadh an bhean bás. Bheinn féin ag magadh air agus déarfainn leis,
"Dheamhan leora a d'fhágfadh í."
"D'fhágfadh," a deireadh sé, "Gheobhadh sí bás roimhe cionn míosa."
"Ní bhfuigheadh, bheadh sí marbh roimhe chionn míosa."
Ach lá amháin, bhí mé bodhar ag éisteacht leis agus deirimse leis,
"Cuirfidh mé geall leat go bpósfadh sí roimhe chionn míosa."
"Ní phósfadh. Bheadh sí marbh roimhe chionn míosa."
"Maith go leor," a deirim féin, "tchífimid."
An oíche seo nuair a bhí muid ag goil abhaile, chaith mé féin isteach ins an *chart* é agus chaith mé mo chóta mór ina mhullach, agus thiomáin mé liom go dteacha mé chun an bhaile. Nuair a chuaigh mé 'na bhaile, tháinig an bhean amach agus d'fhiosraigh sí domh,
"Cá háit a bhfuil Seán?"
"Ó," deirimsa, "tá Seán bocht marbh. Loiteadh é agna chuid oibre." Thoisigh sí a chaoineadh agus chaoin sí léithe fada go leor. Fá dheireadh, nuair a bhí a sáith caointe aici, chuidigh sí liom féin é iompar isteach agus d'fhág muid ina luí ins an leabaidh é. Shuigh sí 'e chos na

The Farmer and his Good-looking Wife

Manas Craig

In folklore beautiful young women were often tested for their loyalty to their husbands. In order to do this a task was performed or a trap was set, which is the case in this story. The worker in this story is also allowed to fool his master and gain financially from it. These kinds of stories were popular as such an event would not normally occur, in real life the master always had the upper hand.

When I was a young buck I was hired to a farmer up in a place they call Pettigo. It was with a young man who had a very good-looking wife, and when we were out working he was forever telling me that if anything happened to him she would die. I was mocking him and I would say to him,

"Damned the bit of her would die."

"She would," he'd say, " She'd die before the month was up."

But one day, I was sick listening to him and I said to him,

"I'll bet you she'll marry before the month's up."

"She will not. She'll be dead before the month's up."

"Fine," I'd say to him, "we'll see."

This night when we were going home, I threw him into the cart and I threw my coat over him, and I drove on until I got home. When I got to the house, the woman came and asked me,

"Where's Seán?"

"Oh," says I, "poor Seán is dead. He was injured at his work."

She started crying and she cried for long enough. Finally, when she had cried her fill, she helped me carry him in and we left him lying on the bed. She sat by the fire and she started to cry again. When she had

tineadh agus thosaigh sí a chaoineadh ar ais. Nuair a bhí a sáith caointe aici, deir sí liom féin,

"Ar labhair sé focal ar bith sulma bhfuair sé bás?"

"Labhair."

"Maise," a deir sí, "cáidé a dúirt sé?"

"Dúirt sé gur cheart duitse agus domh féin pósadh, ná nach raibh fear ar bith eile a raibh fios na hoibre aige fán teach seo ní bhfearr ná thú."

Thóg sí an maide briste agus thug sí iarraidh den mhaide bhriste orm agus thosaigh sí ag caoineadh aŕ ais, agus nuair a bhí a sáith caointe aici, bhain sí an naprún anuas de na súile agus a deir sí,

"Creidim go raibh an ceart aige. Creidim go mb'fhearr dúinn pósadh."

Bhí an fear a bhí ina luí ins an leabaidh, a shíl sise a bhí marbh, léim sé amach agus thug sé mo thuarastal dúbailte domhsa agus d'fhág mise é féin agus a bhean ansin go slán folláin.

FÉACH: feilmeoir, dtólamh, bás, bhíonn, bocht, sáith, sulma, agna, ní bhfearr, dá dtigeadh, deirfinn, tchífimid, bhfuigheadh, go dteacha, tineadh, d'fhiosraigh, loiteadh

cried her fill, she said to me,

"Did he say anything before he died?"

"He did,"

"Musha," said she, "What did he say?"

"He said you and I should marry for there's no other man that knows the work about this house better than me."

She picked up the poker and she threatened me with it, and then she started to cry again and when she had cried her fill, she took the apron down from her eyes and she said,

"I suppose he's right. I think we'd better marry."

The man who was lying in the bed, who she thought was dead, he gave me double pay and I left him and his wife there hale and hearty.

Siubhán Ní Dhuibhir

Róise Nic Cumhaill

Tá an t-amhrán seo coitianta i gCúige Uladh. Is beag dalta scoile
a chuaigh chuig coláiste samhraidh sa Ghaeltacht nach bhfuair
blaiseadh de as an leabhar beag gorm 'Abair Amhrán'. Tá rannta a
haon, a dó agus a sé ag teacht a bheag nó a mhór leis an leagan atá
ansin. Bhíodh leaganacha á gceol ó Thír Chonaill go hÓ Méith. Is
cosúil go bhfuil baint ag an rann deireanach le hamhrán eile as
Cúige Mumhan ar a dtugtar an Saighdiúirín Singil.

Ó, agus d'éirigh mé ar maidin agus ghluais mise chun aonaigh mhóir,
ag ól is ag imirt mar a dhéanadh mo dhaoine romham.
Bhain tart ar an bhealach domh agus shuigh mé féin síos a dh'ól,
Is a Shiubhán Ní Dhuibhir d'ól mé féin luach na mbróg.

Ó is a Shiubhán Ní Dhuibhir an miste leat mé a bheith tinn?
mo bhrón is mó mhilleadh más miste liom tú a bheith i gcill;
bróinte agus muilte a bheith ag seinm ar thaobh do chinn,
agus gan cead a bheith a n-Iorras go dtaraidh Síol Éabha chun cinn.

Ó, agus tá bean agamsa agus caithfidh sí píopa ar chlár,
tá bean eile agam agus caithfidh sí snaoisín a fháil;
tá an treas bean agam agus caithfidh sí *humouráil* a fháil,
is mo lean géar orthu is doiligh domh *humouráil* a fháil.

Ó is a chuach na Finne má d'imigh tú ua do nead,
siar go hIorras áit a gcónaíonn na héanlaith seal;
Ghirseach bheag bheadaí a bíos ag reathaigh i ndiaidh na bhfear;
scríobh chugam go tapaidh ar chosúil liom féin do mhac?
Chuirfinnse litir agus teachtaire thiar nó ar ais,
nach dear' mé an t-siocair a mbeadh agam níon ná mac.

Siubhán Ní Dhuibhir

Rose McCole

This is a popular Ulster song. Most children who attended summer colleges in the Gaeltacht would have learned a version of it from the little blue book 'Abair Amhrán'. Verses one, two and six more or less correlate with the version in that book. Versions of this song were sung from Donegal to Omeath. It appears that the last verse in this song belongs to a Kerry song known as the Bachelor Soldier.

O, I got up this morning and set out for the big Fair,
to drink and make sport as my people before me did.
I grew thirsty on the way and I sat myself down to drink,
and Siubhán Ní Dhuibhir didn't I drink the price of the shoes.

O, Siubhán Ní Dhuibhir do you not mind that I'm sick?
My sorrow and downfall is that I don't care if you're in the grave,
with rocks and stones ringing off the side of your head,
and without permission to be in Erris until Eve's descendants mature.

O, I have a woman and she openly smokes a pipe,
and I have another woman and snuff she has to have.
I have the third woman and humouring she has to get,
and woe to them all, it is hard for me a humouring to get.

O, cuckoo of the Finn, if you abandoned your nest,
and went west to Erris where the birds rest a while.
A haughty little girl who runs about after men,
write to me quickly, does your son look like me myself?
I would send a letter and a messenger there and back,
that I didn't do the deed that would leave me a daughter or son.

Ó is nach trua domh capall ar iomaire bhán gan féar?
nach trua libh leanbh is gan bainne ag a mháthairín féin?
nach trua libh mise is mo ghrá ag goil thar an tsáile anonn?
Chóireochainn leabaidh duit 'gus luighfinn gan léine leat.

Ó agus thiar in Iorras go deimhin atá grá mo chroí,
planta an linbh nár fhulaing mo phósadh léi.
Beir scéal uaim chuici 'gus inis gur phóg mé a béal,
agus go dtabharfainn ceann eile dá ngeallfadh siad bólacht léi.
Beir scéala uaim chuici agus inis nach bpósaim í,
agus bíodh sin aici, 'ach duine ar a chomhairle féin.

Ó 's saighdiúir singilte mé a d'imigh as gabhadh an rí.
is gan aon phighinn amháin a bhéarfainn ar chárta dighe;
Bhuailfinn an droma agus sheinnfinn ar chláirsí chaoin,
agus ar Currach Chill Dara do scar mé le grá mo chroí.

FÉACH: aonaigh, dhaoine, Dhuibhir, fhulaing, bíodh, singealta, díghe,
dh'ól, go dtaraidh, ag reathaidh, nach dear

O pity me, a horse on a barren patch of ground,
don't you pity a baby whose own mother has no milk?
don't you pity me with my love going over seas?
I'd make a bed and sleep without a shift with you.

O, and over in Erris, indeed is the love of my heart,
fine comely child who wouldn't suffer my marrying her.
Take a message to her and tell that I kissed her mouth,
and that I would give another if they promised a dowry with her.
Take a message to her and tell that I will not marry her,
and let her know that each to his own counsel holds.

O, I am a single soldier who left the king's army,
and I haven't even a penny to spend on a quart of beer,
I would beat the drums and play the mellow harp,
and on the Curragh of Kildare I parted from the love of my life.

196

Rian 25, DD 1

Na Cupáin Tiontaithe

Diarmuid Mac Giolla Chearra

Bhíodh scéalta faoin fharraige agus fán bháthadh coitianta go leor
sna Gaeltachtaí. Tá leaganacha den scéal seo luaite le Teileann agus
Gaeltachtaí dheisceart an chontae. Déanann muintir an bhaile gar
don strainséir a thagann chun an bhaile agus mar chúiteamh ar a
gcineáltas, déanann an strainséir cinnte go dtuartar tubaiste farraige
ar bith a bhuailfeadh muintir an bhaile. Déantar seo fríd súil a
choinneáil ar chupán i dtobán agus má fheictear go mbíonn cupán
béal faoi, iarrtar ar na hiascairí gan dul chun na farraige. Ní fios sa
scéal seo an bean faoi thoinn a bhí sa bhean, nó an bean-róin í.

Bhail, bhí baile ann agus bhí siad bocht – bhí siad – bhí siad bocht,
agus 'uair a bhí, tháinig cailín ionsorthu nó *lady* isteach tráthnóna agus
d'fhiafraigh sí dófa an gcoinneochadh siad ise go ceann cupla mí.
D'abair sí, d'abair sé go gcoinneochadh, agus stop sí ansin acu agus
fuair sí bád úr *buildeáilte* dófa agus *stand* líontaí.

Nuair a fuair, bhí sí ansin acu agus fuair sí bádaí don bhaile uilig
agus *stand* líontaí, agus nuair a fuair, d'imigh sí ansin, agus bhí siad ag
déanamh ar dóigh de, ag coinneachal na scadán. Bhí siad dá ndíol uilig
de réir mar bhí siad á bhfáil, agus nuair a bhí, d'imigh sise ansin, agus
nuair a bhí – nuair a bhí siad tamallt maith ag an iascaireacht, d'imigh
sí ansin agus d'iarr sí orthu tobán uisce a fhágail thíos sa steomra.
D'fhág siad tobán uisce thíos sa steomra agus nuair a d'fhág, d'imigh
siad ansin. D'iarr sí orthu gan a ghoil amach an oíche seo a
dh'iascaireacht. Cha dteachaigh. D'iarr sí orthu a ghoil síos ansin agus
amharc ar an tobán, caidé mar bhí an tobán, agus chuaigh siad síos.
Bhí an cupán ag *splapáil* ó thaobh go taobh ins an tobán. D'iarr sí orthu
a goil síos an tríú hoíche, agus nuair a fuaigh bhí an cupán, bhí sé
tiontaithe sa tobán. D'imigh sise amach ansin, ar an doras, agus nuair a

The Upturned Cups

Jeremiah Kerr

Stories about the sea and drowning were common enough in the Gaeltacht. Versions of this story are found in Teelin and other Gaeltacht areas in the south of the county. The townsfolk help a stranger who comes to town and to return the kindness, the stranger ensures that any pending disaster at sea is forecast. This is done through observing cups which float in a vat of water and if any of these overturn, the fishermen are asked not to go to sea that day. It is not clear whether the woman in this story comes from the world under the wave or not, or whether she is a selkie, a seal-woman.

Well, there was once a townland and they were poor, and as they were, a girl came to them or a lady came in one evening and asked them if they'd keep her for a few months. He said they would and she stopped there with them, and she got a new boat built for them and a stand of lines, and when she had, she went away then, and they were doing really well, keeping the herring.

They were selling them as soon as they were catching them, and as they were, they left then, and when they were out fishing for a good while, she went then and she asked them to leave a tub of water down in the room. They left a tub of water down in the room and when they had, they left then. She asked them not to go out fishing that night. They didn't go. She asked them to go down then and look at the tub, to see how the tub was, and they went down. The cup was slapping from side to side in the tub. She asked them to go down the third night,

bhí sí ag goil amach, d'iarr sí ar aon duine acu gan a ghoil a dh'iascaireacht a choíche.

FÉACH: bocht, 'uair (nuair), cupán, dófa, cupla, coinneachal, tamallt, fhágailt, steomra, cupán, fuaigh, ionsorthu, gcoinneochadh, d'abair, cha deachaigh

and when they went, the cup was turned face down in the tub. She went out the door, and when she was going out, she asked that none of them ever go fishing again.

Cainteoirí Cho.Thír Eoghain

Eoin Ó Cianáin
1857–1937

Rugadh Eoin Ó Cianáin ar an Fhormhaoil. Chaith sé tréimhse ar fostach ar an Chreagán agus is cosúil gur ansin a casadh a bhean air. Pósadh é féin agus Máire Ní Mhealláin i 1898 agus chuaigh sé a chónaí chun an Chreagáin i dTearmann Mhig Uirc. Bhí triúr clainne orthu. Tógadh Eoin le Gaeilge agus ní raibh mórán Béarla aige gur fhoghlaim sé é nuair a chuaigh sé chun na scoile den chéad uair in aois a dheich mbliana. Bhí Gaeilge agus Béarla ag a athair ach bhí a mháthair ar bheagán Béarla agus d'fhág sin gur Gaeilge teanga an teallaigh. D'fhoghlaim a mháthair a chuid paidreacha dó i nGaeilge agus cuid den Teagasc Críostaí Caitliceach. Ní raibh Gaeilge ar bith ar an scoil aige ach amháin nuair a d'inseodh an máistir scoile corrscéal Gaeilge leis na páistí a choinneáil suaimhneach. Ba é Eoin príomhfhoinse Éamoinn Uí Thuathail agus é ag ullmhú *Sgcéalta Mhuintir Luinigh, Munterloney Folk-Tales*, 1933.

Máire Nic Daibhéid
c1864–1938

Rugadh Máire Nic Meanmáin i Mín an Chaorthainn in aice le hAbhainn na Deirge. Phós sí Bernard Mac Daibhéid as Mín na Bláiche agus chuaigh sí a chónaí ansin i ndiaidh a bpósta. Ba í an Ghaeilge a máthair theanga. Bhí labhairt, léamh agus scríobh an Bhéarla aici. Ba fheirmeoir a hathair agus cuirtear síos uirthi féin mar bhean feirmeora ar fhoirm an Personal-Bogen. Bhí sí seacht mbliana agus trí scór nuair a tógadh ábhar Doegen uaithi. Tá nóta ag Myles Dillon a deir "This speaker has long lost habit of speaking Irisch [sic], and was prompted from a transcript of her narrative. Her numeral 40 is due to a prompt. Naturally she said dhá sgór. Her language in not always reliable."

Co. Tyrone Speakers

Owen Keenan
1857–1937

Owen Keenan was born in Formil. He was hired out in Creggan and seems to have met his wife there. He married Mary Mallon in 1898 and went to live in Creggan, Termonmaguirk. They had three children. Owen was raised as an Irish speaker and he had little English until he went to school at the age of ten. Although his father spoke both Irish and English, his mother spoke very little English which meant that the language of the home was Irish. She taught him prayers in Irish and parts of the Irish catechism. Irish was not taught at his school but it appears that the school master occasionally told stories in Irish to keep the children quiet. He was Éamonn Ó Tuathail's chief informant while preparing *Sgéalta Mhuintir Luinigh, Munterloney Folk-Tales,* 1933.

Mary McDaid
c1864–1938

Mary McMenamin was born in Meenakerran near the Derg River in Co. Tyrone. She married Bernard McDaid from Meenablagh in 1831, and moved there after her marriage. Irish was Mary's mother tongue. She spoke, read and wrote English. Her father was a farmer and she is described as a "farmer's wife" on her Personal-Bogen form. She was sixty-seven when the Doegen material was collected. Myles Dillon notes that "This speaker has long lost habit of speaking Irisch [sic], and was prompted from a transcript of her narrative. Her numeral 40 is due to a prompt. Naturally she said dhá sgór. Her language in not always reliable."

Pádraig Ó Gallchobhair
c.1852–1940

Ba as Tulach na Séan, Coill Íochtar, Tearmann Uí Mhongáin, Pádraig Ó Gallchobhair. Chaith sé a shaol uilig fán cheantar sin. Ba de bhunadh na háite a athair agus ba as an Bhearnas Mór a mháthair. Pósadh Pádraig ar Sicilly Ó Maolmhóna in 1889 agus bhí cúigear teaghlaigh orthu. Feirmeoir a bhí ann féin a raibh feirm 180 acra aige: bhí cuid dá fheirm ar an taobh eile den teorainn i bPaiteagó, i nDún na nGall. Ba í an Ghaeilge a mháthair theanga agus is cosúil gurbh í an Ghaeilge teanga teaghlaigh s'aige féin fosta. Bhí labhairt, léamh agus scríobh an Bhéarla aige.

Is léir go ndeachaigh sé i bhfeidhm ar Anthony O'Doherty nuair a scríobh sé an méid seo faoi sheisiún taifeadta Doegen i dTeach na Cúirte, Leitir Ceanainn i 1931:

> And, on the day on which the last records were being made, came old man O'Gallagher, with five times as much hair in his whiskers as on his head, and with a modern, grey, soft hat that sat so queerly on him. Eighty years of age he was, and it may not be many years more till they place him in the earth in the quiet of Lough Derg. But, and this is the wonder, his voice will live, for these records are to last at least ten centuries.
>
> *Scéala Éireann, Irish Press,*
> 15 Deireadh Fómhair 1931: 6

Jane Nic Ruaidhrí
c.1880–1962

Rugadh agus tógadh Jane ar an Leacán, i nGleann Leirge. Is cosúil nár thaistil sí ón bhaile ariamh ach le dhul go Béal Feirste aon iarraidh amháin i 1950 le hobair le hÉamonn Ó Tuathail. Thuairisc Ó Tuathail go raibh Gaeilge shaibhir líofa aici agus gurb í an Ghaeilge a máthair theanga. Bhí léamh agus scríobh an Bhéarla aici. Thóg Proinsias Ó Conluain ábhar uaithi sna caogaidí fosta atá anois i gcartlann Fuaime RTÉ, agus tá roinnt dá cuid ábhair i gcló ag Gerard Stockman & Heinrich Wagner in "Contributions to a Study of Tyrone Irish" in *Lochlann: a Review of Celtic Studies* (Oslo, 1965).

Patrick Gallagher

c.1852–1940

Patrick was from Tullyshane, Killeter, Termonamongan and he spent his whole life in that area. His father was also a local man but his mother was from Barnesmore. Patrick married Sicilly Mulmona and they had three children. He was a farmer and had a 180-acre farm which straddled the border into Pettigo in Co. Donegal. Irish was his mother tongue and it appears Irish was used by Patrick's family at home. He spoke, read and wrote English.

He made quite an impression on Anthony O'Doherty who wrote about the Doegen recording session at Letterkenny Courthouse in 1931:

> And, on the day on which the last records were being made, came old man O'Gallagher, with five times as much hair in his whiskers as on his head, and with a modern, grey, soft hat that sat so queerly on him. Eighty years of age he was, and it may not be many years more till they place him in the earth in the quiet of Lough Derg. But, and this is the wonder, his voice will live, for these records are to last at least ten centuries.
>
> Scéala Éireann, Irish Press,
> 15 October 1931: 6

Jane McRory

c.1880–1962

Jane (William Pheety) was born and raised in Leckin, Glenlark. She stayed in her local area all her life except for a visit to Belfast in 1950 to work with Éamonn Ó Tuathail. He noted that she had fluent Irish and a rich vocabulary, and that Irish was her mother tongue. She could also read and write English. Proinsias Ó Conluain recorded material from her for RTÉ in the 1950s which is available in the sound archive, and other material is published in Gerard Stockman and Heinrich Wagner's "Contributions to a Study of Tyrone Irish" In Lochlann: a Review of Celtic Studies (Oslo, 1965).

Cnoc an Bhodaigh

Eoin Ó Cianáin

Seo scéal a léiríonn nach mbíonn deireadh maith ar an té a bíos santach. Is gnách gur ón tSlua Sí nó na Daoine Beaga a thagann an cróca óir. Bíonn ar an té a fhaigheann an cróca a dhul faoi thrialacha éagsúla nó é féin a iompar ar dhóigh ar leith. Ní dhéanann an gníomhaí sa scéal seo sin agus cailleann sé an cróca óir. Insítear an scéal amhail agus dá mba rud é gur tharla sé le linn shaol an scéalaí agus tá sé suite in áit ar leith, an Taobh Bán i mbarúntacht Theallach Eachach. Ainmnítear an príomhcharachtar mar 'Padaí Ó Lochrainn'.

Bhí fear thíos anseo ar Thaobh Bán Luí na Gréine, bheirtí Pádaí Ó Lochrainn air, agus bhí sé ag treabhadh aon lá amháin áirithe, é féin agus a chomrádaí. Bhí seisean ag coinneáilt sa bhoige agus bhí an comrádaí ag tiomáint na gcaiple. Nuair a tháinig scairt orthu chun a ndinnéara, d'amharc sé síos ag a chois agus bhí sé i ndiaidh cnocán óir a nochtadh.

"Anois, rachaidh muid 'na mbaile," arsa seisean leis an fhear, "ag ár ndinnéar. Cha n-ársóchaidh mé dadaidh bho seo dó," ar seisean "*for* chaithfinn farbeag airgid a thabhairt dó."

Chuaigh siad ambaile chuig a ndinnéar agus tháinig sé ar ais chun an cnocán óir a thógáilt é féin 'uair a bhí an dinnéar thart, agus 'uair a tháinig sé ar ais chun an chnoic, bhí an cnoc uilig folaiste le maidí seisrí, agus chuaigh sé ón cheann amháin go dtí an ceann eile ag cuartú a cheann féin. Má tá, cha dtiocfadh leis a dhéanamh amach *for* bhí siad uilig cosúil lena cheann féin.

Nuair a bhí sé corthaí ag cuartú, d'fhág na maidí seisrí uilig an cnoc ach a cheann féin agus nuair a d'amharc sé arís, bhí a cheann féin aige *but* cha raibh aon dadaidh den chnocán ór, bhí sé ar shiúl chomh maith le na maidí seisrí. Thiontaigh sé 'na mbaile agus bhí an t-airgead caillte aige. Bhí sé ag loic aon leathphingin de chois an fhear bhocht a bhí ag

The Crock of Gold

Owen Keenan

This magic tale provides a salutary lesson for those who do not wish to share unexpected wealth. The Crock of Gold generally comes from the Otherworld, or from the Fairies or the Little People. In order to keep unexpected wealth the finder normally has to undergo a series of tests or behave in a certain manner. The protagonist in this tale does not and he loses the crock of gold. The story is told as if it happened within the lifetime of the storyteller and is located in Teebane in the barony of Tullyhaw. The main character is also identified as Padaí Ó Lochrainn.

There was a man down here at Teebane West who they used to call Padaí Ó Lochrainn and he was ploughing this particular day, himself and his companion. He was keeping to the soft ground and his companion was driving the horses. When they were called to their dinner, he looked down at his feet, and he was after uncovering a crock of gold.

"Now, we'll go home," says he to the man, "to our dinner. I won't tell him about any of this," says he, "for I'd have to give him a wee bit of money."

They went home to their dinner and he came back to lift the crock of gold himself when the dinner was over, and when he came back to the hill, the whole hill was covered in ploughs, and he went from one to the other looking for his own one. But he couldn't make it out for they were all like his own.

When he was tired searching, all the ploughs disappeared but his own, and when he looked again, he had his own, but there was no sign of the crock of gold, it was gone along with the other ploughs. He turned for home and he had lost the money. He was left without even a halfpenny because of the poor man who was driving the horses.

tiomáint na gcaiple.

FÉACH: féin, a chois, cnocán, nochtadh, am baile, 'uair (nuair), 'na mbaile, coinneáilt, ársóchaidh, thógáilt, folaiste, corthaí, gcaiple

Fear Aosta agus a Chuid Airgid

Eoin Ó Cianáin

Seo scéal atá coitianta go leor faoin sprionlóir atá ar slabhradh ag
a thaisce óir agus a chaitheann cuid mhaith den lá ag cuntas a chuid
bonn. Tigtear ar a thaisce agus goidtear é. Is é an ceacht atá le
foghlaim anseo nó nach fiú faic maoin mura n-úsáidtear í.

Fear aosta agus a chuid airgid.

Bhí fear aosta ins an chomharsan seo agus bhí a lán airgid aige, agus bhí
an oiread sin spéis' aige san airgead go mbeadh sé dá thomhasan ar an
tábla lena lámh ó uair go huair. Bhí an oíche – ins an oíche rachadh sé
suas chun a sheomra, 'uige fuinneog a sheomra, agus shuífeadh sé agus
an fhuinneog suas aige agus a choinneal lasta ag amharc air ó luí na
hoíche go dtí an meán oíche.
    Bhí dlítheamhnach óg in éis a theacht ambaile in éis a chuid foghlaim
a fháil agus,
    "Sílim," a deir sé, "go dtiocfadh liomsa cása maith a dhéanamh as an
tseanduine sin."
Bhí sé ag goil thart aon oíche amháin agus bhí an fhuinneog suas, agus
an tseanduine ag meabhrú agus ag amharc ar an airgead mar ba ghnách
leis. Agus deir sé – chuaigh sé 'na fuinneoige agus chuir sé a lámh
isteach agus tharraing sé an t-airgead uilig den tábla isteach ins an
mhála. Agus bhí caefa mná air agus bhí *wig* air faoin' chaefaí, agus nuair
a d'amharc an tseanduine air, d'amharc sé isteach in aghaidh an
tseanduine agus chraith sé an *wig*, agus deir sé,
    "Bheh, bheh, bheh!"
Bhí an seanduine, bhí sé chóir a bheith as a chéill fán airgead agus ar
maidin arsa seisean,
    "Caithfidh mise a ghoil go dlítheamhnach in amhail [   ] mo chuid
airgid."

An Old Man and His Money

Owen Keenan

This is the familiar story of the miser who becomes totally consumed with counting his hoard of gold coins every single day. His gold is discovered and then stolen. The lesson to be learned here is that unless wealth is put to good use it is worthless.

The old man and his money.

There was an old man in this district and he had a lot of money, and he was that interested in the money that he'd be counting it at a table, hour after hour. At night he used to go up to his room, to the window of his room, and he would sit with the window up and his candle lit looking at it from sunset until midnight.

There was a young lawyer who had just come home after getting his education and,

"I think," says he, "I could make a good case out of that old man."

He was going past one night and the window was up, and the old man was, as usual, thinking about the money and looking at it. And he went to the window and he put his hand in and drew all the money from the table into the bag. And he was wearing a woman's hood and he had a wig under the hood, and when the old man looked at him, he looked into the old man's face and he shook the wig, and says he,

"Veh, Veh, Veh!"

The old man, he was nearly out of his mind about the money and in the morning he said,

"I must go to a lawyer to see about my money."

"Bhuel, cé hé rachfá chuige ach mac do dhearthára féin, atá ina dhlítheamhnach mhaith in éis a theacht ambaile as a chuid foghlaim a fháil anois?"

"Bhuel, rachaidh mé chuige," dúirt sé, "an uair seo."

Chuaigh sé chuige agus d'ársaigh sé an scéal dó, agus nuair a d'ársaigh,

"Bhuel, má thig ar a fháil ar chor ar bith," ar seisean, "gheobh' mise do chuid airgid duit."

Ach nuair a bhí sé ag goil 'na mbaile *dhropáil* sé an *wig* aige poll uisce a dtabharfadh fear comharsan a bhí ann a chuid caiple chuige a dh'ól, agus nuair a tháinig an fear lena chuid caiple ar maidin, fuair sé an *wig* ins an tobar agus thóg sé é agus thug sé isteach é. Char shíl sé aon dadaidh de.

Ar ball tháinig na *policibh* thart fiachailt a bhfaigheadh siad focal ar bith bhon gadaí, ná cá hé a thug an t-airgead leis. Fuair siad an *wig* ins an tobar agus thug siad an *wig* leofa, agus thug siad an *farmer* leofa fosta ar leis an poll a raibh na caiple ann. Tugadh suas é roimhe leis a bhreitheamh, agus — fuair a, fuaigh sé — fuaigh sé chuig an dlítheamhnach seo, agus a deir sé leis an dlítheamhnach,

"Cuirfear mise sa dlí," arsa seisean, "Ach oiread leis an airgead seo, is cha raibh aon dadaidh agam a déanamh leis."

"Bhuel, glacfaidh mise do chás, má thig liom aon dadaidh a dhéanamh duit. Níl a fhios agam."

Chuaigh siad ar aghaidh leis an chás, agus é ag dearcadh suas ar an tseanduine. Mhionnaigh sé — bhí an *wig* ar an tábla, agus mhionnaigh sé leis an *wig* agus mhionnaigh sé leis an *farmer* gurab é a chaithfeadh an t-airgead a thabhairt leis cionn is gur chaill sé an *wig* ag an tobar.

"Bhuel, tá an scéal cruaidh go leor," arsa — an dlítheamnach — arsa an bhreitheamh, arsa seisean, "níl a fhios agam caidé a dhéanfas mé leis an scéal. Fan, le do thoil," a deir an dlítheamhnach seo, 'go bhfiafróidh mise ceist ná beirt don fhear seo má bheir tú cead domh."

"Ó, *aye*, bí siúráilte!"

Thug sé — chuir sé an *wig* air, agus bhí an caefa leis faoin' ascaill agus chuir sé an chaefa air, agus d'amharc sé isteach in aghaidh an tseanduine, agus chraith sé an *wig* mar rinne sé nuair a bhí sé ag tabhairt an airgid leis agus,

"Bheh, bheh, bheh!" deir sé.

"Ó, a rógaire, is tusa a thugas mo chuidse airgid leat." arsa seisean.

"Well, who would you go to but your own brother's son who is a good lawyer just now returned from getting his education."

"Well, I'll go to him," he said, "this time."

He went to him and he told him the story, and when he told it,

"Well, if it can be got at all," said he, "I'll get your money for you." But when he was going home, he dropped the wig at a waterhole to which one of the neighbours used to bring his horses in the morning, and when the man came with his horses in the morning, he found the wig in the well and lifted it and brought it inside. He thought nothing of it.

Later the police came trying to see if they could get any word of the thief, or who took the money with him. They found the wig in the well and they took the wig with them, and they took the farmer, who owned the pool at which the horses were, with them too. He was brought before the judge and he went to this lawyer, and he says to the lawyer,

"I'll be brought before the law," said he, "because of this money and I had nothing to do with it."

"Well, I'll take your case. I don't know if I can do anything for you."

They went on with the case, and he kept looking up at the old man. The wig was on the table, and he swore at the wig and he swore at the farmer that it must have been him who took the money because he had lost the wig in the well.

"Well, the situation is bad enough," said the judge, said he, "I don't know what I'll do about this matter. Please wait," said this lawyer, "until I ask the old man a question, if you'll let me."

"Oh, aye, surely!"

He put the wig on and he had the hood under his arm, and he put the hood on and he looked into the old man's face, and he shook the wig just as he had done when he was taking the money and,

"Veh, Veh, Veh!" says he.

"Oh, you rogue, it's you who took away my money." said he.

"Anois," arsa an dlítheamhnach leis an bhreitheamh, "caidé a shíleann tú den fhear sin? Mhionnaigh sé an céad uair ar an fhear mhodhúil seo agus mhionnaigh sé anois ormsa é," a deir sé ansin, "agus feicim gur tusa ins an chathaoir an darna fear a mionnóchóidh sé air é mur gcoimhéadeoidh tú é."

"Ghnímsa *dismiss* ar an chás', ar sé, "nó níl a fhios ag an tseanduine caidé tá sé a dhéanamh."

FÉACH: airgid, oíche, maidin, rachfá, gheobhaidh, rachaidh, fuaigh, cruaidh, níl a fhios, mhodhúil, thomhasan, rúma, 'na mbaile, bhon, in éis, policibh, dhearthára

"Now," said the lawyer to the judge, "what do you think of this man? He swore on oath the first time against this kind man and now he swore I did it," said he, "I see you, and you in the chair, as the next person he'll swear did it if we don't watch him."

"I dismiss the case," said he, "for the old man doesn't know what he's doing."

An Fathach Mór Ó Cléirighean

Eoin Ó Cianáin

Bhí síscéalta agus finscéalta a bhain le hiarlaisí coitianta go maith in Éirinn agus ar fud na hEorpa roimhe seo. Ba é an tuigbheáil a bhí ann san am nó gur fuadaíodh an leanbh folláin agus gur fágadh páiste cithréimeach, tinn ina áit. Siocair gur leanbh osnádúrtha a bhí ann bhíodh, ar chomhairle an phobail nó na gcomharsan de ghnáth, trialacha éagsúla le seasamh ag an leanbh sa dóigh is go dtabharfadh an Slua Sí nó an diabhal ar ais an páiste folláin. Bhain na trialacha seo go minic le tine, uisce nó miotal. Bhíthear den bharúil fosta go raibh cosaint sa bhaisteadh ag an leanbh nuabheirthe agus mholtaí an leanbh a bhaisteadh chomh luath agus ab fhéidir, mar a dhéantar sa scéal seo. Siocair go raibh an Slua Sí i bhfad níos tugtha do na gasúraí nó bhí siad do na girseachaí, chuirtí gúnaí ar ghasúraí le dallamullóg a chur ar na síogaí.

Bhí fear thíos anseo ar an Fhallaigh a dtabhartaí an Fathach Mór Ó Cléirighean air. Bhí sé comh mór láidir go dtiocfadh leis crúdh úr capaill a bhriseadh le láidreacht a dhá lámh. Agus ba ghnách leis – cha raibh duine ar bith ins an áit a raibh eagla ar na daoine beaga bhua ach an Fathach Mór Ó Cléirighean féin, an dtuigeann tú.

Bhí an tír sin lán acu san am agus achan dhlúimh dá raibh ann bhí sé líonta acu agus bheadh siad ag tabhairt ar shiúl páistí óga sula mbaistí iad. Bhí lá amháin – aon oíche amháin ag luí na hoíche agus bhí sé ag goil thart chuig an tí beag a bhí ann agus chuala sé an callán thall, callán beag thall ins an tsráid, agus d'amharc sé thart agus bhí scata acu ina sheasamh. Agus déarfadh an duine amháin leis an duine eile,

"Ná labhair *for* sin an Fathach Mór Ó Cléirighean agus muirfidh sé uilig sinn."

Chuaigh an fathach síos go dtí an tí agus bhí fuinneog dhóideog ar an toigh, agus d'fhiafraigh sé daofa,

"Bhfuil an t-oidhre sin ar an tsaol go seadh? Má tá, tabharaigí libh

The Big Giant Ó Cléirighean

Owen Keenan

Fairy stories and legends associated with changelings were common throughout Europe in the past. It was believed that the healthy child had been abducted by fairyfolk or the devil. The replacement child, the changeling, was weak, sick or disabled. The changeling, normally on the advice of neighbours or community members, had to undergo certain trials so that the fairyfolk or the devil would be forced to return the healthy child. These trials usually involved at least one of the following three elements: fire, water or metal. It was believed that baptism offered protection against abduction and, as in this story, parents were advised to baptise their children as soon as possible. It appears that fairies were much more interested in boys than girls which led to the practice of dressing young boys in dresses to dupe the fairies.

There was a man down here at Fallagh who used to be called the Big Giant Ó Cléirighean. He was that big and strong that he could break a new horseshoe with the strength of his two hands. There was nobody in the place that the little folk were afraid of but the big giant Ó Cléirighean himself, do you understand?

That place was full of them at the time and every mound was full of them, and they would be taking young children away before they were baptised. There was one night, at nightfall, and he was passing a wee house that was there, and he heard the noise over by, a bit of noise over in the street, and he looked round and there was a crowd of them standing there. And one of them would say to the other one,

"Don't speak for that's the Big Giant Ó Cléirighean and he'll kill us all."

The giant went down to the house, and there was a sod window on the house, and he asked them,

"Is that heir born yet? If he is, send him off to be baptised for there's

ar shiúl é in áil a bhaisteadh far atá scata thall anseo ag feitheamh chun é a bheith leofa. Agus cuirigí ar siúl áit inteacht é anois é a fhad is atá mise ar an tsráid nó beidh sé leofa."

FÉACH: fathach, lámh, bhua, mbáistí, chuig, d'amharc, toigh, dtabhartaí, muirfidh, go seadh

a crowd over here waiting to take him with them. And send him away somewhere now while I'm on the street or they'll have him with them."

Leasú an Ghobáin

Eoin Ó Cianáin

Tá scéal sa bhéaloideas ar a dtugtar 'An fear nach raibh scéal ar bith aige'. Is cuspóir an scéil sin nó scéal a chruthú don fhear tríd á chur ar seachrán sí, nó ar a laghad imeachtaí iontacha áibhéalacha tarlú dó sa dóigh is go mbíonn scéal le hinse aige ag pilleadh dó. Sa traidisiún is díol trua an duine nach bhfuil scéal nó amhrán le haithris aige. Luaitear an Gobán sa scéal seo agus is dócha gur sin tagairt don Ghobán Saor, sár-cheardaí deisbhéalach deislámhach a bhfuil go leor scéalta faoi sa bhéaloideas. Is creatlach an scéil nó go n-iarrann an Gobán Saor ar a mhac, atá ar tí a dhul ar aistear fada, an bóthar a ghiorrú dó. Ní éiríonn leis an mhac sin a dhéanamh an iarraidh sin nó an dara hiarraidh, agus iarrann seisean comhairle a mhnaoi. Tuigeann sise an cheist láithreach bonn agus molann sí dó scéal fada a inse dá athair leis an bhóthar a ghiorrú dó. Insíonn an mac an scéal agus tuilleann sé meas a athara.

Chas dís fear ar an bhóthar ar a chéile lá amháin agus deir aon fhear amháin leis an fhear eile,

"An bhfuil scéala úr ar bith inniu agat?"

"Níl focal."

"Nach dtiocfadh leat bréag féin a ársú?" arsa seisean.

"Cha dtiocfadh, maise."

"Thiocfadh liomsa," arsa seisean, "char chuala mé aon scéal ariamh nach dtiocfadh liom leasú Gobáin a chur air."

"Bhuel, cha dtiocfadh liomsa sin a dhéanamh," arsa seisean.

"Bhuel, – bhí – dóigheadh an fharraige aréir. An dtiocfadh leat leasú Gobáin a chur ar sin?"

"Thiocfadh fost'," arsa seisean, "chuaigh lód scadáin bruite dóite suas an bóthar inniu," arsa seisean, "a tháinig as an *sea*, as a *sea* dhóite."

FÉACH: féin, bóthar, dóigheadh; fost', dís

Bettering a Story

Owen Keenan

There is a folktale in the Irish tradition called 'The man who had no story'. The primary function of the story is to create a situation where the man is led astray by fairies, or he experiences weird and wonderful events so that he has a story to tell on his return. In the Irish tradition those who could not tell a story or sing a song were to be pitied. The 'Gobán' in this story probably refers to the Gobán Saor who was not only an exceptional craftsman but a man of legendary wit. In the original story the Gobán Saor asks his son to shorten the road for him when he is about to make a long journey. His son fails to understand how to do this and eventually having been asked twice by his father, he consults his wife. She immediately understands the request and advises her husband to tell his father a long story to shorten the road. The son tells a long story and earns his father's respect.

Two men met each other on the road one day and one man said to the other man,

"Have you any news today?"

"Not a word."

"Couldn't you even tell a lie?" said he.

"I could not, indeed."

"I could," said he, "I never heard a single story that I couldn't better."

"Well, I couldn't do that," said he.

"Well, the sea was burned last night. Could you beat that?"

"I could so," said he, "a load of burnt herring went up the road today," said he, "which came from the burnt sea."

Nuair a Bhí Mise i mo Ghiosach

Máire Nic Daibhéid

Bhí sé mar aidhm ag bailiúchán Doegen go dtógfaí scéalta
pearsanta ó na cainteoirí. Tá an scéal seo ar cheann den dá scéal
phearsanta atá sa bhailiúchán seo. Tá Máire beagnach deich mbliana
agus trí scór ach tá cuimhne ghlinn aici ar an lá ar bhuail a hathair
í siocair nach ndeachaigh sí chun na scoile.

Nuair bhí mise i mo ghiosach cha raibh aon dadaidh agam ach Gaeilg',
agus m'athair agus mo máthair, char labhair siad aon dadaidh ach
Gaeilg', agus chuir siad 'na scoile mé nuair a bhí mé cúig bliana, agus
bhí na scoláirí uilig ag gáirí orm agus ag magadh orm. Cha raibh aon
dadaidh agam ach Gaeilge agus thúsaigh mé ansin agus foghlaim mé
Béarla.

Agus bhí lá amháin agus shílfinn mé nach rachainn 'na scoile ar chor
ar bith, agus chuaigh mé isteach sa phlantáil agus shuigh mé ansin go
tráthnóna – go raibh na páistí eile – tháing mé amach ar an bhealach
mhór nuair bhí na páistí eile ag goil 'na bhaile, agus shiúil mé leofa go
raibh mé i bhfogas don bhaile, agus bhí m'athair, bhí sé ag baint
phréataí ag an bhealach mhór agus d'inis siad dó nach dteachaigh mise
'na scoile ar chor ar bith, agus char dhúirt sé aon dadaidh an t-am sin
go dtáinig sé isteach, agus tháinig sé isteach tráthnóna.

Chuaigh sé amach agus ghearr sé slat agus tháinig sé isteach ansin
agus ghearr sé mo loirgneacha agus mo chosa leis an tslat, agus bhí an
fuil ag goil síos mo loirgneacha, agus chuir mo mháthair mé a luí. Chuir
sí mé a luí – agus chuaigh mé – i lár na hoíche, thúsaigh mé a
bhrionglóidigh agus bhí mé ag caoineadh, agus bhí mé ag caoineadh i
rith na hoíche, an bhfuil a fhios agat, agus d'éirigh siad ansin agus chuir
siad an t-uisce coisricthe orm, agus chuir siad a luí aríst mé, agus char
mhothaigh mé aon dadaidh nas mó go dtí maidin. Sin an rud [ ] níl a
fhios agam anois níos mo fá dtaobh de…

When I was a Girl

Mary McDaid

> One of the aims of the Doegen project was to collect 'personal stories' from speakers. This is one of the two personal stories in this collection. Máire, despite being close to seventy years of age, vividly remembers the day she was beaten by her father because she failed to go to school.

When I was a girl I had nothing but Irish, and my father and my mother, they didn't speak anything else but Irish, and they sent me to school when I was five years old and all the pupils were laughing and making fun of me. I had nothing but Irish, and I started then and learned English.

And there was one day and I thought that I wouldn't go to school at all, and I went into a field and I sat there until the afternoon. I came out onto the main road when the other children were going home, and I walked with them, I walked with them until I was near home, and my father, he was digging potatoes beside the main road, and they told him that I hadn't gone to school at all and he said nothing at that time until he came in, and he came in the afternoon.

He went out and he cut a stick, and then he came in and he cut my shins and my legs with the stick, and then the blood was going down my shins and my mother put me to bed. She put me to bed, and in the middle of the night I began to dream and I was crying, and I was crying all night, and they got up then and then they put the holy water on me, and put me to bed again and I didn't feel anything else until morning. That's the thing [ ] I don't know any more about it ...

FÉACH: nuair, giosach, Gaeilge, athair, máthair, magadh, thúsaigh, chuaigh, go dtáinig, mothaigh, maidin, nas mó, i bhfogas, deachaidh, char dhúirt

An Peacach

Pádraig Ó Gallchobhair

Tá an scéal seo faoin mhac drabhlásach ag déanamh aithreachais coitianta go leor ach níl an mhóitíf faoin duilliúr a bheith ag fás ar an chrann mar chomhartha maithiúnais chomh coitianta céanna. Tá an mhóitíf sin le feiceáil i scéal ag na deartháireacha Grimm ina n-iarrann an Ridire Tannhäuser maithiúnas ar an Phápa ar son a chuid peacaí. Deir an Pápa leis go neamhbhalbh go bhfásfaidh duilliúr ar a bhachall sula dtabharfaidh seisean maithiúnas dó. Imíonn an Ridire leis agus é briste brúite. Tamall ina dhiaidh sin tchíonn an Pápa duilliúr ag fás ar a bhachall agus tuigtear dó gur cheart dó maithiúnas a bheith tugtha aige don Ridire. Tchítear an mhóitíf chéanna i scéalta Giúdacha agus sna tíortha Nordacha.

Bhí fear am amháin agus bhí mac aige is bhí sé an-drabhlásach, agus rinne sé achan rud níos measa ná a chéile. Bhíodh sé ar meisce agus ghoidfeadh sé achan rud, agus bhí sé in éis mná, agus bhuaileadh sé a athair agus a mháthair, agus shíl sé leis féin am amháin go ndéanfadh sé aithreachas agus go rachadh sé ar faoiside chuig an tsagart. Chuaigh sé ar faoiside chuig an tsagart agus rinne sé a fhaoiside, agus d'ins an sagart dó nach dtiocfadh leis aon dadaidh a dhéanamh – leo – leis.

"Bhuel," arsa seisean, "caidé tá mé le téanamh anois?"

"Rachaidh tú chuig an easpag."

Chuaigh sé chuig an easpag agus rinne sé a fhaoiside don easpag, agus d'ins an t-easpag dó nach dtiocfadh leisean aon dadaidh a dhéanamh – dó – leis.

"Bhuel," arsa seisean, "caidé tá mé le téanamh anois?"

"Téigh ionsair an Phápa."

Chuaigh sé ionsair an Phápa agus d'ins sé dó a fhaoiside, agus d'ins an Pápa dó go dtabharfadh seisean maithiúnas dó dhá ndéanfadh sé an t-aithreachas a chuirfeadh sé air. Dúirt sé go ndéanfadh sé aithreachas ar bith a chuirfeadh sé air.

The Sinner

Patrick Gallagher

The story about the wanton son seeking forgiveness is quite common but the motif of the staff which grows leaves as a sign of forgiveness is not that widespread. This motif appears in a Grimm Brothers' tale about the Knight Tannhäuser who seeks the Pope's forgiveness for his sins. The Pope baldly states that leaves will grow on his staff before he forgives him. The Knight departs a broken man. Some time later, the Pope's staff sprouts leaves and he understands he should have forgiven the knight but it is too late, he is lost to the otherworld. This motif also appears in Jewish and Nordic tales.

Once upon a time there was a man and he had a son and he was very wanton, and he did everything worse than the other. He'd be drunk and he'd steal everything, and he was after women, and he'd beat his father and his mother, and he thought to himself one time that he'd repent and go to confession to the priest. He went to confession to the priest and he made his confession, but the priest told him that he could do nothing with him.

"Well," said he, "what am I to do now?"

"You'll go to the bishop."

He went to the bishop and he made his confession to the bishop, and the bishop told him that he could do nothing with him.

"Well," said he, "what am I to do now?"

"Go to the Pope."

He went to the Pope and made his confession, and the Pope told him he would give him absolution if he'd do the penance he'd set for him. He said he'd do any penance that would be set for him.

"Bhuel, gabh abhaile," arsa seisean, "agus tá tom 'e chois na habhanna ins an bhaile, agus suigh faoin tom sin go dtigidh duilliúr air."

Chuaigh sé 'na bhaile agus shuigh sé faoin tom, agus oíche amháin bhí sé ina shuighe, chonaic sé beirt fhear ar an *track* ar a chúl agus bhí siad ag tiomáint cupla bearach, agus thug siad fá dear é agus tháinig fear acu chuige, agus d'fhiostraigh sé dó,

"Cé thú féin? An fear den tsaol thú ar chor ar bith, nó caidé tá tú a dhéanamh anseo comh mall san oíche?"

D'ins sé dó go raibh sé ag déanamh aithreachas, agus an cineál diúlach a bhí sé.

"Bhuel," arsa seisean leis, "diúlach den chineál céanna mé féin," agus deir sé leis an chomrád, "Tiomáin leat na heallaigh, cha bhfeicimse níos mó agus dhéanfaidh mise aithreachas fost'."

Agus shuigh seisean faoin tom fost'. Bhí an chéad fhear, bhí sé trí bliana faoin tom – sula dtáinig – sula dtáinig deilg air, agus bhí an dara fear, bhí sé ceithre bliana faoin tom sula raibh duilliúr air.

FÉACH: féin, d'ins, rachaidh, téanamh, fost', céanna, fá dear, in éis, ionsair, go dtigidh, d'fhiostraigh

"Well, go home," said he, "and there's a bush beside the river at home and sit under that bush until the leaves come on it."

He went home and he sat under the bush, and one night when he was sitting there, he saw two men on the track behind him and they were driving a couple of heifers, and they noticed him and one of them came to him and asked him,

"Who are you? Are you a man of this world at all or what're you doing here this late at night?"

He told him that he was doing penance and what kind of fellow he was.

"Well," said he to him, "I'm the same kind of fellow," and he says to his companion, "Keep driving the cattle. I'll see no more and I'll do penance too."

And he sat under the bush as well. The first man, he was three years under the bush before a thorn grew on it, and the second man, he was four years under the bush before leaves grew on it.

Bhí Triúr Deirfiúraí agus Deartháir ann

Pádraig Ó Gallchobhair

Seo sampla den rud a dtugtar Scéal Foirmle air ina mbíonn
slabhra mar chuid lárnach den scéal. Leanann an scéal patrún
rialta agus tá aithris an scéil chomh tábhachtach, nó níos
tábhachtaí, ná ábhar an scéil féin. Tá réimse leathan scéalta i
seanchas na hÉireann agus go hidirnáisiúnta a bhaineann le
hamadáin nó bómáin. Bíonn ainmneacha éagsúla ar na carachtair,
mar shampla, i leagan atá i Seanchas Annie Bhán, tugtar Gliúram
Gleáram, Fúinneam Fáinneam agus Tadhg Ua Butail orthu. Tá na
hamadáin atá sa scéal seo chomh bómánta sin go bhfágann siad
iad féin gann i mbia.

Bhí fear agus bhí trí deirfiúraí aige, agus bhain siad páirc talamh agus
chuir siad arbhar ann anuraidh, agus bhain siad é i mbliana. Roinn siad
é 'e réir iomaire agus iomaire, agus bhí iomaire corr ann.
    "Liomsa é seo," arsa Eoghain Ó Butaigh.
    "Liomsa é," arsa an Chailleach Chrupaithe.
    "Liomsa é," arsa Síonam Seánam – Síonam Seánam –.
    "Liomsa é," arsa Tíonam Teánam.
Roinn siad ansin – 'e réir – bhain siad é i gcomhair agus roinn siad é 'e
réir stuca agus stuca, agus bhí stuca chorr ann.
    "Liomsa é seo," arsa Eoghain Ó Butaigh.
    "Liomsa é," arsa an Chailleach Chrupaithe.
    "Liomsa é," arsa Síonam Seánam.
    "Liomsa é," arsa Tíonam Teánam.
Roinn siad 'e réir punann agus punann é ansin agus bhí punann chorr
ann.
    "Liomsa é seo," arsa Eoghain Ó Butaigh.
    "Liomsa é" arsa an Chailleach Chrupaithe.
    "Liomsa é," arsa Síonam Seánam.
    "Liomsa," arsa Tíonam Teánam.

The Man who had Three Sisters

Patrick Gallagher

This story is an example of a formula tale which contains repetitious events, or language, as a central element of the story. The story follows a regular pattern and the performance of the tale is as important, if not more important, than the plot of the actual story. There is a wide range of stories about fools or silly people in the Irish and International repertoire. The names of the characters vary from place to place, e.g. there is a version in 'The Lore of Annie Bhán' where the characters are called Gliúram Gleáram, Fúinneam Fáinneam and Tadhg Ua Butail. The fools of this particular story are so stupid that they leave themselves short of food.

There was a man and he had three sisters, and they delved a field and sowed corn in it last year, and cut it this year. They divided it ridge by ridge and there was an odd ridge.

"This is mine," said Eoin Ó Butty.

"It's mine," said the Bent Old Hag.

"It's mine," said Tweedle Dum.

"It's mine," said Tweedle Dee.

They divided it, cut it together, and they divided it stook by stook and there was an odd stook.

"This is mine," said Eoin Ó Butty.

"It's mine," said the Bent Old Hag.

"It's mine," said Tweedledum.

"It's mine," said Tweedledee.

Then they divided it sheaf by sheaf and there was an odd sheaf.

"This is mine," said Eoin Ó Butty.

"It's mine," said the Bent Old Hag.

"Mine," said Tweedledum.

"It's mine," said Tweedledee.

Roinn siad 'e réir cruithleog agus cruithleog é, agus bhí cruithleog chorr ann.

"Liomsa é seo," arsa Eoghain Ó Butaigh.

"Liomsa é," arsa an Chailleach Chrupaithe.

"Liomsa é," arsa Síonam Seánam – Síonam Seánam –.

"Liomsa é," arsa Tíonam Teánam.

Bhuail siad – bhuail siad é agus roinn siad é 'e réir gráinnín agus gráinnín, agus cha raibh gráinnín ar bith corr ann is bhí siad uilig sásta.

FÉACH: arbhar, deirfiúraí, corr, cruithleog

They divided it stalk by stalk and there was an odd stalk.

"This is mine," said Eoin Ó Butty.

"It's mine," said the Bent Old Hag.

"It's mine," said Tweedledum.

"It's mine," said Tweedledee.

They threshed it and divided it grain by grain, and there was no odd grain and they were all satisfied.

Maidin Fhómhair

Pádraig Ó Gallchobhair

Tá cuid mhór leaganacha den amhrán seo le fáil ar fud Chúige Uladh. Measann Pádraigín Ní Uallacháin gur ó oirdheisceart Chúige Uladh an t-amhrán ó thús. Tá tagairt san amhrán don logainm 'Feochaill' atá i bparóiste Bhaile an Chláir, Barúntacht na hOirthir Uachtaracha, Co. Ard Mhacha. Tá leaganacha den amhrán seo le fáil i gCúige Mumhan fosta, ach is ag tagairt d'Eochaill i gCo. Chorcaí a bhíonn na cinn sin.

Bhí maidin Fhómhair is mo thriail go Feochaill,
cé tharlaigh sa ród orm ach stór mo chroí.
Ba deirge a gruaig ná na caortha caorthainn,
is gur bhinne a béal ná ceoltaí sí.
Óra, leag mé mo lámh ar a brollach ró-dheas,
agus d'iarrais póg uirthi, stór mo chroí.
Is é dúirt sí "stop agus ná stróic mo chlóca,
tá fios d'intinn ag bean an tí."

FÉACH: dheas, stróic, d'iarras

An Autumn Morning

Patrick Gallagher

Numerous versions of this song are to be found throughout Ulster. Pádraigín Ní Uallacháin believes the song originated in southeast Ulster. There is a reference in the song to the placename Foughil which is in the parish of Jonesborough in the Barony of Orior Upper, Co. Armagh. There are lots of versions of this song in Munster as well, although these versions refer to Youghal in Co. Cork.

One autumn morning as I made for Foughil,
who should I meet but the love of my heart.
Her hair was redder that the rowan berries,
her voice was sweeter than the fairy song.
Orra, I lay my hand on her lovely breast,
and I asked for a kiss from my true love.
She said "stop and don't tear my cloak,
for the lady of the house knows your mind."

An Stocaí Óir

Jane Nic Ruaidhrí

> Tá stíl ar leith ag Jane Nic Ruaidhrí. Insítear an scéal seo ionas dá
> mba rud gur dán próis é. Théid sí in abar corruair sa scéal cé acu
> néarógaí nó easpa cuimhne a bhí ag cur uirthi. Táthar ag iarraidh
> dallamullóg a chur ar fhear atá ar gor ag cuartú mná sa dóigh is
> gur féidir le rógairí an scéil a chuid óir a ghoid.

Bhí fear ina chónaí fá mhíle de Bhaile Átha Cliath. Théadh sé i gcónaí
isteach 'na bhaile mhóir ag cuartú bean is diabhal duine a thiocfadh
leis a fháil. Cha raibh oiread bratógaí éadaigh air – bhí sé i bhfogas dá
chraicinn. Cha raibh oiread bratóg éadaigh air is a thabharfadh [   ]. Bhí
lán stocaí d'ór aige. Cha raibh fhios acu in Éirinn caidé an *plan* a
chuirfeadh siad suas chun an t-ór a fháil de – stocaí óir.

Bhí fear comharsan ins an áit féin is chuaigh sé isteach chun an bhaile
mhóir aon lá amháin, is chas sé ar bhuachaill. Deir sé leis,

"Má ghníonn tusa rud a iarrfaidh mise ort, gheobhaidh tú leath stocaí
óir – gheobhaidh tú leath stocaí óir."

"Dhéanfaidh mise rud ar bith duit."

"Isteach 'na tsiopa sin is ceannaigh culaith dheas cailín, is cuir ort é
is abair leis an fhear go bpósfaidh tú é tráthnóna amárach."
Rinne sé sin. Chas siad leis an darna tráthnóna ag teacht isteach 'na
bhaile mhóir go díreach ar a sheanléim.

"Seo cailín dhuit anois le pósadh."

"Buíochas do Dhia! Sin rud atá mise a cuartú le bliantaí is diabhal
duine a thiocfadh liom a fháil. Níl duine ar bith istigh fear ná bean,
istigh i mBaile Átha Cliath nach rachadh isteach ina bpoll *rat*, nach
scanróchainn iad – scanróchainn iad."

"Bhuel, siúlaigí isteach chun an tsiopa, seo braon le ól."
Chuaigh siad isteach. Shuigh sé, fágtha leis an chailín. D'fhiafraigh sé
di an bpósfadh sí é.

The Sockful of Gold

Jane McRory

Jane McRory has a unique style. She tells this story almost as if it were blank verse. She appears to be quite confused at times which may be the result of being nervous or simply failing to clearly remember the story on the day. This tale concerns the duping of a man who is desperately looking for a wife so that the story's rogues can steal his gold.

There was a man living within a mile of Dublin. He was always going into the city looking for a wife and devil the one he could get. He had only rags to wear, he was threadbare. He had a sock full of gold. They had no idea what plan they would concoct to get the gold off him – the sock of gold.

There was a neighbour in the place itself and he went into the city one day, and he met a boy. He says to him,

"If you do what I ask you, you'll get half a sock of gold – you'll get half a sock of gold."

"I'll do anything for you."

"Into that shop with you and buy a nice girl's dress and put it on, and say to the man that you will marry him tomorrow evening."
He did that. They met him the next evening coming into the town in the best of form.

"Here's a girl for you to marry now."

"Thank God! That's something I've been looking for for years and devil the one I could get. There isn't a man or woman, inside in Dublin who wouldn't go into a rat-pit that I wouldn't scare or torment. Well, let's step into this shop, here's a drop to drink."
They went in. He sat close to the girl. He asked her if she would marry him.

"Pósfaidh mé tú."

"An bpósfaidh tú mé seachtain ó inniu?"

"Dhéanfaidh, dhéanfaidh."

"Bhuel, gheobhaidh tú lán a stocaí d'ór má phósann tú mé. Bhuel, – fuair siad – má phósann tú mé seachtain ó inniu."

"Pósfaidh mé am ar bith thú mur' mbeadh ór ar bith aghad."

"An bhfuil beinn aghad orm?"

"Tá, tá mé titim as mo chuid éadaigh dhuit."

"Rinne siad suas ansin go bpósfaí iad, bhuel, seachtain ó inniu."
-Bhuel, *Oh, I'm not...*
Rinne siad suas ansin.

"Pósfaidh mé thú mur mbeadh ór ar bith aghad.– Bhuel –

"Pósfaidh mé thú seachtain ó inniu."

"An dtiocfaidh tusa agus mo bhean 'na bainse?"

"Tiocfaidh muid ag an Aoine. Tiocfaidh muid ag an Aoine." – cailín, tá an cailín –.

"Tá rud beag contráilte go seadh. Tá an cailín mór agus an leaba beag. Cheannaigh muid bó agus caidé bheas aghad ag an bhainis?"

"Beidh leath bollóige. Rachaidh mise amach agus ceannóchaidh mé leath bollóige – leath bollóige."
Rinne sé sin. D'imigh sé 'na mbaile. Tháinig sé ar ais an darna maidin agus an cailín leis agus d'fhág sé ansin í. Tá rud beag contráilte – thug sé an stocaí óir di – thug sé an stocaí ór di.

"Tá rud beag contráilte go seadh. Char cheannaigh tú fáinne domh, an diabhal [   ]."

"Tabhair cupla punta domh agus rachaidh mé amach."
Chuaigh sé amach agus cheannaigh sé an fáinne agus 'uair tháinig sé ar ais, cha raibh *haet* aige ach leath na bollóige agus an fáinne ar shon bean. Chaoin sé deireadh na gcuach.

FÉACH: féin, bhuachaill, leath, gheobhaidh, tsiopa, scanróchainn, braon, aghad, oíche, leaba, sin, go seadh, cúpla, nuair, beinn, ceannóchaidh, na mbaile

"I'll marry you."

"Will you marry me a week from today?"

"I will, I will." "Well, you'll get a sockful of gold if you marry me. Well, if you marry me a week from today."

"I'd marry you any time even if you hadn't any gold."

"Do you care for me?"

"I do, I'm falling out of my clothes for you."

They agreed then that they would be married, well, a week from today. *Well, Oh I'm not ...*

They agreed then.

"I'd marry you if you had no gold. I'll marry you a week from today." Well ...

"I'll marry you a week from today."

"Will you and my woman come to the wedding?"

"We'll come on Friday. We'll come on Friday." – girl, the girl is –.

"Something is wrong. The girl is big and the bed small. We bought a cow and what will you have for the wedding?"

"A side of bullock. I'll go out and I'll buy a side of bullock, a side of bullock."

He did that. He went off home. He came back next morning with the girl and left her there.

"Something's wrong."

He gave her the sock of gold. He gave her the sock of gold.

"Something's still wrong. You didn't buy me a ring, the devil [   ]" Will you give me a few pounds and I'll go out."

He went out and bought the ring, and when he came back he hadn't a damn thing except the side of the bullock and the ring instead of a woman. He cried his heart out.

An Máistir Scoile

Jane Nic Ruaidhrí

Tá cuach nó cocól déanta den fhear san aithris seo ar dhá dhóigh. Pósann sé bean a bhfuil sé ar a tóir le fada agus ní amháin go mbíonn sí ar shiúl le fir eile, bíonn sí ag caitheamh a chuid airgid chomh tiubh géar agus a thig léi. Seo an píosa taifeadta is mó a bhfuil focla Béarla ann.

Tá mé ina mháistir ag *teacháil* scoile i mBaile Átha Cliath,
tá mé ag *teacháil* ann le fada.
Tá mé ag cúirtéireacht le cailín, le cailín ag an bhóthar,
cailín a bhfuil airgead aici is ór.
Tá sí ag cúirtéireacht le beirt, le beirt nó triúr,
tá eagla mhór ormsa go mbeidh sí ag súil.
Téimsa a dh'amharc uirthi trí fhichid ins an lá,
sílim mé féin go bhfuil sí ina chailín bhreá.
Dúirt sí liom nach bpósfadh sí mé go bráth,
mur bpósfainn ise ar maidin, ar maidin roimh an lá.
Thug seo domhsa cineál de *fright*,
nó fuair mise chuig an tsagart *straight*.
Gháirigh sé liom, dúirt sí go raibh mo scéal go breá,
go bpósfadh sé mise ar maidin roimh an lá.
Nuair a bhí mise pósta mí nas mó,
d'éirigh mo bheansa diabhaltaí *slow*.
Chan éireochadh sí ar mhaidin, ó mhaidin go meánlae,
caithinnse a *breakfast* a thabhairt chuici ar an *tray*.
Cha lig an eagal domhsa aon dhadaidh a rá,
ach i gcónaí go raibh sí ina bhean-bhean bhreá.
*Teach*aim sa scoil ó mhaidin go tráthnóna,
nuair a thigim 'na mbaile tá mo chroí lán dóláis.
Mo thoigh salach, giobach, mo leaba gan cóiriú,
babaí bocht sa *chradle* is a mhamaí ag *sweetheartáil* fríd an tsráid.

The School-Master

Jane McRory

The man in this recording is cuckolded in two ways. Firstly, he manages to marry the woman he has been pursing for a long time, but not only does she go off with other men, she also freely spends his hard-earned cash. More English words appear in this recording that in any of the others.

I'm a master teaching school in Dublin,
I'm teaching there a long time.
I'm courting a girl, a girl on the road,
a girl who has silver and gold.
She is courting two, two or three,
I am afraid that she will be pregnant.
I go to see her three score times a day,
I think myself she is a fine little woman.
She told me she would never marry me,
unless I married her in the morning, in the morning before daylight.
This gave me a sort of a fright,
and off I went straight to the priest.
He laughed at me and said my situation was fine,
and that he would marry me in the morning before daylight.
When I was married a month or more,
my wife got devilishly slow.
She wouldn't get up in the morning, in the morning 'til midday,
I had to bring her breakfast to her on a tray.
Fear prevents me from saying anything,
except always that she is a fine little woman.
I teach in the school from morning till evening,
when I come home my heart is full of misery.
My house is dirty and untidy, my bed not dressed,
the poor baby in the cradle while her mammy is "sweethearting"

Ag guí le Dia i gcónaí gan mise a choíche a theacht.
Ach cha lig an eagal domhsa aon dadaidh a rá,
ach i gcónaí go bhfuil sí ina bhean-bhean bhreá.
Le mo chuidse airgid a chóiríonn sí í fhéin suas,
is domhsa a thabhrann sí beagán de mheas.
Cha lig an eagal domhsa aon dhadaidh a rá,
ach i gcónaí go bhfuil sí 'na bhean, bhean bhreá.
Dá bhfeicfeá – ina bhean, bhean bhreá –
Dá bhfeicfeá mo bhean-sa ar maidin Dé Domhnaigh,
le boinéadaí is le ribíní is le búclaí ar a bróga,
gúna bán de shíoda thíos go béal a bróige,
sé a dh'fhiafríonns na baitsiléirí cá bhfuil sí siud ina cónaí?
Ach cha lig an eagal domhsa aon dhadaidh a rá,
ach i gcónaí go bhfuil sí 'na bhean, bhean bhreá.
Téann mo bheansa chun Aifrinn ar maidin Dé Domhnaigh,
cha dtig sí na mbaile go tráthnóna Dé Luain.
Dá gcosnóchainn cúig punta, cúig punta ins an lá,
chaithfinn mo bheansa i bhfad roimh an lá.
Phós mise an bhean seo mar gheall ar an tsaibhreas,
rud a fháganns mo chroí dólásach, mo chraiceann bocht gan léine.

FÉACH: bóthar, mhór, bráth, maidin, nas mó, leaba, beagán, búclaí, Luan,
léine, dh'fhiafríonns, fáganns, gcosnóchainn

through the street,
always praying to God that I will never come home.
But fear prevents me from saying anything,
except always that she is a fine little woman.
With my money she does herself up,
and she shows me little respect.
Fear prevents me from saying anything,
except always that she is a fine little woman.
If you could see my wife on Sunday morning,
with bonnets and ribbons and with buckles on her shoes,
a white gown of silk down to her shoes,
and the bachelors ask where does yon one live?
Fear prevents me from saying anything,
except always that she was a fine little woman.
My wife goes to Mass on Sunday,
she does not come back 'til Monday afternoon.
If I earned five pounds, five pounds a day,
my wife would spend it long before the day's out.
I married the woman because of her wealth,
which leaves my heart doleful, my back without a shirt.

Bhí Fear ins an Áit seo comh Saibhir le Jew

Jane Nic Ruaidhrí

Déanann an píosa seo cur síos ar dhuine a bhfuil go leor de mhaoin an tsaoil aige ach nach bhfuil rófhlaithiúil. Bheir sé cúl a dhroma don chreideamh go dtí go gcluineann sé go bhfuil an bás aige. Is ar leaba a bháis a thig sé ar ais chun an chreidimh.

Bhí fear ins an áit seo comh saibhir le *Jew*,
cha raibh eagla air bho Dhia na bhon diabhal.
Bhí deartháir bocht aige comh bocht leis an deor,
is cha dtabharfadh sé sliobóg de phréata dó.
Thiocfadh sé a dh'amharc air go minic,
"Téigh thusa 'n Aifrinn Dia Domhnaigh."
"Cha dtéimsa 'n Aifrinn ná 'n teampaill
níl eagla ormsa bho Dhia ná bhon diabhal.
Tá airde cruaiche mhónadh d'ór agam."
Tháinig an bás dá iarraidh.
Tháinig a dheartháir bocht a dh'amharc air.
"Cuirigí fios ar an tsagart."
"Cha chuirfinnse fios ar an tsagart,
bhí mise ag an tsagart tá seacht mbliana ó shoin.
Dá ndéanfainnse an breithiúnas aithrí a chuir sé orm,
cha déanann sé obair ar bith ins an áit,
ach cuirigí fios ar an dochtúir.
Ársóchaidh sé domhsa an bhfuil an bás do m'iarraidh."
Nuair a tháinig an dochtúir dúirt sé
nach ndéanfadh sé aon dhadaidh dó,
go raibh an bás dá iarraidh.
"Cén bheirt sin aige do leaba?"
"Sin m'athair is mo mháthair.
Chonaic mé Ifreann is Flaithiúnas.
Cuirigí fios ar an tsagart."

There was a Man in this Place who was as Rich as a Jew

Jane McRory

This piece recounts the tale of a man who was very well-off but who was not very generous. He rejects his faith until he hears he is about to die and then makes a deathbed conversion.

There was a man in this place who was as rich as a Jew,
he wasn't afraid of God or the devil.
He had a poor brother who was as poor as could be,
and he wouldn't even give him a nip of a potato.
He used to come to see him often,
"You go to Mass on Sunday."
"I won't go to Mass or to church,
I'm not afraid of God or the devil.
I have the height of a turf-stack of gold."
Death came looking for him.
His poor brother came to see him,
"Send for the priest."
"I won't send for the priest,
I was at the priest seven years ago.
If I did the penance he served on me,
I wouldn't do any work in the place,
but send for the doctor.
He'll tell me if death is looking for me."
When the doctor came,
he said he couldn't do anything for him,
that death was waiting for him.
"Who are those two at your bed?"
"They're my father and my mother.
I have seen Hell and Heaven.
Send for the priest."

Tháinig an sagart ansin.
Chuir sé ar shiúl na diabhail,
na diabhail dhubh', na slóití.
D'éag sé i lámha Rí na Glóire.

FÉACH: Aifrinn, chuir, athair & máthair, nuair, deartháir, bocht, bho/n, ársóchaidh

The priest came then.
He sent away the devils,
the black devils, the hosts.
He died in the arms of the King of Glory.

Cainteoirí Cho. Lú

Brian Mac Cuarta
1847–

Ba as Ardachadh, Cairlinn, i gCo. Lú Brian Mac Cuarta. Tógadh ar fheirm ansin é ach is cosúil gur chaith sé tuairim agus daichead bliain dá shaol ag obair idir Oileán Mhanann agus Lancashire Shasana. Chaith Cosslett Ó Cuinn am aige agus dúirt seisean go raibh Gaeilge líofa aige agus gur fhoghlaim sé cuid mhór ó Bhrian agus óna bhean. Bhí sé ceithre bliana agus ceithre scór nuair a taifeadadh ábhar Doegen.

Brighid Ní Chaslaigh
1860–1937

Ba as Droim an Mhullaigh in Ó Méith Brighid Ní Chaslaigh. Bhí iomrá an cheoil agus na scéalaíochta uirthi. De réir Phádraigín Ní Uallacháin bhí cuid mhaith leaganacha dá hainm in úsáid lena linn: Ní Chassalaigh, Ní Cheasarlaigh, Casserly, Casley agus Brighid na gCeoltaí. Chaith sí tréimhsí éagsúla le linn a saoil i seirbhís i dtithe fán cheantar. Ba as Ó Méith a hathair agus as an Chéide a máthair. Thuairisc sí go raibh an Béarla agus an Ghaeilge mar mháthair theangacha aici. Dé réir an Personal-Bogen, ní raibh sí rómhaith ag léamh an Bhéarla agus ní raibh scríobh na teanga aici. Bhailigh Lorcán Ó Muirí ábhar uaithi agus tá cuid acu sin in eagráin luatha *An tUltach*. Foilsíodh an "Buachaill Láidir" san *Irish Independent*, 24 Márta 1932. De réir Uí Mhuirí, ní raibh ach crathán beag cainteoirí dúchais fágtha sa cheantar sin nuair a bhí seisean ag bailiú i bhfichidí agus tríochaidí na haoise seo a chuaigh thart.

County Louth Speakers

Barney McCourt
1847–

Barney McCourt was from Ardaghy, Carlingford, Co. Louth. He was raised on a farm there and appears to have spent nearly forty years working in the Isle of Man and in Lancashire in England. Cosslett Quin spent time with him and he noted that he had fluent Irish and that he had learned a great deal from Barney and his wife. Barney was eighty-four when the Doegen material was recorded.

Brigid Casserly
1860–1937

Brigid Casserly was from Drumullagh in Omeath. She was renowned for her singing and storytelling. According to Pádraigín Ní Uallacháin there were many versions of her name: Ní Chassalaigh, Ní Cheasarlaigh, Casserly, Casley agus Brighid na gCeoltaí (Brigid of the songs). She spent several periods in service in the area. Her father was from Omeath and her mother from Keady. She recorded that Irish and English were both her mother tongues. According to her Personal-Bogen, she could not write English but she could read it a little. Lorcán Ó Muirí collected material from her which was later published in the early volumes of *An tUltach*. The story "An buachaill láidir (The strong boy)" was published in the *Irish Independent*, 24 March 1932. Ó Muirí noted, while collecting material in the 1920s and 30s, that only a small number of native speakers survived in the area.

Cáit Ní Ghuibhirín

c.1846–

Rugadh Cáit Ní Ghuibhirín ar an Bhábhún, Cairlinn. Chónaigh sí ansin go raibh sí tuairim agus fiche bliain d'aois. Is dóiche gur bhog sí go Baile an tSeiscinn, Cairlinn, nuair a pósadh í. Ba dhuine de chlann Uí Ruairc í sular pósadh í. Bhí Cáit ar an aon duine sa bhailiúchán Ultach a dúirt gurb í an Béarla a máthair theanga agus gur labhair sí Gaeilge lena chois. Bhí léamh an Bhéarla aici ach ní raibh sí in ann é a scríobh. Bhí sí ar dhuine de na cainteoirí dúchais deireanacha in Ó Méith agus ar dhuine de na daoine a dtéadh Lorcán Ó Muirí chucu agus é ag bailiú ábhair sa cheantar.

Catherine McGivern
c.1846–

Catherine (Kate) McGivern was born in Bavan, Carlingford. She lived there for about twenty years. She probably moved to Ballinteskin, Carlingford when she married. She had been an O'Rourke before marriage. Catherine is the only person in the whole of the Ulster collection who records English as her mother tongue and Irish as the other language she speaks. She could read but not write English. She is one of the last native speakers in Omeath, and one of the people to whom Lorcan Ó Muirí went when he was collecting material in the area.

Mícheál Ua Radhsa agus an Gamhain

Brian Mac Cuarta

Léiríonn an scéal thíos roinnt den traidisiún a bhain leis an tSlua Sí nó na Daoine Beaga. Castar an lucht sí ar Mhícheál agus iad amuigh ag buachailleacht. Cé nach bhfuil capall aigesean iarrann an Slua Sí air a dhul a mharcaíocht leo agus dhéanann siad capall lúfar dá ghamhain; is minicí a dhéantar capall den bhuachlán buí sna scéaltaí sí. Móitíf eile atá coitianta sna scéalta nó go gcaithfidh an duine a théid ar seachrán sí gan focal amháin a rá a fhad is atá sé leis an tSlua nó díbreofar ón domhan sí é. Tchítear fosta nach ionann an t-am i ndomhan an tSlua Sí agus an t-am sa tsaol daonna. Is gnách go bpilleann duine agus é ag deánamh nach bhfuil sé ar shiúl ach seal iontach gairid ach corruair bíonn blianta nó céadta bliain ar shiúl thart, mar a bhí ag Oisín i dTír na hÓige.

Bhí aige Mícheál Ua Radhsa gamhain agus ba ghnách leis an ghamhain seo ag cur chun an tsléibhe gan ba de chuid ba an chomharsan. Tháinig coineascar amháin fliuch agus dúirt sé le bean an toighe go rachadh sé 'n tsléibhe fán ghamhain. Dúirt bean an toighe,

"Cha ligeann tú leis. Féadfaidh go dtiocfadh sé abhaile leis na ba eile."

"Cuma liom," a deir sé, "rachaidh mé ina choinne."

Amach suas leis chuige geata an tsléibhe agus chas sé ar fear beag agus cailín bheag. Dúirt an fear beag coineascar fliuch a bhí ann.

"Seadh," a deir Mícheál, "an bhfacha sibh gamhain?"

"Chonaic," a deir an chailín bheag, "tá sé thuas aghad ar an chnoic."

Amach suas leis agus fuair sé an gamhain go díreach ins an áit a dúirt sí. Thiomáin sé ar ais ag teacht abhaile. Taobh amuigh den geata ins an seanbhóthar – bhí sé cailín – bhí sé buachaillí beag' ina suí ar sé gearrán. Ar an taobh eile den bhóthar bhí sé cailíní ina suí ar sé gearránaí geal. Deir fear acu,

"Gá ngeobhas muid gearrán do Mhícheál?"

"Níl feidhm gearráin air. Cuirfimid a mharcaíocht ar a ghamhain é."

Nuair a dúirt sé sin, amach leis na t-eallach, síos, agus char stop siad go dtáinig

Michael Rice and the Calf

Barney McCourt

This story illustrates some of the traditions associated with the Fairy Host or the Little People. Michael encounters the fairy host when he is out herding cattle. Even though he does not have a horse he is asked to go riding with them and they transform his calf into a horse; although the transformation of a ragwort into a horse is more usual. The other motif which is common in these stories is that the person who goes on the 'seachrán sí' or 'fairy wandering' must not utter a word when he is with the fairies, otherwise he will be expelled from their world. Time in the world of the fairy host does not equate with human time either. The person is usually returned to this world believing they have only been gone for a little while, but often years or hundreds of years have passed, as in the case of Oisín in The Land of Youth.

Michael Rice had a calf and he used to send the calf up to the mountain every day without the neighbours' cows. One wet evening came and he told the woman of the house that he'd go to the mountain for the calf. The woman of the house said,
    "You don't need to bother. He might come home with the other cattle."
    "I don't care," says he, "I'll go and get him."
He went away up to the mountain gate and he met a wee man and a wee girl. The wee man said it was a wet afternoon.
    "It is," says Michael, "did you see a calf?"
    "We did," said the wee girl, "you have him up on the mountain."
Away up he went and he found the calf exactly in the place she said. He drove on heading for home. Outside the gate on the old road, six boys were sitting on six horses. On the other side of the road, six girls were sitting on six white horses. One of them says,

    "Where will we get a horse for Michael?"
    "He doesn't need a horse. We'll put him riding on the calf."
When he said that, out came the cattle, down and they didn't stop until they

siad chuige Bád an Chaoil. Trasna leofa ansin uilig go raibh siad ar an taobh thall, agus seo Mícheál agus a ghamhain trasna leis comh maith le ceann ar bith acu. Amach suas leofa fríde an Chontae an Dúin, agus tháinig cailín bheag – *closeáilte – closeáilte* do Mícheál agus dúirt sí leis ina mBéarla,

"Anois, a Mhícheáil, is cuma caidé chualanns tú nó a fheiceanns tú, ná labhair aon fhocal amháin go dtiocfaidh tú ar ais ar do bháis."

Amach leofa agus char stop siad go dtáinig siad chuige habhainn an Bhanna. Tá sé sin breá léim trasna. Siar leis na gearránaí uilig. Seo Mícheál agus a ghamhain agus trasna leis mar a bheadh héan ann. (Déanann sé casachtach agus deir sé, '*I've a bad cold.*') Thiontaigh sé thart nuair a bhí sé ar an taobh eile agus dúirt sé leis féin,

"Má bheas mé gan aon fhocal a labhairt comh fada agus a bheas mé beo, sin léim iontach do gamhain."

Nuair a dúirt sé sin thiontaigh sé ar ais. Cha raibh fear, bean nó gearrán ar a n-amharc. Bhí sé ina seasamh i lár páirc mhór cúig míle as an Iúr, é féin agus a ghamhain. B'éigean dó a thiomáint isteach chun an Iúr, agus as an Iúr go dtí Ó Méith, cúig míle eile. Sin an méid a fuair Mícheál ar son a iomaircaí fhocail a labhair sé.

FÉACH: aige, ba, fliuch, beag, bhfacha, seanbhóthar, buachaill, chaoil, taobh, acu, iontach, iomaircaí, coineascar, geata, ngeobhas, chualanns

came to Bád an Chaoil. Across they all went until they were on the other side, and here's Michael and the calf across, just as good as any of them. Away up they went through Co. Down, and a wee girl came close to Michael and she said in English,

"Now, Michael, it doesn't matter what you hear or see, on pain of death, don't speak a single word until you get back."
Out they went and they didn't stop until they came to the river Bann. It's a brave jump across. Back went all the horses. Here's Michael and the calf, and across he went as if he were a bird. He turned around when he was on the other side and he said to himself,

"If I never say another word as long as I live, that was some jump for a calf." When he said that he turned back. There wasn't a man, woman or gelding to be seen. He was standing in a big field five miles from Newry, himself and the calf. He had to drive it into Newry, and from Newry, the five miles to Omeath. That's what Michael Rice got for talking too much.

Mo Athair agus an tSlat Iascaireachta

Brian Mac Cuarta

Seo scéal simplí ina gcuireann an mac suas d'údarás a chuid tuismitheoirí tríd a bheith ag iascaireacht seachas a bheith ag buachailleacht mar ba cheart dó. Siocair a chuid amaidí tarlaíonn tubaiste dó nuair a mharaítear ceann de chuid éanlaith na máthara ach mar chúiteamh air sin gnóthaíonn sé ar an iascaireacht sa deireadh agus sásaíonn sé a mháthair.

Chuir mo hathair a bhuachailleacht [mé] lá amháin le mart, bearach agus asail, siar in aice leis an abhainn. Ghoid mé slat iascaireachta a bhí aige agus siar liom, agus thiontaigh mé cloch. Fuair mé crumhóg. Chuir mé ar an dubhán é. Isteach ins an pholl leis agus thlig mé breac maith amach ar an fhéar. Isteach leis aríst agus char stad mé go fuair mé trí cionnaí mhaithe. Síos liom an abhainn dá ngabháilt go tapaigh, char smaoinigh mé níos mó ar na ba.

Tháinig comharsanach toigh s'againne agus scairt sí ag an doras,
" 'Bhfuil aon duine istigh?"
"Tá mise anseo," a deir mo hathair, "caidé tá contráilte?"
"Tá do chuid ba ins an choirce agus tá sé criathraithe acu."
"Bhuel, chuir mise buachaill leofa le haghaidh a bhuachailleacht agus féadfaí gur thit sé 'na chodladh."
"Deamhan codladh air! Tá sé síos an abhainn ag gabháilt bric le do slat."
"Nuair a gheobhas mise greim air, brisfidh mé a muineál."
Ansin thiontaigh mise thart ag teacht abhaile. Chonaic mo hathair ag teacht mé.
"Nuair a gheobhas mise greim ort, brisfidh mé do mhuineál."
Bhí heagla orm a theacht abhaile. Shuigh mé faoi sciachóg a bhí ins an pháirc agus ar ball chonaic mé mo hathair ag teacht amach ag caitheamh a phíopa. Siar leis an bhóthar, agus ghlac mise uchtach agus tháinig mé abhaile. Bhí fhios agam nach bhaineann mo mháthair liom.

Nuair a tháinig mé, chuir mé an slat iascaireachta 'na seasamh taobh amuigh den doras, suas le urla an toighe. Bhí cearc ag goil thart agus duisín éiní bheag léithe agus chonaic sí an crumhóg ar an *line*. Thug sí léim in airde agus fuair sí greim ar an chrumhóg. Sháit an dubhán ina gháilleach. Bhí a theanga

My father and the Fishing Rod

Barney McCourt

This simple story relates the tale of a boy who challenges his parents' authority and goes fishing instead of herding cattle as expected. Because of his antics, one of his mother's hens is killed but he appeases her by selling the fish he caught on his jaunt the day before.

One day my father sent me herding cows, heifers and donkeys, west along the river. I stole a fishing-rod of his, and I went over and I turned over a stone. I found a worm. I put it on the hook. Into the pool it went and I flung a good trout out on the grass. In it went again and I didn't stop until I got three good ones. I went off down the river, catching them quickly, I thought no more about the cows.

A neighbour came to our house and she called out at the door,

"Is anyone in?"

"I'm here," said my father, "what's wrong?"

"Your cattle are in the corn and they're destroying it."

"Well, I sent a boy with them to do the herding and maybe he fell asleep."

"Devil the sleep on him. He's down the river catching trout with your rod."

"When I catch him, I'll break his neck."

Then I turned round to come home. My father saw me coming.

"When I catch you, I'll break your neck."

I was afraid to go home. I sat under a thorn-bush in the field, and after a while, I saw my father coming out, smoking his pipe. He went over the road and I took heart and came home. I knew my mother wouldn't touch me.

When I came, I stood the fishing rod outside the door, up against the eaves of the house. A hen was going past with a dozen chicks and she saw the worm on the line. She jumped up and got hold of the worm. The hook stuck in her cheek. Her tongue was hanging out. The little ones were going mad on the street.

amuigh, crochte ansin. Bhí na cionnaí beaga ag goil ar buile ar an tsráid.

Tháinig mo mháthair amach agus scairt dreartháir de mo chuid a bhí ag téanamh rud inteach' ins an pháirc,

"An bhfacha tú an cearc a bhí leis na héin?"

"Chan fhachaidh," a deir sé, "níl sé anseo."

Thiontaigh sí thart agus chonaic sí an cearc crochte agus an dubhán sháite ina gob. Scairt sí ar an bhuachaill,

"Tá an cearc marbh. Rith go tapaigh!"

Tháinig sé siar agus thug sé cead a bealaigh don cearc. Agus ... Ó, a Dhia, *I've a cough.*

Cuireadh an chuid seo a leanas leis an scéal san athinse. Níl sé ar an taifeadadh.

Agus ar maidin, d'éirigh mé go breá moch agus d'iarr mé cead ó mo mháthair an ligfeadh sí mé ghoil leis na bric síos chuig an trá, féadfaí go ndíolfainn iad.

"Téigh más 'do thoil é."

Chuir mé duisín acu ar phláta agus síos liom go toigh an tiarna, agus tháinig cailín dá chuid chugam agus d'fhiafraigh sí díom goidé bhí ins an bhascáid.

"Tá, bric."

"Tig liom a fheiceáilt?"

D'fhoscáil mé an bascáid agus dúirt sí gur cionnaí deise a bhí agam.

"Goidé méid 'tá tú ag iarraidh ortha?"

"Dhá scilling," a deirimse.

Thug sí suas an staighre mé agus fuair sí báisín breá mór bán.

"Thlig isteach anseo iad."

Rinne mé sin agus dúirt sí,

"Dhéanfaidh sé sin gnaithe."

Síos linn chuig an cistineach. D'fhoscail sí *cupboard* agus thug sí builbhín amach. Ghearr sí iad in dá leith agus chuir sí cnapán cása idir an dá phíosa.

"Tabhair seo abhaile chuig do mháthair agus seo dhá scilling ar son na bric."

FÉACH: buachailleacht, mo hathair, thit, uchtach, duisín, bhfacha, chan fhacaidh, mart, thlig, ngabháilt, gheobhas, cionnaí, éiní, sháit, crochte, fheiceáilt

My mother came out and she called to a brother of mine, who was doing something in the field,

"Did you see the hen that was with the chicks?"

"I didn't," said he, "she's not here."

She turned around and she saw the hen hanging with the hook stuck in her beak. She shouted to the boy,

"The hen's dead. Run quickly!"

He came over and he set the hen free. And ...O God, I've a cough.

The following material was provided when the transcriptions were made. It is not recorded. And in the morning, I got up fine and early and I asked my mother if she would let me go down to the strand with the trout, to see if I might sell them.

"Go if you want."

I put a dozen of them on a plate and down I went to the landlord's house, and one of his girls came to me and she asked me what I had in the basket.

"Trout."

"Can I see them?"

I opened the basket and she said they were nice ones.

"How much do you want for them?"

"Two shillings," I say.

She took me upstairs and she got a fine big white basin.

"Throw them in here."

I did that and she said,

"That'll do."

Down we went to the kitchen. She opened a cupboard and she took out a bannock of bread. She cut it in two and she put a lump of cheese between the two pieces,

"Take this home to your mother and here's two shillings for the trout."

An Buachaill Láidir

Brighid Ní Chaslaigh

Is leagan an scéal seo den rud a dtugtar an 'Anger Bargain' air, móitíf idirnáisiúnta atá coitianta ar fud na cruinne. Is scéalta iad seo a d'eascair as éagothromas na sochaí agus ba seo an t-aon dóigh arbh fhéidir leis an 'gnáthdhuine' an lámh in uachtar a fháil ar an mháistir a raibh sé ag saothrú aige ar bheagán tuarastail. De réir an traidisiúin, ba ghnách na buachaillí agus cailíní a chuirfí ar fostach a choinneáil go dtiocfadh an chuach nó go dtiocfadh bláth buí ar an aiteannach. Is léir gur sin bunús na tagartha don chuach sa scéal seo. Sna leaganacha eile den scéal seo, is gnách gur triúr mac a théann ag lorg oibre. Bíonn an máistir ag iarraidh a bheith glic agus obair a bhaint as na gasúraí gan luach a saothair a thabhairt daofa. Déantar conradh eatarthu go stiallfar an craiceann den duine ar féidir leis an duine eile fearg a chur air. Éiríonn leis an mháistir fearg a chur ar an chéad bheirt ach faigheann an mac is óige an bua air agus bheir sé ar an mháistir a rá go bhfuil fearg air. Impíonn an máistir ar an ghasúr gan an pionós ar aontaíodh air a chur i bhfeidhm agus tairgíonn sé taisce óir dó. Glacann an mac is óige leis sin, déanann sé tarrtháil ar a bheirt dearthár agus pilleann sé ar an bhaile leis an mhaoin agus gan lá oibre aige le déanamh as sin amach.

Seo scéala ar an buachaill láidir. Chuaigh sé 'na – bhí sé bocht agus chuaigh sé chun na margadh chun fhostú a dhéanamh, agus d'fhostaigh sé le fear uasal go dtiocfadh leis gach uile seort obair a dhéanamh, agus fuair sé tuarastal maith. Chuir sé ins an barra duine ar bith a bheadh corraí air an chéad uair, go gcaithfeadh sé trí ciceannú a fháil.

Thug an máighistir abhaile é agus chuir sé amach ag treabhadh é le dhá ghearrán, agus chonaic sé ag treabhadh a fhaid is a rithfeadh a mhadadh ag amhanc thairis. Bhí sé ag treabhadh lá agus tháinig an madadh aníos chuige, agus thóg sé maide mór agus marbh sé an madadh.

The Strong Lad

Brigid Casserly

This story is a version of the 'Anger-Bargain' tale and is an international folklore motif which is used worldwide. These stories arose as a reaction to the inequality in society and they allowed the common man to outwit the master, for whom he worked for very little money. According to tradition, boys and girls who were hired out were kept until the first cuckoo sang or until the gorse blossomed. That appears to be the basis for the reference to the cuckoo in this story. In other versions of this story, three sons usually go out in search of work. The master tries to outwit the boys and make them work for nothing. They make a bargain which allows the person who first angers the other to take strips of skin from the other person's back. The master succeeds in making the first two boys angry, but the youngest boy outwits the master and makes him say he is angry. The master begs the boy not to carry out the agreed punishment and he offers him gold treasure. The youngest son agrees, he rescues both his brothers, and he returns home a wealthy man who never has to work another day in his life.

Here is the story about the strong boy. He was poor and he went to the fair to be hired, and was hired by a gentleman. He could do every sort of work and he got a good wage. He put anyone who would get angry for the first time into a wheelbarrow, so that he could kick them three times. The master took him home and sent him out to plough with two horses, and he had to plough as far as his dog ran ahead and looked back at him. He was ploughing one day and the dog came up to him, and he lifted a big stick and he killed the dog.

"Ó, caidé sin a rinne tú?" arsa an máighistir. "Mharaigh tú mo mhadadh."

"An bhfeil corraí ort?" arsa an buachaill.

"Ó, chan fheil," arsa an máighistir.

Bhí eagla a chroí ar an máighistir roime leis an buachaill, agus d'imigh sé ar shiúl chuige Cailleach na gCearc, agus d'ársnódh sé an scéal di. Arsa Cailleach na gCearc,

"Tá ciorra uisce ort agus teana tobar maith thíos ins an pháirc, agus nuair a bhéas sé thíos ins an tobar, cruinnigh scaifte fir agus tlig gach chuile rud síos air, torpannaí *clay*, clocha is gach chuile rud agus beidh tú réidh leis."

Rinne sé sin agus bhí an buachaill thíos ins an tobar nach dtiocfadh leat aon ghreim de a fheiceáil ach rud beag de, agus – thlig – chruinnigh sé na fir agus thlig siad na clocha, *clay* is gach chuile rud síos air, agus thlig seisean gach chuile rud aníos a bhí siad ag tligint síos, agus mharaigh sé na fir uilig *above*. Tháinig sé aníos.

"Ó," a deir sé, "caidé seo?"

"Ó, thusa a rinne sin," arsa an máighistir.

"An bhfeil corraí ort?" a deir sé leis an máighistir.

"Chan fheil," arsa an máighistir.

D'imigh sé ar shiúl aríst chuige Cailleach na gCearc agus d'ársaigh sé an scéal do Cailleach na gCearc.

"Cá fhad a bheas sé fostaiste agat?"

"Ó, go dtí go dtiocfaidh an cuach," a deir an máighistir.

"Ó, is fada go dtí sin, go seadh," a deir sí. "*Now*, tá crann mór ós coinne an doras, agus cuir do sheanbhean ar bharr amach ins an chrann agus dhéanfaidh sí cuach duit."

Lá arna mhárach, ar maidin go moch, thug sé an tseanbhean amach agus chuir sé isteach suas ins an chrann í, agus tháinig an buachaill amach agus chuala sé an cuach.

"Ó, sin an cuach," arsa an máighistir, "tá sí moch i mbliana," deir sé.

"Caithfidh mé a fheiceáil an bhfeil sciatháin uirthi nó caidé an bealach a rachaidh sí amach as an chrann."

Agus thóg sé cloch mór agus thlig sé suas ins an chrann é, agus leag sé an tseanbhean marbh anuas.

"Ó, caidé sin a rinne tú?" arsa an máighistir. "Mharbh tú mo mháthair."

"Oh, what's that you've done?" said the master, "You killed my dog."

"Are you angry?" said the boy.

"Oh, I'm not," said the master.

The master was really scared of the boy and he went off to the Witch of the Hens and he tells her the story. The Witch of the Hens says,

"You're short of water, so make a good well down in the field and when he is down in the well, gather a crowd of men and throw everything down on top of him, lumps of clay, stones and everything, and you'll be finished with him."

He did that, and the boy was down in the well and you could only see a tiny bit of him, and he gathered the men and they threw the stones, clay and everything down on him, and he threw up everything they were throwing down and killed all the men above. He came up.

"Oh," he said, "what's this?"

"Oh, you did that," said the master.

"Are you angry?" he said to the master.

"I'm not," said the master.

He went off again to the Witch of the Hens and he told the story to the Witch of the Hens.

"How long will he be hired with you?"

"Oh, until the cuckoo comes," said the master.

"Oh, it is a long time until then, indeed," said she. "Now, there is a big tree in front of the door and put your auld one out in the top of the tree and she'll make a cuckoo for you."

Next day, early in the morning, he took the old woman out and put her up in the tree, and the boy came out and he heard the cuckoo.

"Oh, there's the cuckoo," said the master, "She's early this year," he said.

"I must see if she has wings or how she'll get out of the tree."

And he lifted a big stone and he hurled it up into the tree and he knocked the old woman down dead.

"Oh, what's that you've done?" said the master, "You've killed my mother."

"An bhfeil corraí ort?" arsa an buachaill.

"Ó, tá," arsa an máighistir, "agus corraí mór."

"Bhuel, caithfidh mise trí ciceannú a fháil ort."

Agus an chead chic a thug sé dó, chuaigh sé amach suas ins an aer é nach bhfeicfeá ach rud beag de. An dara cic a thug sé do cha bhfeicfeá ach rud beag buidheach de. Agus an trí ciceanna a thug sé dó, chuaigh sé suas ins an aer agus cha dtáinig sé anuas beo nó marbh. Sin an scéal ar an buachaill láidir.

FÉACH: buachailleacht, máighistir, mo hathair, thit, chun, uchtach, duisín, bhfacha, chan fhacaidh, amhanc, ciceannú, an bhfeil, tlig, fostaiste, moch

"Are you angry?" said the boy.

"Oh, I am," said the master, "and very angry."

"Well, I have to kick you three times."

And the first kick he gave him, he went away up in the air so that you could only see a little bit of him. The second kick he gave him, you could only see a tiny little bit of him, and after the three kicks he gave him, he went up in the air and he didn't come down dead or alive. That is the story of the strong boy.

An Chearc Ghoir

Brighid Ní Chaslaigh

Seo scéal simplí grinn ina n-insítear scéal áiféiseach faoin mhac a
bhfuil cearr beag air. Bhí claonadh sa traidisiún béil scéalta mar seo
a dhéanamh fá dhaoine a raibh éirí in airde iontu nó a raibh a gcuid
máithreacha ag maíomh barraíocht astu.

Bhí bean ann uair amháin agus bhí mac amháin aici. Bhí na
comharsanaigh ag tabhairt amadán air agus bheadh corraí mór uirthi
cionn go bheidh siad ag tabhairt amadán air. An lá seo rinne sí réidh
cearc Dé Domhnaigh don meánlae, agus rinne sí réidh chun a ghoil na
iarraidh. Dúirt sí le Séamas, nuair a bheadh an pota ag goil, an pota a
mheascadh. Tháinig sé isteach agus bhí sé ag meascadh an pota agus
d'amharc sé isteach ann. Thóg sé rud beag den chearc amach as an
phota agus chuir sé ina béal é.

"Tá sé sin milis," a deir sé, agus thóg sé an cearc an dara uair amach
as an phota, agus d'ith sé an cearc uilig go léir.

"Ó," deir sé, "níl a fhios agham caidé tá mé ag goil a dhéanamh
anois," a deir sé, "chan fheil cearc bho'n toigh ach an ceann atá amuigh
ar gor, agus caithfidh mé an chearc sin a thabhairt isteach agus a chur
ins an phota."

Chuaigh sé amach agus thug sé an chearc a bhí amuigh ar gor, agus
chuir sé isteach ins an phota í, cleiteach, cluimneach, beo is a bhí sí,
agus choinnigh sé síos ins an pota í gur éag sí.

Chuaigh sé amach é féin agus – chuir sé – bhí sé ag cur gor ar na
huigheacha. Tháinig a mháthair abhaile agus bhí sí ag scairt ar Séamas
agus rinne sé fhreagair uirthi amuigh ar an nead, agus seo an rud a dúirt
sé,

"Gic, gic, gic, a mháthair," a deir sé, "tá mé ag cur gor ar na
huigheacha."

"Ó, chan iontas," a deir sí, "go bhfeil na comharsanaigh ag tabhairt

The Clocking Hen

Brigid Casserly

> This is a simple tale in which a ridiculous story is told about a foolish son. There was a tendency in the oral tradition to compose stories about people who were getting above their station or about mothers who were zealously proud of their sons.

There was a woman once and she had one son. The neighbours were calling him a fool and she'd be very angry because they'd be calling him a fool. This day she prepared a Sunday chicken for the midday meal and she went to look for him. She told Seamas to stir the pot when the pot was boiling. He came in, and he was stirring the pot and he looked into it. He took a little bit of the hen out of the pot and put it into his mouth.

"That's sweet," says he, and he lifted the hen out of the pot the second time, and he ate the whole hen.

"Oh," says he, "I don't know what I'm going to do now," says he, "there isn't a hen about the house but the one that's outside brooding and I'll have to bring that hen in and put it in the pot."

He went out and brought in the hen that was outside brooding, and he put it in the pot, feathers, plumage, live as it was, and he kept it down in the pot until it died.

He went out himself and was sitting on the eggs. His mother came home and she was calling Seamas and he answered her from out on the nest, and this is what he said,

"Gick, gick, gick mother!" says he, "I am sitting on the eggs."

"Oh, it's no wonder," says she, "that the neighbours are calling you a fool. You're a right fool, now that you're sitting on the eggs."

amadán ort. Amadán maith atá ionat anois nuair atá tú ag cur gor ar na huigheacha."

FÉACH: meascadh, bho'n, cluimhneach, caithfidh, fhreagair, uigheacha, agham, máthair, iontas

Patrún Ó Méith

Brighid Ní Chaslaigh

Bhíodh patrúin in onóir na naomh áitiúil coitianta roimh an Reifirméisean agus choinnítí iad ag tithe pobail áitiúla. I ndiaidh an Reifirméisin bhíodh na patrúin á gceiliúradh ag seanbhallógaí eaglaisí agus ag toibreacha beannaithe. Thárlódh siad sa tsamhradh agus ag tús an fhómhair de ghnách. B'ócáidí móra sóisialta iad ag a mbíodh ceol, damhsa, ólachán, aontaí agus corruair go leor troda. Ní raibh an chléir róthugtha don taobh saolta den cheiliúradh agus stad siad a thabhairt tacaíochta do na patrúin i gCúige Uladh, ach amháin ceann Loch Dearg, i nDún na nGall, ag tarraingt ar dheireadh an 18ú haois. Mheas Lorcán Ó Muirí gurbh é seo an píosa deireanach den fhilíocht dúchasach a cumadh in Ó Méith.

Bhí mé i mo shuí le taobh le athair na ngrásta,
aige Patrún Ó Méith.
Bhí sagairt, bhí bráithre is grásta Dé,
ag crathadh lámha, hataí in airde,
aige Patrún Ó Méith.

Ó, bheinnse mar ba ghnách liom, go haignidh is óg.
Bheirinn buaim as na clárthaí le ais-aird mo cheol.
D'ársóchainn scéal daoibh le onóir is le feidhm,
is é mur gcéad míle fáilte aige patrún Ó Méith.

FÉACH: bráithre, ghnách, daoibh, feidhm, haignidh, d'ársóchainn

The Pattern of Omeath

Brigid Casserly

Patterns in honour of saints were a common feature before the Reformation and were usually held in local churches. Following the Reformation, the patterns were normally held at the ruins of churches or at holy wells. They typically took place in the summer or in early autumn. They were big social events at which there was singing, dancing, drinking, fairs and very often a lot of fighting. The clergy did not approve of the worldly aspects of the celebrations and stopped supporting the patterns in Ulster, with the exception of the Loch Derg pattern in Donegal, at the end of the 18th century. Lorcán Ó Muirí considered this poem to be the last piece of poetry in Irish written in Omeath.

I was sitting beside the father of grace,
at the Pattern of Omeath.
There were priests, brothers, and the grace of God,
shaking hands, hats in the air,
at the Pattern of Omeath.

Oh, that I would be like I once was, so spirited and young,
I would make the floor-boards ring with the volume of my music,
I would tell you a story with honour and purpose,
my hundred thousand welcomes to the Pattern of Omeath.

A Bhrollaigh Ghléigeal

Cáit Ní Ghuibhirín

Tagraíonn an t-amhrán seo d'eadarlinn na mbó, an t-am a mblítí an bhoin ar maidin. Bhíodh sin i bhfad níos moille roimhe seo, nó is thart fá a haon déag a chlog a dhéantaí é. Tá bean an amhráin ag rá dá mbeadh fear seisrí aici, fear a raibh maoin aige, go mbeidh sí ábalta luí léithe go headarlinn na mbó gach lá.

A bhrollaigh ghléigeal agus a bhrollaigh fín,
go dtugaidh séan duit is tú mo chroí.
Pósadh an spéirbhean a bhí i ndiaidh mo chroí,
agus i ndiaidh mo lámh a bheas tú féasta Fhéil' Bríde.
Dhá bpósfainn bean agus mo mhamaí a shásamh,
le gile na finne agus le bláth na hóige,
agus le fear an tseisrighe na cruaiche mónadh,
bhéarfadh cead codladh damhsa go headarlinn na mbó.
– Sin é –

FÉACH: ghléigeal, mhamaí, mbó, fín

O Bright and smooth-Breasted One

Kate McGivern

This song refers to 'eadarlinn na mbó' which is the time when cattle
were milked in the morning. In the past cows were milked at about
eleven o'clock. The woman in the song longs for the master of the
ploughmen, who has some money, so that she can sleep until
milking time every day.

O bright and smooth-breasted one,
may you be given happiness, you are my love.
The fair maid who sought my heart has married,
and you will look for my hand after St. Brigid's Day.
If I should marry a woman and please my mother,
with the brightest of fairness and the bloom of youth,
and to the master of plough teams, with his turf-rick,
who would let me sleep until milking-time.
– That's it –

An Bhean Chaointe

Cáit Ní Ghuibhirín

Seo ceann de chuid amhráin mhóra oirdheisceart Uladh. Is é an
scéal a théid leis an amhrán nó go raibh bean ann uair a raibh an
dáréag páistí uirthi ach nár fhág Dia aici ach an duine amháin sa
deireadh. Cailleann an mháthair a ciall agus téann sí a shiúl na
mbóithre. Lá amháin théid sí isteach sa teach seo agus bheirtear
préataí daoithe a bhí fá choinne na muc. Cuireann seo ar a ciall arís
í agus tuigtear daoithe go bhfuil sí ina teach féin ag faire a iníne
féin, an duine deireanach den teaghlach. Tá lorg an traidisiúin
caointe le feiceáil san amhrán seo, traidisiún a chuaigh i léig in
Éirinn sa dara leath den 19ú haois.

A Nellí bhán is go mbeannaí Dia dhuit,
go mbeannaí an ghealach [   ] bhán agus ghrian dhuit;
go beannaí na haingil atá i bhflaitheas Dé dhuit,
mar a bheannaíonns do mháthair bhocht a chaill a ciall dhuit.

Rachaidh mise amárach go guidhe an phobail,
agus muscail' mé na mná leat atá ina gcodladh;
agus cuirfidh muid Máiréad ar thoisigh an tórraimh,
agus dhéanfaidh Síle go díreach an t-eolas.

An bhean úd thall romhainn a rinne an gáire,
nár fhágaí sí an toighe seo go ngeibh sí croí cráite,
fháil uadh mo níonsa atá ag goil i gcórthaí cláraibh.
– Sin é. –

FÉACH: haingil, dhuit, bhflaitheas, muscail, úd, ngeib

The Keening Woman

Kate McGivern

This song is one of the most renowned songs of south-east Ulster.
The story behind the song tells of a woman who had twelve
children, all of whom died except for the youngest child. The
mother loses her mind and takes to the road. She goes into a house
one particular day and she is given potatoes which have been
prepared for the pigs. This brings her back to her senses and she
begins to realise that she is in fact in her own house, at the wake
of her daughter, the last child in the family. This song is influenced
by the keening tradition, a tradition which was declining by the
second half of the 19th century.

Fair Nellie, may God bless you,
may the bright moon and the sun bless you;
may the angels who are in God's heaven bless you,
as your poor mother who has lost her reason blesses you.

I will go to the people's praying session tomorrow,
and I will also wake the women who are asleep;
and Margaret will lead the funeral,
and Sheila will tell us exactly the way.

Yon woman before us who has laughed,
may she not leave this house until she gets a sore heart,
from my daughter who is going into a wooden coffin.
–That's it. –

A Nellí Bhán

Cáit Ní Ghuibhirín

Bhí Cáit ar dhuine de na daoine ar thóg Lorcán Ó Muirí amhráin uathu ag tús an chéid seo a chuaigh thart. Thóg sé leagan den amhrán thíos uaithi i 1924. Tá rann a haon coitianta go leor ach is cosúil gur seo an t-aon sampla de rann a dó atá againn.

A Nellí bhán a théagair agus a Nellí bhán a stór,
dá dtiocfá thusa liomsa go coillidh dheas na gcnó;
bhéarfainn aer an bhaile mhóir dhuit agus thógfadh sé do chroí,
is ag marcaíocht ar gcóistí 'goil bóithrí Baile Buí.

A [   ] sí Nellí ná fan amuigh go mall,
ná coinnigh thusa cuideachta le buachaill ar bith fán ghleann;
beidh do chóta ag éirí gairid agus pian mhór in do dhroim,
beidh do choispeán éadrom sciobalta faraor ag éirí mall.

FÉACH: dheas, dhroim, coispeán, faraor

Fair Nellie

Kate McGivern

Kate was one of the people from whom Lorcán Ó Muirí collected material at the beginning of the last century. He collected a version of this song from her in 1924. The first verse is quite common but it appears that verse two is the only version of this verse.

Fair Nellie my darling and fair Nellie my dear,
would you come along with me to the fine nut woods;
I'd introduce you to the city and your heart it would lift,
to ride in carriages along the roads of Baile Buí.

[ ] Nellie do not stay out late,
do not keep company with any boy about the glen;
your coat will be getting skimpy and there'll be a great pain
in your back,
your gentle easy step will, alas, be getting slow.

An Baitsiléir Beag

Cáit Ní Ghuibhirín

Bhí sé doiligh go leor cuid mhaith den rann seo a dhéanamh amach
agus níl sé soiléir an bhfuil cuimhne chruinn ag an chainteoir ar na
focla.

Baitsiléir beag mise a rún, níl agam thú ach a stór,
níl agam ar an tsaol seo ach cnáimhín an bhó.
Dá mba bheinn do mo bhuaireamh féin bheith ceangailte ins an chró,
Bhéarfainn ar an aonach agus dhéanfainn iad a dh'ól.

FÉACH: baitsiléir, beag, tsaol, aonach

The Bachelor

Kate McGivern

It was quite difficult to decipher much of this verse and it is not clear if the speaker remembered the words accurately.

I'm a wee bachelor, love, I've only you my dear,
I've nothing on this earth but the wee bones of a cow.
If I was worrying myself about it being tied in the byre,
I would bring it to the fair and drink its price.

An Aiséirí

Cáit Ní Ghuibhirín

Bhí fadhb choitianta ag bailitheoirí leis na leaganacha éagsúla den Aiséirí a bailíodh ar fud na tíre agus ba sin go raibh siad chomh truaillithe sin gur deacair ciall mhaith a bhaint astu. Ní athrú scéil leagan Cháit. Is dóiche gur Caoineadh na dTrí Muire, ina gcaointear bás Íosa Críost i ndiaidh a Pháise, an sampla is iomráití d'fhilíocht na Páise. Is ag tórramh nó i dteach na faire is mó a deirtí an cineál seo dáin nó paidre. Deirtí iad fosta le linn an Charghais agus go háirithe ar Aoine an Chéasta. Cé go dtugtar an 'Aiséirí' nó an 'Aiséirí Bheag' ar an dán seo ó cheann ceann na tíre is dán faoin Pháis atá ann ina bhfuil gnáthmhóitífeanna na Páise ar nós na croise céasta agus an dall a chuireann an tsleá i dtaobh Chríost.

An aiséirí is binne dá gcuala mé ag goil tríd síos Leabhar na nGeall,
Íosa Críosta a chuaigh chun céasaidh agus a chuaigh anseo leis an chrann;
Tháinig sé 'na [   ] agus é féin ag caitheamh comaoineach,
Mac na hÓighe féin, Mac an Oidhre Ghil,
cros dhearg ina dhorn, lán de chruach agus de thairní.
Cá bhfuil an Rí mo Thiarna a d'fhulaing í go broinn, eadrainn agus lá inniu.
Leis sin féin, tháinig an duine dall agus chaith sé an sleagh sa fíorchrann.
"Ó ghrá Dia," arsa Muire, leis an díomhaoin,
is fhearr duit an braillín bhán a chur ar neamh,
i bhfeic na slighte agus na sloighte.

FÉACH: inniu, sleagh, Dia

The Resurrection

Kate McGivern

Collectors of the various versions of the Resurrection from all over Ireland experienced a common difficulty and that was that the poems were often corrupt and were very difficult to decipher. Kate's version is no exception. The Keening of the Three Marys, in which the three women lament the death of Christ after his crucifixion, is the most well-known Passion poem. These kinds of poems, or prayers, were performed mostly at funerals or wake-houses. They were also performed during Lent, particularly on Good Friday. Although this poem is called the Resurrection, or the Little Resurrection, all over the country, it is a poem about the crucifixion which contains the usual motifs, such as the crucifixion cross and the blind man piercing the side of Christ.

The most precious resurrection that I ever heard of from the book of Promises,
Jesus Christ who was crucified and who came here with the cross;
He came to [   ] and taking communion himself,
the Son of the Virgin, the Son of the Bright Descendant,
a red cross in his fist, full of steel and nails.
Where is the King my Lord who has endured it to his bosom [   ] to save us to this day?
With that, the blind man came and he thrust the spear at the true cross.
"O by the love of God," said Mary to the idle one,
you had better cast the white sheet over him,
witnessed by the crowds and hordes."

Cainteoirí Cho. Aontroma

Mícheál Mac Thiarnáin
c. 1847–1935

Rugadh Mícheál Mac Thiarnáin thart fá thréimhse an
Ghorta Mhóir. Ba as Cionn Uan Ghleann Duinne é,
ach chaith sé tromlach a shaoil ar an tSráid, Cnoc na
Cora, i nGleann Arma Íochtarach. Sa Personal-Bogen
deir sé go raibh an Ghaeilge agus an Béarla mar
mháthair theangacha aige. Bhí léamh agus scríobh an
Bhéarla aige. De réir Mhíchíl Uí Bhriain agus é ag
scríobh san *Irish Press*, 27 Deireadh Fómhair 1932, bhí Mac Thiarnáin go
maith as cleachtadh ó thaobh labhairt na Gaeilge de agus, is cosúil, fán am
ar tógadh ábhar Doegen uaidh, nach raibh aige ach an t-aon amhrán
amháin "Ardaidh Chuain". Ach de réir agallamh a rinne a ghar-iníon, ar
shuíomh "The Glens of Antrim Historical Society", ba ghnách le Mac
Thiarnáin comhrá a choinneáil lena iníon cleamhnais as Loch Abar a raibh
Gaeilge na hAlban aici. Cibé mar a bhí, níl againn ach na leaganacha
éagsúla den amhrán a tógadh uaidh agus é anonn go maith sna blianta.
Bhí sé tuairim agus ceithre bliana agus ceithre scór nuair a tógadh Ardaidh
Chuain uaidh do bhailiúchán Doegen.

Mícheál ar
dheis I is on
the right

Brian Mac Amhlaoibh
c.1850–1941

Rugadh Brian Mac Amhlaoibh i mBaile Éamoinn i mí Mheithimh 1850.
Nuair a bhí sé aois scoile, d'aistrigh an teaghlach go Cluan Riabhach, an
Gleann Garbh, áit ar chaith sé bunús a shaoil diomaite den bhliain déag a
chaith sé sna loingeas trádála. Tá taifead déanta ar a bhás sa *Ballymena
Weekly Telegraph*, 15 Márta 1941, áit a ndeirtear gurb é "one of the very last
native speakers of Irish in the Glen." Bhí sé ar dhuine de na daoine ar thóg
Nils Holmer ábhar uathu do *On Some Relics of the Irish Dialect spoken in the
Glens of Antrim*. Dúirt Holmer gur dhaoine iad seo "who either spoke it
[Irish] as children or heard it from older folk." Ach sin ráite, tá taifead ar
Bhrian, a dheartháir Séamus agus a chuid triúr mac mar dhátheangaigh i
nDaonáireamh 1911. Bhí aithne ar mhac Bhriain, Séamus Mór, mar
Ghaeilgeoir agus mhair seisean go 1983.

Co. Antrim Speakers

Michael McKiernan
c.1847–1935

Michael McKiernan was born around the time of the Great Famine. He was from Kinune in Glendun but he spent most of his life in Straid, Knocknacarry, in lower Glenarm. In his Personal-Bogen he records that both Irish and English were his mother tongues. He could read and write English. According to Michael O'Brien, *Irish Press*, 27 October 1932, McKiernan did not have much opportunity to speak Irish and he appeared to have only one song "Ardicoan" by the time of the Doegen recordings. On the other hand, according to an interview on "The Glens of Antrim Historical Society" website, McKiernan used to have conversations in Irish with his daughter-in-law from Loch Aber in Scotland. Whatever the case may have been, we only have a number of versions of the song which were collected from him when he was advanced in years. He was eighty-four when Ardicoan was recorded for the Doegen collection.

Bernard McAuley
c.1850–1941

Bernard McAuley, or Barney Bhriain, was born in June 1850 in Ballyemon, Cushendall. By school age he had moved to Clonreagh, Glenariffe, where he spent the rest of his life apart from a period of eleven years in the merchant marine. His death is recorded in the *Ballymena Weekly Telegraph*, 15 March 1941, where Barney is described as "one of the very last native speakers of Irish in the Glen." He was one of Níls Holmer's informants for his work *On Some Relics of the Irish Dialect spoken in the Glens of Antrim*. Holmer described his list of informants as persons "who either spoke it [Irish] as children or heard it from older folk." However, the 1911 Census records Barney, his brother Séamus and his three sons as bilinguals. Barney's son, Séamus Mór, was also known as an Irish speaker and he lived until 1983.

Ardaidh Chuain

Mícheál Mac Thiarnáin

Tá an t-amhrán seo ar an amhrán Gaeilge is clúití a cumadh i gCo. Aontroma. Tagraíonn an teideal do bhaile fearainn atá tuairim agus míle siar ó Bhun Abhainn Duinne. Is iad an t-imirce agus an chumha a bíos ar an deoraí ábhair an amhráin. Measadh ar feadh fada go leor gur John Mac Cambridge (1793–1873) a chum an t-amhrán am inteacht roimh dheireadh an 19ú haois, ach tuigtear anois gur cumadh an t-amhrán i bhfad roimhe sin. Thóg Robert MacAdam leagan den amhrán ó McCambridge idir 1830 agus 1850 agus síleadh as sin amach gurbh eisean an t-údar. Ach is cosúil gur cumadh an t-amhrán suas le céad bliain roimhe sin. De réir an traidisiúin áitiúil, ba tréadaí darbh ainm Cormac Ó Néill a bhí ar a sheachnadh siocair a thacaíocht do na Seacaibítigh, údar an amhráin. Tá an t-amhrán le fáil in Éirinn agus in Albain go dtí an lá inniu.

Dá mbeinn féin in Ardaidh Cuain,
in aice an tsléibhe atá i bhfad bhuaim.
A Rí, gurbh aidhéarach mo chuairt,
go Gleann na gCuach Dé Domhnach.

Och ó, éaraí agus ó,
Och ó, éaraí lionndubh ó.
éaraí lionndubh agus ó,
mo chroidhe thá trom agus tá leonta.

Dá bheinn féin i mBarr na Duinne,
far a bhfeil mo chairdean uile,
Gheobhainn ól anseo le sómas,
bheiridh mé gaol le snuaig na hóige.

Ardicoan

Michael McKiernan

This is the most famous Irish language song to have been composed in Co. Antrim. Its title refers to a townland which lies a mile to the west of Cushendun. The themes of the song are emigration and the loneliness of the émigré. It was generally accepted that John Mac Cambridge (1793–1873) composed the song some time before the end of the 19th century, but it is now understood to have been composed at much earlier date. Robert MacAdam collected a version of the song from McCambridge between 1830 and 1850, and as a result, McCambridge has been thought of as the author ever since. However, it appears that the song was composed at least a hundred years earlier. According to local tradition, the author was a shepherd called Cormac O'Neill, who had to emigrate because of his support for the Jacobite cause. The song is found in Ireland and Scotland to this day.

If I were in Ardicoan,
near the mountain which is far from me,
Lord, merry would my visit be,
to the cuckoo's glen on Sunday.

Och O, ayree and O,
Och O, ayree, sorrow, O,
ayree, sorrow, and O,
my heart is heavy and wounded.

If I were in Cushendun,
where all my friends are.
I would get drink with ease,
I would cosy up to the lovely one.

Och ó, éaraí agus ó,
Och ó, éaraí lionndubh ó.
éaraí lionndubh agus ó,
mo chroidhe thá trom agus tá leonta.

'S ioma' Nollaig a bhí mé péin,
agus mé ar beagán ciall,
ag imir' ar an tráigh bhán,
is mo chamán bán i mo dhorn liom.

Och ó, éaraí agus ó,
Och ó, éaraí lionndubh ó.
éaraí lionndubh agus ó,
mo chroidhe thá trom agus tá leonta.

Dá mbeadh agam ach báta is rámh,
rachainn ar an tsnámh,
le dúil is Dia go ruiginn slán,
go bhfuighinn bás in Éirinn.

Och ó, éaraí agus ó,
Och ó, éaraí lionndubh ó.
éaraí lionndubh agus ó,
mo chroidhe thá trom agus tá leonta.

FÉACH: mbeinn, chroidhe tha trom, cairdean, uile, péin, bhán, far a bheil,
báta, ruiginn

Och O, ayree and O,
Och O, ayree, sorrow, O,
ayree, sorrow, and O,
my heart is heavy and wounded.

Many a Christmas was I,
and me with little sense,
playing on the white strand,
with my cherished hurl in my hand.

Och O, ayree and O,
Och O, ayree, sorrow, O,
ayree, sorrow, and O,
my heart is heavy and wounded.

If I had a skiff and oar,
I would take to sea.
Hoping to God that I would arrive safely,
and that I would die in Ireland.

Och O, ayree and O,
Och O, ayree, sorrow, O,
ayree, sorrow, and O,
my heart is heavy and wounded.

Oisín i ndiaidh na Féinne

Brian Mac Amhlaoibh

Déanann an scéal seo ceangal idir an saol Págánach agus saol na Críostaíochta nuair a thugtar Oisín ar ais ó Thír na hÓige san dóigh is gur féidir leis bualadh le Naomh Pádraig. Thug an tseift seo deis do scríbhneoirí na meánaoise Críostaí a dhéanamh d'Oisín, rud a rinneadh in Agallamh na Seanórach, an téacs is clúití ar an ábhar ón dara haois déag. Sa téacs seo maireann Oisín agus Caoilte i ndiaidh na bhFiann agus bíonn cur agus cúiteamh idir an bheirt agus Naomh Pádraig. Bíonn siadsan ag cosaint an tsean-ama agus ag cur maitheas agus flaithiúlacht na bhFiann i gcomórtas le bréagchráifeacht na cléire i ré Phádraig. Le himeacht ama thug an traidisiún béil tús áite d'Oisín, agus sna scéaltaí agus míreanna breise a cumadh i ndiaidh Agallamh na Seanórach, fágadh Caoilte a bheag nó a mhór ar lár.

Bhí Oisín i ndiaidh na Féinne ag siúl ar tráigh Amhairc Deirg nuair a tháinig Pádraig chun a dhéin. D'fhiosraigh sé dó caidé a raibh sé a dhéanamh ansin. Dúirt sé go raibh sé ag amharc bho a chuid comrádaithe – a tháinig go hAlbain – a chuaigh go hAlbain a throid.

"Ó," arsa Pádraig, "chan bhfeic tú iad a choíche, tá siad marbh."

"Ó, cha dtig leo a bheith marbh."

"Ó, tá siad marbh," arsa Pádraig, "thugainn liomsa agus teiseanaidh mise duit iad."

Oisín – thug sé – thug Pádraig é go hIfreann agus theisean sé dó iad ina hIfreann ag troid. Arsa Oisín nuair a chonaic sé iad, [tá cuma air gur ceathrú truaillithe de laoi Fhiannaíochta an abairt a deirtear anseo.]

Arsa Pádraig, "Beidh siad mar sin go héag, go brách."

"Más mar sin é, tabhair mise leat agus baistigh mé, agus rachaidh mé leat."

Thug Pádraig eisean leis chun an tsruth' agus nuair a bhí siad ins an

Oisín after the Fianna

Bernard McAuley

This story links the Pagan and the Christian worlds by bringing Oisín back from the Land of Youth so that he can meet St. Patrick. This ruse allowed medieval writers to make Oisín a Christian, an event which is described in the Colloquy of the Ancients, the most famous manuscript on the subject from the 12th century. In this manuscript Oisín and Caoilte survive long after the Fianna and spend their time discussing and debating issues with St. Patrick. They defend the good old days and the honour and generosity of the Fianna, which they compare unfavourably to the sanctimoniousness of the clergy during Patrick's reign. As time passed, the oral tradition made Oisín the main character, and in the additional episodes and tales which were composed following the Colloquy of the Ancients, Caoilte was more or less excluded.

Oisín, the last of the Fianna, was walking at Red Bay when Patrick came up to him. He asked him what he was doing there. He said he was looking for his comrades who went to Scotland to fight.

"Oh," said Patrick, "you'll never see them again, they're dead."
"Oh, they can't be dead."
"Oh, they're dead." said Patrick. "Come with me and I'll show them to you."
Oisín brought Patrick to Hell and showed him them fighting in Hell. When Oisín saw them he said, [The sentence which is spoken here appears to be a corrupted quatrain from a Fenian lay.]

Patrick said, "They'll be like that until the end, forever."
"If that's how it is, take me with you and baptise me, and I'll go with you."
Patrick took him with him to the stream, and when they were in the

tsruth, chuaigh spéic a chros-sa in cos Oisín, agus chonaic Pádraig –
an uisce – an t-uisce, dearg le fuil agus tharraing sé an spéic as a chos.

    "Caidé as nár – caidé as nár – dhúirt tú go raibh an spéic in do
chos?"

    "Shíl mé gur den bhaisteadh é."

Agus thug Pádraig an spéic as a chos.

FÉACH: chuaigh, throid, marbh, thugainn, teiseanaidh, Ifreann, theisean,
ina, baistigh, bhaisteadh, caidé as nár

stream, the spike of his cross went into Oisín's foot, and Patrick saw that the water was red with blood, and he pulled the spike out of his foot.

"Why didn't you say that the spike was in your foot?"

"I thought it was part of the baptism."

And Patrick took the spike out of his foot.

An Mac Drabhlásach

Brian Mac Amhlaoibh

Seo an t-aon leagan amháin atá againn den Mac Drabhlásach i mbailiúcháin Chúige Uladh d'ábhar Doegen. Bhí téacs ar leith ullmhaithe ag na bailitheoirí a bunaíodh ar leagan a rinne an Canónach Peadar Ó Laoghaire as Corcaigh. Bhí cead ag gach cainteoir an téacs a chur in oiriúint dá chanúint féin. Sin go díreach an rud atá déanta ag Brian Mac Amhlaoibh anseo.

Bha'n dís mac ag an duine áraid. Dúirt an duine a b'óige acu le a athair,

"A athair, a athair – tabhair – tabhair domh mo chuid. Tá mé ag dul ar shiúl."

Agus roinn seisean – eatarthu – a mhaoin eatarthu. Chuaigh sé ar shiúl agus bhí sé cúig bliana déag ar shiúl. Nuair a tháinig sé ar ais – agus char aithnigh – cha raibh aithne ag a athair air. Dúirt sé le a athair,

"Mise do mhac a bhí caillte."

Agus nuair a chluin a athair sin, chuaigh sé amach agus scairt sé ar a chuid lucht seirbhísigh a theacht isteach,

"Seo mo mhac a bhí caillte, a tháinig fo réir. Tabhraibh isteach an lao biata. Marbhaibh é. Ithibh, ólaibh agus bíbh go súgach."

FÉACH: athair, dul, eatarthu, fá réir, mhac, dís, chluin, tabhraibh, marbhaibh, ithibh, ólaibh, bíbh

The Prodigal Son

Bernard McAuley

This is the only version of the Prodigal Son in the Ulster part of the Doegen collection. The collectors had prepared a specific text based on a version of the story by Canon Peadar Ó Laoghaire from Cork. Each speaker was allowed to adapt the text to suit his own dialect and that is what Bernard McAuley has done here.

This particular man had two sons. The youngest one said to his father,

"Father, father, give me my share. I'm leaving."
And he divided his possessions between them. He left and he was away for fifteen years. When he came back his father didn't recognise him. He said to his father,

"I'm your son who was lost."
And when his father heard that, he went out and called on his servants to come in.

"Here's my son who was lost, who has returned. Bring ye in the fatted calf. Kill it. Eat, drink and be merry."

Cogadh na nGaiscíoch

Brian Mac Amhlaoibh

Is seo leagan den scéal a dtugtar Fionn Mac Cumhaill agus Seacht
gCatha na Féinne air de ghnáth. Is léir go bhfuil cuid mhaith den
scéal ligthe i ndearmad ag Brian fán am ar tógadh an leagan seo
uaidh. Sa bhunscéal téann Fionn agus Seacht gCatha na Féinne
amach a shealgaireacht. Tig seachrán sí orthu agus nuair a ghlanann
an ceo, fágtar Fionn ina sheasamh leis féin agus caidé a tchí sé
roimhe ach seachtar fear. Tá bua ar leith ag gach fear acu seo a
bheas ina chuidiú ag Fionn agus é ag comhlíonadh na geise a
cuireadh air a dhul chun na Fraince roimh mheánlae, an lá arna
mhárach; tá geis ar Fhionn nach dtig leis cuireadh ar bith a dhiúltú.
Ar an tseachtar a tchí sé roimhe, tá Fead Mac Feide ar féidir leis
Seacht gCatha na Féinne a chruinniú ar thalamh amháin i dtrí
bhomaite; Eolaí Mac Eolaí a dhéanfas fios ar chaisleán Rí na Fraince
gan a dhul leithead snáithe síoda ar seachrán; Fios Mac Feasa a
dhéanfas fios ar caidé a thiocfadh ar Fhionn nó ar Sheacht gCatha
na Féinne go ceann lá agus bliana; Neart Mac Nirt atá chomh láidir
sin dá gcuirfí an domhan uilig idir a dhá láimh go mbeadh sé ró-
láidir aige; Slis Mac Slise a dhéanfadh bád de shliosóg adhmaid
ina bhearad a d'iompródh Seacht gCatha na Féinne agus a seacht
n-oiread sin; Dreapaire Mac an Dreapaire a dtiocfadh leis dreapadh
suas snáithe síoda dá mbeadh sé míle agus fiche ar airde agus anuas
an taobh eile gan truisliú, gan leagadh, gan leonadh; agus Gadaí
Mac an Ghadaí a dtiocfadh leis ubh a ghoid ón éan agus an t-éan
ar gor uirthi. Le scéal fada a dhéanamh iontach gairid, chuaigh
Fionn agus an seachtar ar eachtra chun na Fraince. Comhlíonann
Fionn a gheis agus pilleann sé ar Éirinn. I scéal Bhriain luaitear
Luirg Eadáin, cnoc atá ar chósta Chuan an Deirg i gCo. Aontroma,
idir Gleann Aireamh agus Gleann Duinne. Tá dhá áit eile luaite
fosta a mbíodh laochra na Féinne ag gaisce eatarthu agus sin Sliabh
Ruis atá i ndeas do Chros Mhic Lionnáin in Ard Mhacha agus
Sliabh Luachair i dtuaisceart Co. Chiarraí.

The Battle of the Heroes

Bernard McAuley

This is a version of the story Fionn Mac Cumhaill and the Seven Warrior Bands of the Fianna. It is clear that Bernard had forgotten quite a lot of the story by the time this version was collected from him. In the original story Fionn and his seven warrior bands go out hunting. They are led astray by fairies and when the mist clears, Fionn finds himself standing alone and suddenly he sees seven men in front of him. Each man has a particular gift which will help Fionn fulfil his obligation to accept an invitation to be in France by midday, the following day: Fionn is under a tabu which prevents him from refusing any invitation. Among the seven he sees before him are: Féad mac Féide who can gather the seven bands of the Fianna together in three minutes flat; Eolaí Mac Eolaí who can guide him to the King of France's castle without being the width of a silk-thread out; Fios Mac Feasa who can predict what will happen to Fionn and his seven bands of warriors for a whole year and a day; Neart Mac Nirt who is so strong that he can crush the whole world in the palms of his hands; Slis Mac Slise who can made a boat out of a splinter of wood he keeps in his cap, which could carry the seven warrior bands and seven times their number; Dreapaire Mac an Dreapaire who can climb up a silk-thread even if it were twenty-six miles long and come down the other side without, tripping, tumbling, or getting hurt; and Gadaí Mac an Ghadaí who can steal an egg from under a brooding hen without the hen knowing anything about it. To make a long story short, Fionn and the seven men go to France and experience many adventures along the way. Fionn fulfils the terms of his tabu and returns to Ireland. Lurigethan, a hill on the coast at Red Bay, Co. Antrim is mentioned in Bernard's story. Two other places are also mentioned between which the Fianna performed their many exploits, Slieve Rush near Crossmaglen and Slieve Luachra in the south of Co. Kerry.

Bhí deich gaiscíoch ag caisleán Luirg Éadain. Chuaigh siad ar shiúl lá amháin chun – Sliabh Ruis – Sliabh Luachair ag seilg. Nuair a tháinig – nuair a tháinig – Leathduine chun an chúirt agus cha raibh aon duine istigh ach banoide, d'fhiosraigh sé daoithe cá raibh iad ag fiach. Dúirt sí go raibh iad ag seilg i Sliabh Luachair.

"Mura mbeidh siad aige mo chaisleán-sa i nAlbain ag – a dó a chlog amárach – dó dhéag a chlog amárach, brisfidh mise iad."

Nuair a tháinig na fir 'na bhaile, d'ársaigh sí dófa caidé a bhí sé ráite agus – chuaigh – chuaigh siad amach agus bhí iad ar shiúl, ar shiúl ar barr na creige, ag cogain na hordóig – na hordóig – borraille na hórdóig.

Rian 27, DD 2

Chogain Oisín a ordóig agus chan n-ársaíonn an ordóig a bheag dó. Bhí – bhí sé – Bhí an chaint briste – agus bhí sé – chuaigh siad trasna na creige, ar barr na creige, agus chonaic sé dó dhéag fir ag teacht ina aghaidh. Fuirigh sé – D'fhuirigh sé an fhreagair.

Tháinig siad chun a dhéin. D'fhiosraigh sé daofa caidé bhí siad a dhéanamh anseo. Dúirt siad go raibh siad ag amharc bho máistir. D'fhiosraigh sé daofa caidé a thiocfadh leo a dhéanamh. Dúirt ceann acu leis go thiocfadh leisean ársú rud ar bith a shiúil ar barr na creige sin le cúig bliana 'na héis.

"Thusa an duine atá mise ag amharc dhó," arsa Oisín.

D'fhiafraigh sé de haon eile caidé – bhí sé – thioc seisean a dhéanamh. Dúirt sé go raibh seisean gadaí a thiocfadh leis rud ar bith a ghoid. Agus haon eile acu, dúirt sé leis go raibh seisean dreapaire, go thiocfadh leis – tul suas – a ghoil suas áit ar bith. Agus haon eile, thiocfadh leis báta a dhéanamh ina gcúig bhomaite, a rachadh céad míle ina cúig bhomaite.

Thug sé iad uile leis agus chuaigh siad síos ar maidin chun Coiscéim an Choiligh. Agus rinne sé báta – rinne sé seo báta – agus chuaigh siad uile ar bord, agus amach ar an fharraige, agus bhí siad aige caisleán Leathduine ag a dó dhéag a chlog lá arna mhárach.

Agus nuair a chonaic Leathduine go raibh siad ansin agus go raibh seisean gortaithe, dúirt sé leo nach dtiocfadh leis iad a dhíol dóigh ar bith nas fhearr ná an dtiocfadh leofa coileán a ghoid bhon phéiste a bhí ins an chreig, ins an chreig mhór. Agus dúirt an gadaí go goidfidh seisean an coileán, an dtiocfadh leis an dreapadóir é a thabhairt suas

Ten warriors were at the castle of Lurigethan. They went off hunting one day to – Slieve Rush – Slieve Luachra. When Leathdhuine came to the court, and no one was there but a female teacher, he asked her where they were hunting. She said they were hunting in Slieve Luachra.

"If they aren't in my castle in Scotland at – two o'clock tomorrow – twelve o'clock to-morrow, I'll kill them."
When the men came home she told them what had been said, and they went out and they were away, away on the top of the rock, chewing the thumb – the thumb – the fleshy-part of the thumb.

Oisín chews his thumb and his thumb tells him very little. The talk is interrupted and they crossed the path on the cliff top and he saw twelve men coming towards him. He waited, waited for an answer.

They came up to him. He asked them what they were doing here. They said they were looking for a master. He asked them what they could do. One of them said that he could recall anything that walked on the top of that cliff for five years afterwards.

"You're the person I'm looking for," said Oisín.
He asked another one what he could do. He said he was a thief who could steal anything. And another one of them told him that he was a climber, that he could go up anywhere. And another one, he could make a boat in five minutes that could go a hundred miles in five minutes.

He took them all with him and they went down in the morning to Coiscéim an Choiligh. And he made a boat, this fellow made a boat, and they all went on board and out to the sea, and they were at Leathdhuine's castle at twelve o'clock next day.

And when Leathdhuine saw that they were there, and that he was injured, he told them that he could not pay them in any better way than if they could steal a pup from the monster who was in the rock, the big rock. And the thief said he would steal the pup if the climber could take him up the rock. The climber said he could take him up,

sa chreig. Dúirt an dreapaire go dtiocfadh leis é a thabhairt suas. Agus chuaigh – thug an dreapaire – thug an dreapaire suas é chun an chreig, chun an nead.

"Má mhusclann sí, marbhaigh sí ibh uile," arsa Leathduine. Ach ghoid siad an coileán agus – char mhuscail – char mhuscail siad an péiste.

FÉACH: caisleán, aige, bhaile, chuaigh, dhéanamh, thiocfadh, fear, maidin, amharc, báta, uile, mhór, coileán, bhomaite, uile, iad, fuirigh, nas fhearr, bho, báta

and the climber took him up to the rock, to the nest.

"If it wakes up it'll kill the whole lot of you." said Leathdhuine.
But they stole the pup and — they didn't wake — they didn't wake the monster up.

Cainteoirí Cho. an Chabháin

Seán Mag Uidhir
1849–c.1938

Ba as Log na gCnó i dTeallach Eachach Seán (Éamoinn Ruaidh) Mag Uidhir. Ba as ceantar Ghleann Ghaibhle a chuid tuismitheoirí fosta agus chónaigh sé féin ar fheirm faoi scáth na gCuilceach ar feadh a shaoil. Cé go raibh an Ghaeilge beagnach caillte sa cheantar lena linn, is Gaeilge a labhair Seán agus a dheartháir eatarthu féin. Is cosúil gur Gaeilge amháin a bhí aige go raibh sé seacht mbliana d'aois. Bhí léamh agus scríobh an Bhéarla aige. Thug Ó Donnabháin cuairt ar Thulach Eachach i 1836 agus é ag bailiú ábhar don tsuirbhéireacht ordanáis. San am sin bhí Gaeilge i ngach páirt den bharúntacht ón Bhlaic go Baile Chonaill. Fán am a ndeachaigh Éamonn Ó Tuathail ann beagnach céad bliain ina dhiaidh sin ní thiocfadh leis a theacht ach ar thriúr a bhí in ann scéal a inse nó amhrán a rá i nGaeilge. Bhailigh Ó Tuathail dhá scéal ó Sheán atá i gcló i 'Seanchas Ghleann Ghaibhle', forlíonadh *Béaloideas* Iml. 4, uimh. 4 , 1934: 18–20.

Co. Cavan Speakers

John Maguire
1849–c.1938

John (Neddy) Maguire was from Legnagrow, Tullyhaw. His parents were from the Glangevlin area also and John himself spent his life on a farm in the shadow of the Cuilcagh mountains. Although Irish had almost disappeared from the area during his lifetime, John Neddy and his brother always spoke Irish to each other. It appears that he spoke only Irish until he was seven years of age. He could read and write English. O'Donovan visited the area as part of his ordnance survey work in 1836. He found that there was Irish in every part of the barony from Blacklion to Ballyconnell at that stage. By the time Éamonn Ó Tuathail visited almost 100 years later, he could only find three people who could either sing or tell a story in Irish. Ó Tuathail collected two stories from John Neddy which are in the supplement 'Seanchas Ghleann Ghaibhle', *Béaloideas* Vol. 4, No. 4, 1934: 18–20.

An Fear a Chuaigh go hIfreann

Seán Mag Uidhir

Is minic a bhíodh míniú le fáil sa Bhéaloideas ar an tseachrán a thiocfadh ar chorrdhuine agus iad ar meisce. Deirtí gur tugadh an duine ar shiúl agus gur chaith sé tamall leis na Daoine Beaga sna leasa a bhíodh sna cnoic nó faoi thalamh. Sa scéal seo tá cineál eile seachráin ar ár bpótaire, téann seisean go hIfreann agus mar a tchí sé féin é, is áit fháiltiúil, fhlaithiúil an t-Ifreann seo, díreach cosúil le leasa sí na nDaoine Beaga.

Bhail, bhí buachaill as an áit agamsa agus chuaigh sé go Sasanaí iontach fada ó shin. Bhí sé ina ghadaí iontach fial, ach níl pighinn dá saothródh sé i rith na seachtaine nach n-óladh sé ceann deireanach an tSathairn nuair a gheibheadh sé a pháighe, an duine bocht.

Bhí sé ceann deireanach aon tSathairn amháin ag goil abhaile chuig na lóistín, agus thit sé marbh ar meisce 'e chois an bhóthair. Bhí na fir a bhí ag tógáil an ghuail ins an oíche ag goil isteach, agus fuair siad an fear marbh ar meisce 'e chois an bhóthair. Agus thóg siad ar a nguaileacha é agus thug siad isteach faoin talamh é, agus leag siad 'e chois an bhalla é. Agus thoisigh siad ag obair agus luigh sé ansin an chuid is mó dhen oíche.

Agus mhuscail sé suas nuair a bhí sé tamall fada ann agus chonaic sé gach fear dá raibh ansin agus solas i gclár a éadan, ar a mbearád, agus iad chomh dubh leis an diabhal é féin, lámha agus éadan agus eile.

"Ó, in ainm Dé," ar seisean, "Cá bhfuil mé?"

"Tá, tá tú in Ifreann," arsa an fear a bhí cóngarach dó, "in Ifreann."

"Ó, is fada an áit sin dá fhógairt orm," arsa seisean, "caidé dhéanfas mé?"

"Iarrfaidh muid labhairt leat an chéad oíche *anyway*. Bhéarfaidh muid do shuipéar dhuit."

Thug siad a shuipéar dhó agus thug siad buidéal breá uisce bheatha anuas chuig an tábla chuige, agus d'ól sé an buidéal uisce bheatha agus

The Man who Went to Hell

John Maguire

Folklore often provided an explanation for the wandering tendencies of the inebriated. It was thought that they were abducted or that they spent some time with the Little People in their fairy mounds in the hills or underground. In this story our drinker experiences another kind of wandering, he goes to Hell and from his perspective it is a welcoming, generous place, just like fairy forts of the Little People.

Well, there was a boy from my area who went to England a long time ago. He was a very generous soul but there wasn't a penny of what he'd earn during the week, that he wouldn't drink on the Saturday when he'd get his pay, the poor man.

It was late one Saturday night, when he was going home to his lodgings, that he fell dead drunk by the roadside. The men who were bringing up the coal during the night were going in and they found the man dead drunk by the roadside. And they lifted him on their shoulders and brought him in underground, and they let him down by a wall. And they started to work and he lay there most of the night.

And he woke when he was there a long while, and he saw that every man who was there had a light in the middle of their foreheads, on their caps, and they were as black as the devil himself, hands, and faces and all.

"Oh, in God's name," said he, "where am I?"

"You're in Hell," said the man who was near him, "in Hell."

"Oh, I've been threatened with that place for a long time," said he, "what'll I do?"

"We'll talk to you for the first night anyway. We'll give you your supper."

They gave him his supper and they brought a fine bottle of whiskey down to the table to him, and he drank the bottle of whiskey and fell

thit sé marbh ar meisce 'e chois an bhalla arís. Agus nuair a bhí sé an t-am ag na fir a ghoil amach ar maidin bho obair na hoíche bhí sé marbh ar meisce, an fear a bhí 'e chois an bhalla. Chaith siad ar a nguaileacha é agus thug siad é amach gur leag siad a chois an bhóthair é ins an áit a bhfuair siad marbh é an tráthnóna roimhe sin – an maidin roimhe sin – *I should say, well!*

Cuireadh an chuid seo a leanas leis an scéal san athinse. Níl sé ar an taifeadadh. Níor mhuscail sé go raibh na daoine ag goil chuig an Aifreann ar maidin Dé Domhnaigh. Shiúil sé leis in éis na cuideachta agus bhí an sagart ag déanamh seanmóir nuair a chuaigh sé isteach. An chéad fhocal a chuala sé ón tsagairt nuair a chuaigh sé isteach,

"Amach as Ifreann níl fáil ar bith."

"Stad den chaint sin feasta, tá tú fada go leor dá inse dúinn. Bhí mise in Ifreann aréir agus ní raibh mé in aon toigh comh modhúil, fuair mé mo dh'iarraidh le n-ithe agus le n-ól agus lig siad amach mé agus tá mé anseo anois."

FÉACH: páighe, bocht, suas, isteach, dá raibh, ghadaí, nguaileacha, dh'iarraidh

dead drunk by the wall again. And when it was the time for the men to go out in the morning from the night's work he was there dead drunk, the man who was against the wall. They threw him over their shoulders and they took him out until they placed him by the roadside where they had found him dead drunk, the afternoon before that – the morning before that – *I should say, well!*

The following material was provided when the transcriptions were made. It is not recorded.
He didn't wake up until people were going to Mass on Sunday morning. He walked in after the crowd and the priest was saying the sermon when he went in. The first words he heard from the priest when he went in were,

"There is no escape from Hell."

"Stop that talk from now on, you're long enough telling us it. I was in Hell last night and there was never a house as hospitable, I got my fill of food and drink, and they let me out and here I am."

Siud thall é

Seán Mag Uidhir

Léiríonn an scéal seo dhá ghné den tsochaí in Éirinn a bhí ina n-ábhar buartha ag daoine. Ar an chéad cheann acu sin bhí an eitinn nó 'coinsoinsin' mar a bheir Seán air. Bhí an aicíd seo iontach coitianta suas go dtí na 1930í agus '40í. Ba daoine óga is mó a sciobadh agus ba mhná óga an tromlach acu sin. Ba chúis náire an aicíd a bheith sa teach agus bhíodh sé doiligh ag duine ar bith a raibh sé air cleamhnas a dhéanamh. Bhí an té a gheobhadh an fheirm ina ceist íogair fosta. Sa scéal seo cuireann an deartháir ar a shúile don fhear tinn nach féidir leis muinín a bheith aige as an mhnaoi óig agus gur cheart an fheirm a fhágáil aigesean. Dá thairbhe sin, cuirtear triail uirthi lena dílseacht don fheirmeoir a thástáil.

Buachaille as an áit ar tógadh mise, pósadh le cailín deas óg agus ní raibh sé rófhada pósta gur thit sé i *gcoinsoinsin,* agus ní raibh leigheas ar bith ag na dochtúirí dhó.

"Bhuel," arsa an bhean óg, "má gheibh tusa bás, beidh mise marbh chomh luath leat, chomh luath leat."

"Ó, ní féidir sin," arsa an fear.

"Beidh maise," ar sise.

Tháinig deartháir an bhuachaill chuig an bhfear tinn agus dúirt sé leis,

"Tá tailte agus tithe anseo agat, agus ba chóir duit do thiomna a dhéanamh agus gan é huilig a fhágáil ag an mnaoi óg."

"Och, níl gar ag caint air sin," ar seisean, "beidh – an mnaoi – an bhean óg marbh chomh mór liom féin."

"Bhuel," ar seisean, "beidh a fhios agat anocht cé hacu. Tá coileach mór Francach amuigh ansin," ar seisean, "agus lomfaidh mise anocht é agus ní fhágfaidh mé gráinne air ach oiread le leac an tairisí, agus ligfidh mé isteach ar an doras é idir an dá sholas, agus beidh tusa in aon choirnéal amháin agus ise ins an choirnéal eile, agus nuair a déarfaidh sí, 'Caidé sin ag teacht isteach?' Ó, abair thusa gurb é an bás."

He's Yonder

John Maguire

This story touches on two aspects of Irish society which were of great concern to people in the past. The first of those was tuberculosis or consumption as Seán calls it. This disease was very common in Ireland up until the 1930s and '40s. It affected mostly young people, the majority of whom were young women. Having the disease in the family was a cause of great shame and anyone who had the disease would have little prospect of marriage. The issue of who inherited the farm was also a sensitive issue. In this story the sick man's brother tells him that he cannot trust his young wife and that the farm should be left to him. As a consequence, the young woman's loyalty to the farmer is tested.

There was a boy from the place where I was brought up who was married to a nice young girl, and he wasn't very long married until he fell sick with consumption and the doctors had no cure for him.

"Well," said the young woman, "If you die, I'll be dead as soon as you, as soon as you."

"Oh, that's not possible," said the man.

"I will so," said she.

The boy's brother came to the sick man and he said,

"You have land and houses here, and you should make your will and not leave it all to the young woman."

"Och, there's no need to be talking about that," said he, "the young woman will die along with me."

"Well," said he, "you'll know which tonight. There is a big turkey-cock out there," said he, "and I'll pluck it tonight and I'll not leave a stab on it, it'll be like that threshold stone there, and I'll let it in through the door at twilight and you'll be in one corner and she in the other corner, and when she says, 'What's that coming in?', Oh, you say that it's death."

Rinne an fear mar a dúirt sé agus lig sé isteach an coileach Francach, agus bhí sé ag síneadh a mhuineál síos chuig an mbean óg, agus chraith an bhean óg a lámh ar an coileach Francach agus,

"Ní anseo an taobh ceart ar chor ar bith. Siud thall é! Siud thall é! Siud thall é!"

FÉACH: buachaille, cailín, bás, drearthár, h-uilig, isteach, tóigeadh, leigheas, gheibh, bhfear, mbean

The man did as he was told and he let in the turkey-cock, and it was stretching its neck down towards the young woman, and the young woman shook her hand at the turkey-cock and,

"This isn't the right side at all. He's yonder, he's yonder, he's yonder!"

An Págánach agus an Críostaí

Seán Mag Uidhir

Tá móitíf an uisce á húsáid anseo mar mhóitíf shoiléir Críostaíochta. Tá iarracht á dhéanamh an Págánach a bhaisteadh cé acu is maith leis é nó nach maith. Cuirtear faoin uisce é trí huaire, uimhir a fheictear arís agus arís eile sa bhéaloideas. Táthar ag meas gurb é an teaghlach foinse na huimhreach ar tús, an t-athair, an mháthair agus an páiste, agus gur comhartha torthúlachta é. Feictear an uimhir fosta sa Chríostaíocht i bhfoirm na Tríonóide naofa, an tAthair, an Mac agus an Spiorad Naomh. Is díol suime é go bhfuil macalla chleachtas a luaití sa Bhéaloideas maidir le húsáid uisce le triail a chur ar dhuine ón domhan eile sa scéal seo.

Págánach agus Críostaí, chuaigh amach a bhádáil lá amháin. Thit an Págánach amach as an mbád ins an uisce agus chuir sé síos chuig bun an uisce. Tháinig sé aníos chuig uachtar an uisce agus ar seisean leis an Chríostaí,

"Sábháil mé!"

"An gcreideann tú i nDia an uilechumhachtaí?" arsa an Críostaí leis an Phágánach.

"Ní chreidim," ar seisean.

"Bhuel, síos leat arís."

Chuaigh sé síos agus chuaigh sé síos chuig bun an uisce, agus tháinig sé anuas an darna uair agus,

"Sábháil mé! Sábháil mé!" ar seisean leis an gCríostaí.

"An gcreideann tú i nDia an uilechumhachta anois?"

"Ní chreidim," ar seisean.

"Bhuel, an gcreideann tú i nDia an uilechumhachtaí anois?"

"Ní chreidim," ar seisean.

"Bhuel, síos leat aríst," ar seisean.

Chuaigh sé síos agus an treas uair nuair a tháinig sé chuig barr an uisce, bhí sé dhá thachtadh.

The Pagan and the Christian

John Maguire

Water in this story is clearly a Christian motif. The Pagan is to be baptised whether he is likes it or not. He is immersed in the water three times, a number which surfaces regularly in folklore. It is believed that the family unit is the original source of this triad, the father, the mother and the child, and that it symbolises fertility. This number is also present in Christian doctrine in the form of the Holy Trinity, the Father, the Son and the Holy Spirit. It is interesting that this story exhibits vestiges of the old practice of testing by drowning which was carried out in order to confirm whether a person was from the Otherworld or not.

A Pagan and a Christian went out boating one day. The Pagan fell out of the boat into the water and he went down to the bottom of the water. He came up to the surface of the water and says he to the Christian,

"Save me!"

"Do you believe in God the Almighty?" said the Christian to the Pagan.

"I do not." said he.

"Well, down you go again."

He went down and he went down to the bottom of the water, and he came up the second time and,

"Save me, save me!" says he to the Christian.

"Do you believe in God the Almighty now?"

"I do not!" said he.

"Well, do you believe in God the Almighty now?"

"I do not!" said he.

"Well, down you go again," said he.

He went down, and the third time when he came up to the surface of the water he was choking.

"Ó, sábháil mé! Sábháil mé! Sábháil mé!" ar seisean leis an gCríostaí.

"An gcreideann tú i nDia an uilechumhachtaí anois?" ar seisean.

"Ó, creidim," ar seisean.

"Bhuel, síos leat anois," ar seisean, "nuair atá d'intinn maith agat is tá dúil is Dé go mbeidh d'anam sábháilte."

FÉACH: págánach, bhádáil, thit, mbád, anuas, darna, treas, aríst

"Oh, save me, save me, save me!" said he to the Christian.

"Do you believe in God the Almighty now?" said he.

"Oh, I do," said he.

"Well, down you go now," said he, "since you are of a good mind and I hope to God that your soul will be saved."

Bearnaí an Chustaim

Seán Mag Uidhir

Tá an scéal seo suite ar an Bhlaic, baile teorann i gCo. an Chabháin. Thug bunú na teorann agus an cogadh eacnamaíochta idir Sasain agus an Saorstát sna tríochaidí deis ar leith do na contaetha cois teorann ainmhithe, go háirithe eallach, agus go leor eile a chur trasna an teorainn ar neamhchead do lucht na gCustam. Tá léiriú beag ar an tsaol sin sa scéal seo.

Bhuel, bhí beirt buachaill ag ól istigh i dtigh óstas ins an mBlaic, baile beag atá le mo thaobhsa, agus d'ól siad go raibh siad ar bog-mheisce. Agus chuaigh siad amach chun an bóthair agus nuair a tháinig siad amach chuig Bearnaí an Chustaim, arsa duine dhen na buachaillí leis an duine eile,

"Ara, a chladhaire," ar seisean, "níl aon aonach inniu," ar seisean, "ach dhá mbeadh sealbhán caoirigh agam inniu gheobhainn amach iad gan custam," ar seisean.

"Thug tú d'éitheach," arsa an buachaill eile, "ní ligfinnse dhuit a gcur amach."

"Thug tusa d'éitheach! Cuirfidh mé amach de d'ainneoin iad," ar seisean.

"Amach libh!" arsa an buachaill.

"Isteach libh!" arsa an buachaill eile.

Bhí siad ag troid fá na caoirigh agus gan aon chaoirigh ná aon ní acu ar bith, agus tháinig fear chucu agus ar seisean,

"Caidé seo atá sibh a dhéanamh anseo? Ag troid agus ag bruíon. Níl ciall ar bith ar mur scéal," ar seisean, "Fágaigí ar ráite an chéad fhear a gheofas sibh suas leis, socraibh eadraibh," ar seisean.

"Bhuel, dhéanfaimid sin," arsa na buachaillí.

D'imigh leofa agus fuair said suas le fear a raibh sac mine aige ar dhroim a bheathaigh, agus shiúil sé giota beag agus ar seisean,

"Ní thig liom," ar seisean, "a shocrú eadraibh go dtigidh sibh giota beag eile."

The Custom Point

John Maguire

This story is situated in Blacklion near the border of Co. Cavan. The establishment of the border and the economic war between Britain and the Free State in the 1930s made the border counties ideal locations to smuggle animals, particularly cattle, and other goods at the expense of Customs and Excise. This story gives us a small insight into that world.

Well, there were two boys drinking inside in a public-house in Blacklion, a small town beside me, and they drank until they were nice and merry. And they went out on the road and when they came out to the custom point, one of the boys says to the other one,

"Arra, you boy-o," said he, "there's no fair today," said he, "but if I had a flock of sheep today, I'd get them past despite the custom."

"You're a liar," said the other boy, "I wouldn't let you get them out."

"You're lying! I'll get them out in spite of you," said he.

"Out you go!" said the boy.

"In you come," said the other boy.

They were fighting about the sheep and neither of them had a single sheep or anything else, and a man came to them and said he,

"What's this you're doing here? Fighting and quarrelling. There's no sense at all to your story," said he, "Let the words of the first man you meet decide it, settle it between you." said he.

"Well, we'll do that," said the boys.

Off they went and they caught up with a man who had a sack of meal on his horse's back, and he walked another little bit, and he said,

"I can't," said he, "decide between you 'til you come another little bit."

Tháinig siad giota beag eile agus leag sé an sac anuas bho dhroim a bheathaigh, agus leag sé ar bhalla an droichid é. Ghearr sé an sreangán ar bhéal an sac agus chraith sé an min síos ins an uisce agus bhuail sé an sac ar bhalla an droichead.

"Bhuel, an breithiúnas a bhéarfas mise oraibh," ar seisean, "níl unsa gcéille i gceachtar agaibh ach oiread is tá min in mo shac."

FÉACH: mBlaic, gceachtar, caoirigh, socraibh, dtigidh, óstas

They came another little bit and he took the sack down from his horse's back, and placed it on the wall of the bridge. He cut the string on the top of the sack and shook the meal down into the water, and struck the sack off the wall of the bridge.

"Well, the judgement I'll make," said he "is that neither of you has an ounce of sense," said he, "no more than there's meal in my sack."

Muileann an Iarainn

Seán Mag Uidhir

Tá an scéal seo suite i Muileann an Iarainn. Co. an Chabháin.
Luaitear An Cuilceach, sliabh atá i gceantar Ghleann Ghaibhle agus
i ndeas do Log na Sionainne, chomh maith le Binn Eachlainn i gCo.
Fhear Manach, an sliabh is faide ó thuaidh i gcnocraon na
gCuilceach. Is dócha gur ag tagairt do na foirnéisí iarnchloiche a
bhíodh fá cheantar Mhuileann an Iarainn tráth atá an scéal seo.

Triúr Sasanaigh a tháinig aniar chuig baile cóngarach dhon áit a bhfuil
mise i mo chónaí agus fuair siad iarann faoin tsliabh ann. Agus thoisigh
siad ag rith an iarainn agus dá leaghadh. Agus chuir siad suas muileann
agus bhí siad ag déanamh neart airgid ins an áit ach ní bheireann siad
obair do dhuine ar bith ach duine dá seort féin.

Bhí fear ins an chomharsa sin a dtugadh siad Traolach Buí air, agus
níl rud ar bith a d'iarrfadh sé ar na Daoine Maithe a bhí thuas ar bharr
an tsléibhe, an áit a raibh a gcaisleán, nach ndéanfadh siad dó. Chuaigh
sé suas agus labhair sé isteach ins an chaisleán chuig na Daoine Maithe
agus ar seisean,

"Ó, a Chuilcigh na séad," ar seisean, "ná lig do mhasla le d'aois, gur
sine thú féin ná an méid seo tháinig chun an tsaoil. Bris agus réab fá
thaobh an mhuilinn seo síos agus scuab go Loch Éirne lucht Béarla agus
*wig*eannaí buí."

Tháinig an tuile iarainn anuas bhon tsliabh, bho Bhinn Eachlainn, agus
níor fhág sé muileann ná *wig* ná fear acu nár scuab sé síos go Loch Éirne.

FÉACH: triúr, leaghadh

Swanlinbar

John Maguire

> This story is situated in the Swanlinbar area of Co. Cavan. Cuilcagh
> mountain is mentioned which is in the Glengevlin Gaeltacht and
> near the Shannon Pot. Benaughlin is in Co. Fermanagh and is the
> northernmost mountain in the Cuilcagh range. This story probably
> refers to the iron-smelting furnaces which operated in the
> Swanlinbar area in the past.

Three Englishmen came west to a town close to where I live and they
found iron under the mountain there. And they began to cast the iron
and to smelt it. And they put up a mill and were making plenty of
money in the place, but they would give work to no one but their own
kind.

There was a man in that area they used to call Yellow-haired Traolach
and there is nothing that he would ask of the fairies, who were up on
top of the mountain, where their castle was, that they wouldn't do for
him. He went up and he spoke into the castle to the fairies, and he said,

"Oh Cuilcagh of the treasures," said he, "don't allow insults because
of your age, you yourself are older than this lot who have come into the
world. Break and tear asunder everything down the side of this mill
and sweep the English speakers and yellow wigs out to Loch Erne."
The flood of iron swept down the mountain, from Benaughlin, and
there was not a mill, wig, or man that it did not sweep down to Loch
Erne.

318

Cainteoirí Cho. Ard Mhacha

Máire Ní Arbhasaigh
1856–1947

Tháinig Maire Ní Arbhasaigh ar an tsaol i gCluain an Laig, Co. Ard Mhacha. Chaith sí bunús a saoil ansin diomaite de thréimhse seacht mbliana a chaith sí i Meiriceá nuair a bhí sí ina bean óg. Tá sí luaite le Síolach, Crois Mhic Lionnáin agus an Creagán fosta, áiteacha nach raibh an fhad sin ó Chluain an Laig. Bhí léar ainmneacha á n-úsáid do Mháire fosta, ina measc bhí Harvessy, Harvey, Ó hArbhasaigh, Bean Uí Armheadhaigh, Ní hArbhasaigh agus Harrassey. Bhailigh Lorcán Ó Muirí amhráin uaithi agus is Bean Uí Airmhéadaigh a thug seisean uirthi. Thóg sé leagan de "Caithí na gCiabh" uaithi i 1923. De réir an Personal-Bogen, bhí an Ghaeilge agus an Béarla mar mháthair theangacha aici. Bhí léamh agus scríobh an Bhéarla aici agus cuirtear síos uirthi mar dhéantóir lása. Ba léir nach raibh cleachtadh ag Máire ar labhairt na Gaeilge fán am ar tógadh ábhar Doegen uaithi. De réir Cosslett Uí Chuinn bhí lasta breá amhrán agus paidreacha aici ach ní raibh sí in ann comhrá a dhéanamh i nGaeilge. Bhí Máire den bharúil go raibh sí muinteartha don fhile Art Mac Cumhaigh agus bhí amhrán dá chuid ar eolais aici a d'fhoghlaim sí óna máthair agus a máthair mór.

Máire Ní Arbhasaigh ar clé I is on the left

Co. Armagh Speakers

Mary Harvessy
1856–1947

Mary Harvessy was born in Clonalig, Co. Armagh. She spent her whole life there apart from the seven years she spent in America when she was young. She is also associated with Sheelagh, Crossmaglen and Creggan, all of which are quite close to Clonalig. A wide variety of surnames were used for Mary also: Harvessy, Harvey, Ó hArbhasaigh, Bean Uí Armheadhaigh, Ní hArbhasaigh and Harrassey. Lorcán Ó Muirí collected songs from her and he called her Bean Uí Airmhéadaigh. He collected a version of "Caithí na gCiabh/Kitty of the curls" from her in 1923. According to her Personal-Bogen, both Irish and English were her mother tongues. She could read and write English and is described as a lacemaker. It is clear that by the time the Doegen material was collected from Mary she had not had much opportunity to use her Irish and was very much out of practice. According to Cosslett Quin, she had a large store of songs and prayers but could not hold a conversation in Irish. Mary held that she was related to the poet Art McCooey and she knew songs of his which she learned from her mother and grandmother.

Úirchill an Chreagáin

Máire Ní Arbhasaigh

Tá Úirchill an Chreagáin leis an fhile Art Mac Cumhaigh (1738–1773) ar cheann de na hamhráin is iomráití in oirdheisceart Uladh. Is sampla é den 'aisling' a bhí i mbuaic a réime san 18ú haois. Is iad na príomhthréithe a bhíodh ag an aisling nó go lonnaítí an dán in áit diamhaireach, sa chás seo an reilig ina raibh Clann Uí Néill curtha; bhí Clann Uí Néill ina bpátrúin ag na filí sa cheantar. Dhéantaí cur síos ar áilleacht na spéirmhná agus dhéantaí comparáid idir í agus cuid ban an ré chlasaicigh. Shéanfadh an spéirbhean na comparáidí seo agus déarfadh sí gurbh Éire í. Ag deireadh an dáin nó an amhráin, bhéarfadh sí teachtaireacht don fhile a thuarfadh go dtiocfadh an rí Stíobhartach, na Spáinnigh nó na Francaigh i dtarrtháil ar Éirinn. Ní leanann aisling Mhic Cumhaigh an patrún go díreach nó níl tarrtháil ar fáil don tír, níl ann ach go bhfuil cuireadh ar an fhile tamall a chaitheamh i dtír na meala áit nach ngoillfidh droch-chás na tíre air tamall. Bhí Máire Ní Arbhasaigh muinteartha do Art Mhac Cumhaigh ar thaobh a máthara agus ba uaithise a fuair Máire an leagan seo.

Ag Úirchill an Chreagáin, ó 's é codail mise aréir faoi bhrón,
's le héirí na maidne tháinig ainnir fá mo dhéin le póig;
ó bhí gríos-ghruaidh dhaite aici 's bhí loinnir ina céibh mar ór,
's b'íocshláinte an domhain é a bheith ag amharc ar an óighbhroinn óg.

Ó a théagair is a chuisle, ó más cinniúint duit mé mar stór,
ó éirí do sheasamh agus siúil liomsa siar sa ród;
go tír deas na meala nach bhfuair Gallaibh inti réim 's nach bhfuigheadh;
gheobhaidh tú aoibhneas i halla ann mo mealladhsa le siamsa an cheoil.

Creggan Graveyard

Mary Harvessy

Úirchill an Chreagáin by the poet Art Mac Cumhaigh (1738–
1773) is probably one of the best-known Irish language songs of
south-east Ulster. It typifies the 'aisling' or vision-poem which was
at its height in the 18th century. The main characteristics of the
vision-poem are that the poem is set in a secluded place, in this
case the graveyard in which the O'Neill clan is buried; the O'Neills
were patrons to the poets of the area. The beauty of the woman
who appears in the vision is described and she is compared to a
host of beauties from the Classical Age. She rejects these
comparisons and says that she is simply 'Ireland'. At the end of the
song or poem, she gives the poet a message which foretells the
liberation of Ireland by either Bonnie Prince Charlie, the Spanish
or the French. This vision-poem does not follow the usual pattern
in that no hope is held out for the liberation of Ireland; instead the
poet is asked to spend some time with the beautiful woman so that
he can forget his country's woes. Mary Harvessy's mother, from
whom she got this version of the song, was related to Art Mac
Cumhaigh.

At the graveyard at Creggan in sorrow last night I slept,
and with daybreak a fair maid came towards me with a kiss;
O, she had glowing-rosy cheeks, and her hair shone like gold,
but it would cure all ills to view the young virgin.

My dear, my loved one, if you are destined to have me as your love,
O, rise up and walk with me west along the road;
to the land of sweet honey where the stranger does not rule, nor
would,
and you'll be enchanted in a hall there, enticing me with amusing
song.

Ó a théagair 's a chuisle, ó más cinniúint duit mé mar stór,
tá tú gan éideadh, gan urradh, bearránach bocht, baoth gan dóigh;
nach mb'fhearr duit ins na liosa agus mise led' thaobh gach nóin,
ó ná saighde Chlann Bhullaí bheith polladh fríd do chroí go deo.

FÉACH: tháinig, annir, sheasamh, ród, bhfuigheadh, mbhfearr, codail,
amharc

My dear, my loved one, if you're destined to have me as your love,
you are without clothes, without sustenance, a poor rogue undone;
is it not better for you to be with me in this fort every afternoon,
than have the arrows of the Williamites piercing your heart for
evermore.

Bruach Dhún Réimhe

Máire Ní Arbhasaigh

Seo leagan de dhán eile le Art Mac Cumhaigh ar a dtugtar Mairgneach fá Chaisleán na Glasdromainne. Bhí an caisleán seo mar phríomhchaisleán ag clann Uí Néill i ndeisceart Uladh agus feictear don fhile go bhfuil fothracha an chaisleáin mar fhianaise ar dheireadh ré Uí Néill na bhFeadha. Tá an leagan seo cosúil go maith leis an leagan atá sa leabhar 'Amhráin Chúige Uladh' ach go bhfuil athrú i gcuid de na línte agus ord na rannta athraithe. Cé nach cuimhneach le Máire iomlán an dáin, bhí an dán uilig cluinste aici óna máthair blianta roimhe sin.

Aige bruach Dún Réimhe ar uaigneas lae,
ó, ba shnuamhar géaga bláth-geal;
is é cuala mé géimneach cuantaí Éireann,
Agus fuaim sna spéarthaí in airde.

Is a rá gur baoth a bhí mó scéal,
is mo chroí faoi léig 's sparrthaí;
plúr na n-éan ag fógradh an scéil,
ó le cumhaidh gur éag na cágaí.

Gur fuadaíodh Félim uasal tréitheach,
suas go Laighean dá bhás a fháil.
d'Eoghan Rua mo léan a fuaigh uainn i gcré,
'sé ruaigfeadh an cheitheirne Gallda.

Nuair a chuala an t-éan é, labhair Uí Néill,
ó le gruaim gur éirigh in airde;
agus d'fhág sé a sciatháin síos go féar,
agus bhuail sé a thaobh go cráite.

Elegy for Glasdrummond Castle

Mary Harvessy

This is a version of another Art Mac Cumhaigh poem, The Elegy
for Glasdrummond Castle. It was the main residence of the O'Neill
clan in south Ulster and the ruins of the castle are a reminder to the
poet of the end of reign of the O'Neills of the Fews. This version
is quite close to the version which appears in 'Amhráin Chúige
Uladh' except for some changes in some of the lines and in the
verse order. Although Mary does not remember the entire poem,
she had heard the full version from her mother in the past.

At Dunreavy riverbank at the break of day,
oh, lovely were the bright-flowered branches;
I heard the moaning of Ireland's bays,
and the clamour in the skies above me.

And to say that sorrowful was my tale,
and that my heart was heavy and weighed down;
The king of birds has proclaimed the tale,
that the caws have died of longing.

Noble, accomplished Félim has been abducted,
to Leinster for to die.
Owen Roe, my woe, has gone to his grave,
who would rout the foreign soldiers.

When the bird heard me, O'Neill spoke,
oh, with sorrow it flew above;
and it dropped its wings down to the grass,
and it wretchedly beat its side.

Ag rá gur buartha a bhí mo scéal,
mo chroí faoi liagaibh sparrthaí.
dá gcuartóinn féin fán teampall féin,
go bhfaighinn in iúl ar chré 's chnámh iad.

FÉACH: aige, snuadhmhar, uasal, thaobh, buartha, liagaibh, sparrthaí,
gcuartóinn

Saying that sorrowful was my tale,
my heart under tombstones battened;
if I only I had looked about the church,
until I'd found their very bones there.

'Sé mo Léan

Máire Ní Arbhasaigh

Scríobhadh roinnt amhrán faoi Catherine Tyrell a raibh cónaí uirthi i ndeas do Bhaile an Tirialaigh i gCo. na hIarmhí. Orthu sin bhí Caithí na gCiabh, Cití na gCuach agus Caitlín Tiriall. Is sampla maith an t-amhrán atá againn anseo den dóigh ar sníodh leaganacha éagsúla de na hamhráin le chéile de réir mar a tháinig an t-amhrán aniar sa traidisiún béil chugainn. Meastar go dtéann an bunamhrán siar go dtí an 17ú haois agus bhí leagan leagtha ar Chathal Buí Mac Giolla Ghunna cé go dtuigtear anois nach eisean a chum an t-amhrán.

'Sé mo léan go bhfacha –
'Sé mo léan go bhfacha mé dearg nó donn,
'sé mo léan go bhfacha mé bruach na dtonn.
'Sé mo léan go bhfacha mé do chúla liom,
Ó, is a Chaithtí, a stór tá mé breoite tinn.

Is a Chaithtí is tú a mhearaigh, tú a bhreoigh mo chiall,
is d'fhág m'intinn ar mearadh gach aon lá le bliain.
Is gur dhúirt tusa liomsa is dúirt tú fá dhó,
nach ndéanfá mo mhalairt a choíche is go deoidh.

Go bhfacha mé thusa le fear eile ag ól
ar chúl an tor dreasóg, do ghloine i do dhorn.
"Ó," arsa an Dadaidh is é ag ól an dí,
Gheobhaidh tusa Caithtí ar an stól ina suí,
Gheobhaidh tusa Caithtí ar an stól ina suí,
agus tabhair leat abhaile in do bhanríon í."

FÉACH: bhfaca, bruach, bhanríon, dreasóg, deoidh

Woe is me

Mary Harvessy

A number of songs have been written about Catherine Tyrell who lived near the town of Tyrrellspass in Co. Westmeath. Among those were Lovely-haired Kitty, Kitty of the curls, and Cathleen Tyrrell. This song illustrates the way in which different versions of songs were strung together as they were passed on through the oral tradition. The original song was probably composed in the 17th century and a version of it was attributed to the poet Cathal Buí Mac Giolla Ghunna, although is it now believed that it was not one of his compositions.

Woe is me that I have seen red or brown,
woe is me that I have seen the seashore.
Woe is me that I have seen your back to me,
O, Kitty my love, I am sick and feeble.

And, Kitty, you have bewildered and confused my senses,
and left my mind deranged each and every day for a year.
And you said to me, and you said it to me twice,
that you would never ever replace me.

I saw you drinking with another man,
behind the thorn-bush with your glass in your hand.
"O," said the Daddy as he drank a draught,
"You will find Kitty sitting on the stool,
you will find Kitty sitting on the stool,
and take her home with you as your queen."

Rian 37, DD 2

Tá mé Buartha

Máire Ní Arbhasaigh

Tá mé buartha tréith-lág [   ],
fá rún mo chléibh is níl mo leigheas ins an tír,
mur bhfaighe mé do póg rachaidh mé faoi fhód.
Chuala mé a stór gur claoin tú.
A Dhia gan tú agam in mo líontaí,
níl meas ar do ghrá gos íseal.
Dar leabhra le mo bhéal is tabhair leigheas ar m'aicíd,
Ó, is cha déanainn do mhalairt a choíche.

FÉACH: chuala, choíche, gos íseal, cha déanainn

I am Grieved

Mary Harvessy

I am grieved and powerless [   ],
about the love of my heart,
and there's no cure in the land for me,
unless I get your kiss, I'm headed for the grave;
I have heard, my love, that you have refused me,
Lord, if only I had you in my clutches,
there is no quiet respect for your love;
If you spoke to me to give me a cure for my complaint,
O, and I never would replace you.

Caitríona Ní Mhórdha

Máire Ní Arbhasaigh

Tchítear anseo an gnás a bhíodh san fhilíocht agus sna hamhráin scéimh na mná a chur i gcomparáid le bandéithe clasaiceacha. Tá Caitríona, mar shampla, níos áille nó Venus. Tá rann a dó den amhrán seo iontach doiléir ach tá mo dhícheall déanta agam a thuigbheáil cé nach bhfuil ciall mhaith mhór leis an toradh.

Ó, a Chaitríona Ní Mhórdha an óigbhean maiseach,
a thug barr deise ar Venus,
's í seo an cúilfhionn mhúinte bhéasach,
a gile gan smúid a fuair clú ban Éireann,
an fhaoileann óg is milse póg.

Is gur Caitríona Ní Mhórdha a tráchtfaí,
in ainm na mbruigh-bhan láidir,
is minic a thug cíos ins an áit seo;
ó, an lon dubh an t-éan atá gnaíúil daite,
is é siúd atá mé a ráitigh.

FÉACH: Venus, cúilfhionn, ráitigh

Caitríona Ní Mhórdha

Mary Harvessy

This song illustrates the practice of comparing the woman's beauty
to classical goddesses. Caitríona, for example, is fairer than Venus.
Verse two of this song is particularly difficult to decipher. I have
attempted a transcription although it is not entirely successful.

O, Caitríona Ní Mhórdha the lovely young woman,
who surpassed Venus in beauty,
She is the fair one of good grace and deportment,
O, bright-one without stain,
who was famed above all women of Ireland,
the fair maiden whose kisses are sweetest.

It is to Caitríona Ní Mhórdha they would refer,
in the name of the strong, fairy-fort women,
who have often paid their due in this place;
O, the black bird is a comely coloured bird,
it knows that it is to her I'm referring.

Cainteoirí Cho. Dhoire

Eilís Ní Chléirchín
1857–1935

Ba an Leaba, Baile na Croise, Eilís Ní Chléirchín. Tháinig sí ar an tsaol i nGleann Gamhna agus chuaigh sí chun na scoile i mBeannchrán. Pósadh ar Sheán Ó Donghaile as an Leabaidh i 1896 í agus bhí triúr clainne orthu. Chaith sí a saol sa cheantar. Ba í an Ghaeilge a céad teanga agus bhí Béarla aici fosta, idir léamh agus scríobh. Fán am ar tógadh an t-ábhar anseo uaithi bhí a cuid Gaeilge briste go maith. De réir Éamoinn Uí Thuathail ní raibh ach duine amháin eile sa cheantar a bhí in ann comhrá a dhéanamh léi i nGaeilge.

Co. Derry Speakers

Eilis Clerkin
1857–1935

Eilis Clerkin was from Labby, Draperstown. She was born in Glengamna and went to school in Bancran. She married John Donnelly from Labby in 1896 and they had three children. She spent her whole life in the area. Her first language was Irish, and she spoke English and could read and write it. By the time the Doegen material was collected from Eilis, her grip on the language had weakened considerably. According to Éamonn Ó Tuathail there was only one other person in the locality with whom she could have a conversation in Irish.

Scéal an Arbhair

Eilís Ní Chléirchín

Bhí Lá Fhéile Mhíchíl, 29ú Meán Fómhair, mar chomhartha go raibh deireadh leis an fhómhar. Bhíodh nós ann gé a ithe ar lá na Féile agus mharaítí caora nó a leithéid le roinnt ar dhaoine níos boichte sa phobal. Ba seo an lá a n-íoctaí cíos agus fiacha fosta. Is cosúil go dtáinig 'Michaelmas' anuas chugainn ó na Normannaigh agus nach raibh mór-thábhacht leis mar fhéile roimh a dteacht. Sa scéal seo táthar ag agar ar Naomh Mícheál cuidiú leis an fheirmeoir an t-arbhar a shábháil.

Bhí Seán 'ac na Midhe lá amháin agus bhí sé ag baint arbhair, agus lá Fhéile Mhícheáil a bhí ins an lá, agus bhí sé gaothach. Bhí gaoth ard ann agus bhí an t-arbhar ag gráinneach, ag titeadh suas lena bhéal – lena aghaidhe – agus sheasaigh sé suas agus bhí an corrán ina lámh aige, agus ar seisean,

"Séid, séid, Mícheál na gaoithe, is é do dhúshlán an cochán a thabhairt leat."

FÉACH: gaoth, titeadh, aghaidhe, Mícheál

The Story of the Grain

Eilis Clerkin

St. Michael's Feast, 29th September, marked the end of the
harvest. There was a tradition of eating a goose on the Feast day
and sheep or other animals were slaughtered to share with the
poor within the community. This was also the day on which rent
and debts were paid. It appears that Michaelmas was bequeathed
to us by the Normans and that it was not a particularly important
feast day before their arrival. In this story St. Michael is being
asked to help save the corn.

Seán Mac na Midhe was cutting corn one day, and it was Saint
Michael's Feast day, and it was windy. There was a high wind and the
corn was the grain, it blew into his mouth – his face – and he stood
up, with the sickle in his hand and he says,
    "Blow, blow, Michael of the wind, your challenge is to take the
chaff with you."

Rian 40, DD 2

Scéal Mháirí Bheag Ní Cheallaigh

Eilís Ní Chléirchín

Seo scéal simplí faoi dhéideadh a bheith ar dhuine de na comharsana.

Bhí Máirí bheag Ní Cheallaigh lá amháin agus chuaigh sí isteach go toigh Thadhg 'ac Alastair, agus bhí Tadhg ina shuighe ag an tinidh agus bhí sé ag caoineadh, agus arsa Máirí leis,
   "Tadhg, a chroidhe, caidé tá contráilte leat?"
Agus ar seisean léithe,
   "A Mháirí, a chroidhe, chaill mé mo sheandhuine mhuinteartha, m'fhiacail."
   "Ó, ná bí buartha ina thimcheallt, ná bí ag caoineadh ina thimcheall. B'fhéidir nach raibh sí ceann mhaith. An raibh sí ag crathadh ag an bun?"

FÉACH: shuighe, caoineadh, timcheallt, tinidh

The Story of Wee Máirí Ní Cheallaigh

Eilis Clerkin

This is a simple tale about a neighbour losing his tooth.

One day wee Máirí Ní Cheallaigh went into Tadhg Mac Alistair's house, and Tadhg was sitting at the fire and he was crying, and Máirí says to him,

"Tadhg, love, what's wrong with you?"

And he says to her,

"Máirí love, I have lost my dear old friend, my tooth."

"Oh, don't be worried about it, don't be crying about it. Maybe it wasn't a good one. Was it shaking at the root?"

Scéal an Bhracháin

Eilís Ní Chléirchín

Seo scéal beag simplí fá dhéanamh bracháin fá choinne an tsuipéir.

Bhí Néillí na mBrístí am amháin agus bhí sé ar lóiste aige Séamas 'ac
Ceallaigh, agus bhí Séamas ag goil ar shiúl lá amháin, agus ar seisean
le Néillí,
    "Téan an suipéar."
Agus chuir Néillí pota mór ar an tinidh – agus chuir sé – rinne sé an
suipéar agus nigh sé tobán mór agus chuir sé leath an bhracháin a bhí
ins an phota ins an tobán mór. Agus nuair a tháinig Niall 'na mbaile,
ar seisean leis,
    "Caidé thug ort an oiread sin bracháin a dhéanamh?"
Agus arsa Néillí leis,
    "Mura bhfuil do sháith ansin tá a thuilleadh ins an tobán."

FÉACH: aige, téan, leath, brachán, 'na mbaile

The Story of the Porridge

Eilis Clerkin

This simple story about making porridge for supper.

Néillí the Trousers was one time lodging with Séamas Mac Ceallaigh
and Séamas was going out for the day, and says he to Néillí,
    "Make the supper."
And Néillí put a big pot on the fire and he made the supper, and he
washed a big tub and put half of the porridge which was in the pot
into the big tub. And when Néillí came home, he says to him,
    "What made you make so much porridge?"
And says Néillí to him,
"If there isn't enough for you there, there's more in the tub."

Tomhas

Eilís Ní Chléirchín

Bhíodh tomhasanna coitianta sa bhéaloideas. Is gnách go dtabharfaí cuntas ealaíonta, fileata agus go minic osnádúrtha ar ghnáthghnéithe den tsaol. Is seo thíos cuntas ar 'choscairt ar shneachta'.

Tháinig éan gan chleite agus shuigh sé ar bharr na creige,
Tháinig éan gan béal agus d'ith sé an t-éan gan chleite.

A Riddle

Eilis Clerkin

Riddles were very common in the oral tradition. Ordinary objects
and life-events were described in artistic, literary and sometimes
surreal ways. In this case the subject is 'melting-snow'.

A bird without feathers came and sat on the top of the rock,
A bird without a mouth came and ate the bird without feathers.

Rian 43, DD 2

Bhí Seanbhean ann uair Amháin

Eilís Ní Chléirchín

Seo scéal beag grinn ar dócha go raibh sé dírithe ar pháistí. Luaitear an focal 'iteannadh' sa scéal agus is cosúil gur leagan de 'faithneadh' atá ann a úsáidtear go fóill i dTír Chonaill sa chiall 'wart'.

Bhí seanbhean am amháin agus chuaigh sí ar an chéilí go Contae Thír Eoghain, agus an toigh a chuaigh sí ann, bhí dhá ghasúr ann. Agus arsa – Bhí sí cosnochtaithe agus bhí t-iteannadh ar a cosa. Bhí dhá ghasúr ins an toigh agus arsa an gasúr leis an cheann eile,

"Faigh an tuaigh, a Phádraig, go ngearrfaimid na préataí beaga de na cosa aici."

FÉACH: cosnochtaithe, an toigh, an t-iteannadh

There was an Old Woman one Time

Eilis Clerkin

This is a little humorous anecdote which may have been for children. The word 'iteannadh' is mentioned in the story and is probably a version of the word 'faithneadh' which is still used in Donegal, usually in the sense 'wart'.

There was an old woman one time and she went to a céilí in County Tyrone, and there were two boys in the house she went into. She was barefoot and she had bunions on her feet. There were two boys in the house and one boy says to the other one,

"Get an axe, Patrick, until we cut the wee potatoes off her feet."

Grianghraif | Photographs

Seán Ó Domhnaill

Grianghraf as *Glórthaí ón tSeanaimsir: Doegen agus Béaloideas Uladh* le Nollaig Mac Congáil & Ciarán Ó Duibhin

Photograph from *Glórthaí ón tSeanaimsir: Doegen agus Béaloideas Uladh*, Nollaig Mac Congáil & Ciarán Ó Duibhin

Séamus Ó Casaide

Grianghraf as *Zehn Irische Volkserzählungen aus Süd-Donegal* le Ludwig Mühlhausen

Photograph from *Zehn Irische Volkserzählungen aus Süd-Donegal*, Ludwig Mühlhausen

Seaghan mac Meanman

Grianghraf ó Chnuasach Bhéaloideas Éireann, an Coláiste Ollscoile, Baile Átha Cliath

Photograph from the National Folklore Collection, University College Dublin

Feidhlimidh Mac Grianna

Grianghraf ó Bhreandán Ó hAirbhith, Béal Feirste (Suffolk)

Photograph from Brendan Ó hAirbhith, Belfast (Suffolk)

Eoin Ó Cianáin

Grianghraf ó Chnuasach Bhéaloideas Éireann, an Coláiste Ollscoile, Baile Átha Cliath

Photograph from the National Folklore Collection, University College Dublin

Máire Nic Daibhéid agus Pádraig Ó Gallchobhair

Grianghraf as an *Irish Independent*, 8 Deireadh Fómhair, 1931

Photograph from the *Irish Independent*, 8 October, 1931

Brighid Ní Chaslaigh

Grianghraf as *Omeath: its history, ancient and modern* le Lorcán Ó Muireadhaigh

Photograph from *Omeath: its history, ancient and modern*, Lorcán Ó Muireadhaigh

Mícheál Mac Thiarnáin

Grianghraf ó Helen McKernon, Áird Rosain, Albain

Photograph from Helen McKernon, Ardrossan, Scotland

Brian Mac Amhlaoibh

Grianghraf ó Chnuasach Bhéaloideas Éireann, an Coláiste Ollscoile, Baile Átha Cliath

Photograph from the National Folklore Collection, University College Dublin

Seán Mag Uidhir

Grianghraf as *Breifne*, Iml. 8, Uimh. 1

Photograph from *Breifne*, Vol. 8, No. 1

Máire Ní Arbhasaigh

Grianghraf as *A Hidden Ulster: People, songs and traditions of Oriel* le Pádraigín Ní Uallacháin

Photograph from *A Hidden Ulster: People, songs and traditions of Oriel*, Pádraigín Ní Uallacháin

Aguisín 1 | Appendix 1

[Leaflet of Instructions]

DOEGEN RECORDS SCHEME.

Each of the selected speakers will be expected—

(a) to sing a few verses of a song, or to tell a short story, or a few local anecdotes, etc.;

(b) to recite the parable of the Prodigal Son on the basis of the enclosed version by Canon O'Leary.

It is requested that the following points be most carefully noted by all concerned in the training of speakers.

(1) while it is desirable that speakers should articulate as distinctly as possible, they should be encouraged above all to speak quite naturally and in everyday tones.

(2) The enclosed text is meant to serve as a head-line for speakers. While the story should be closely followed, and under no circumstances abbreviated, anything in it which is foreign to the ordinary speech of the district should not be used. Teachers are accordingly requested to alter any unfamiliar words or idioms beforehand, substituting the local equivalents. Further, speakers should be encouraged, when reciting the parable, to reject all words, inflections, and idioms which are unfamiliar to them in favour of those in use locally.

(3) The text (revised as far as necessary) should be read out to the speakers several times, and it is most desirable that they should be submitted to a final test immediately before their departure.

(Abstract of Minutes, Session 1928–29: 29
Proceedings of the Royal Irish Academy)

Dieden.
8/61

PERSONAL-BOGEN

Nr. ....   Ort: _Belfast_

Datum: _23. 9. 31_

Laut-Aufnahme Nr.: _LA 1208_   Zeitangabe: _7_

Dauer der Aufnahme: _3½ Min._   Durchmesser der Platte: _30 stm_

Raum der Aufnahme: _Queens Universität_

Art der Aufnahme und Titel (Sprechaufnahme, Gesangsaufnahme,
Choraufnahme, Instrumentenaufnahme, Orchesteraufnahme): _(1) Sgéal an arthur_

(2) Sgéal an Bhrochán (3) Sgéal Mháire Bheag Ní Ceallaigh (4) Sgéal Abhrabaill Mhic H Cormaith (5) Phrases

---

Name (in der Muttersprache geschrieben): _Eilís Mi Cleipcín (Mrs)_

Name (lateinisch geschrieben): _Mrs Donnelly._

Vorname: _Eilís_   Anschrift: _Labby Draperstown Cross County Derry. Ireland_

Wann geboren (oder ungefähres Alter)? _1857 - 74 yrs_

Wo geboren (Heimatprovinz)? _Glengamna. Draperstown._

Welche größere Stadt liegt in der Nähe des Geburtsortes? _Derry. Ireland._

Wo gelebt in den ersten 6 Jahren? _Glengamna_

Wo gelebt vom 7. bis 20. Lebensjahr? _do._

Was für Schulbildung? _Primary school._

Wo die Schule besucht? _Bancran. Draperstown._

Wo gelebt vom 20. Lebensjahr? _Glengamna._

Aus welchem Ort (bezw. Sprachbezirk) stammt der Vater? _Glengamna. Draperstown_

Aus welchem Ort (bezw. Sprachbezirk) stammt die Mutter? _Doon._   _do._

Beruf des Vaters? _Farmer._

Welchem Volksstamm angehörig? _Irish._

Welche Sprache als Muttersprache? _Irish._

Welche Sprachen spricht·er außerdem? _English._

Kann er lesen? _A little._   Welche Sprachen? _English_

Kann er schreiben? _do_   Welche Sprachen? _do._

Spielt er ein Instrument (ev. aus der Heimat)? _No._

Singt oder spielt er moderne europäische Musikweisen? _No._

Religion: _Catholic._   Beruf: _Farmers wife._

Vorgeschlagen von: 1. _Seamus O'Ceallaigh._

2. _Dr. Myles Dillon._

Beschaffenheit der Stimme: 1. Urteil des Fachmannes
(des Assistenten):

2. Urteil des Direktors der Lautabteilung
(seines Stellvertreters):

Die Lauturkunde wird beglaubigt: _Myles Dillon_

Aguisín 3 | Appendix 3

Liosta Cainteoirí agus Tagairtí Taifeadta

Seo liosta den ábhar a tógadh ó gach cainteoir atá sa leabhar seo de réir mar atá sé cláraithe ar fhoirmeacha na "Personal-Bogen". Bhí uimhir thagartha le gach pláta chomh maith, mar shampla, LA1236. Sa chás is gur athraigh mé teideal, tá an leagan atá in úsáid sa leabhar seo idir luibíní.

Dún na nGall

Seán Ó Domhnaill, Rann na Feirste
LA1236 agus LA1241 Gruagach an Ghaiste.

Séamus Ó Casaide, Ceapach, Teileann
LA1269 agus LA1270 Story: Bhí buachaill óg ins an áit s'againne (Padaí Ultach).

Pádraig Ó Siadhail, Ard Bán, Míobhaigh
LA1231 Story: An tIasgaire (Soir go Bengal).
LA1232 Story: Mac an Ríogh & Nighean an Ghréasuidhe Bróg (Mac an Rí agus Níon an Ghréasaí Bróg).

Pádraig Mac Conaglaigh, Fanad
LA1252 Story: An bheirt a bhí thall in Albain; Story: Mánas Ó Muilleagáin
LA1253 Saighdiúir a bhí ag imirt na gCardaí sa Teampall (An Saighdiúir a d'imir Cardaí sa Teampall).

Tomas Ó Gallchobhair, Baile an Chaisil, Ard an Rátha
LA1257 Stories: Cú Chulainn; Gleann na Smól.
LA1258 Story: Goll & an bhean mhór (Goll Mac Morna agus an Bhean Mhór); numbers 1–30; Days of the week.

Seaghan Mac Meanman, Ceann Garbh, Na Gleannta
LA1249 Story: An dá Mhurchadh agus na Cait Fhiáine (Murchadh Mór agus Murchadh Beag).

Nóra Uí Chliútaigh, an Ghlasaigh, Fánad
LA1254 Story: An tÓgánach Mór
LA1255 Story: Goll (Goll Mac Morna agus Fianna an Domhain Thoir); Story: Cuid Mná Fhiannú na hÉireanna (Bean Dhiarmuid Dhoinn).

Feidhlimidh Mac Grianna, Rann na Feirste
LA1234 Story: Sgéal an tShean-Ghábha (Scéal an tSeanghabha); Numbers 1–30.
LA1235 Story: Sgéal an tsionnaigh (Scéal an tSionnaigh); Verse prayer: Paidir na Maighdine Muire.

Aodh Ó Dubhthaigh Tulach Uí Bheaglaoich, Gort an Choirce
LA1275 Teagasc Críosdaidhe an Chonnachtaigh (Teagasc Críostaí an Chonnachtaigh).
LA1276 Na Trí Naomh ar a mbealach go Toraigh; Salve Regina.

Diarmuid Mac Giolla Cheara, Iorras, Cluain Maine
LA1261 Stories: Cailín a thug stán líonta & bádaí do na daonibh (Na Cupáin Tiontaithe); Amadán Shliabh Gad.

Doiminic Ó Gallchóir, Doire an Chasáin, na Dúnaibh
LA1226 Na trí hAmadáin (Tríúr Amadán).
LA1227 An cogadh a bhí eadar na hainmhidhe agus na h-éanacha; numbers 1–20.

Tomás Mac Seagháin, an Cheapach, Teileann
LA1273 Story: Eachtra Farraige.
LA1274 Story: Eachtra Farraige; Story: Death of his son (Góide mar a fuair mo mhac bás).

Séamus Mag Fhionnlaoigh, Oileán Ghabhla
LA1279 Caint ar Ghabhla (Oileán Ghabhla).

Seán Ó Conagla, Doire Fhríl, an Fál Carrach
LA1228 Address, San am a bhí naomh Colm Cille i dToraigh; (Na Trí Naomh ar a mBealach go Toraigh) Smaointiu ar an am a bhí.
LA1230 Story: An fear uasal & an fear bocht; prayers.
LA1229 Aon Am Amháin bhí fear de mo chineadh in a chomhnuidhe in Árainn.

Maighréad Ní Dhomhnaill, Na Dúchoraidh
LA1250 Story: Bhí beirt fhear etc.; Story: Measgán Mhéadhbha; Story: Máire Ní Abhráin.
LA1251 Story: Paidí Ó Lumhóg.

Phil Mac Giolla Cheara, Iorras, Inis Eoghain
LA1260 Story: *The Crooked-legged Gentleman* (An Claíomh Solais), numbers 1–20.
LA1265 The Thread-merchants; Huddens, Duddens, Domhnall Ó Daoraí.

Mánas Ó Creag, Tamhnach an Mhullaigh
LA1262 Nuair a bhí mise i mo dhiúlach óg (An Feirmeoir agus a bhean dhóighiúil); numbers 1–30.
LA1263 Story: Bhí Beirt Sasanaigh; Song: An Táilliúir Aerach.

Róise Nic Cumhaill, Loch Cathair, Croich Shlí
LA1242 Song: Rachaidh mé tamallt ar Cuairt; Song: Tháinig lá breagh samhraidh.
LA1243 Song: Siubhán Ní Dhuibhir; Song: Dá Muirfinn an riabhach.

Tír Eoghain

Eoin Ó Cianáin, an Fhormhaoil
LA1209 Croc an bhodaigh (Cnoc an Bhodaigh); An Fathach Mór Ó Cléirghean; Ortha an Duireagáin; Numbers 1-18; Days of the week.
LA1210 An sean-duine agus an dlightheamhnach; numbers 1-30.
LA1211 An sean-duine agus an dlightheamhnach (Fear aosta agus a chuid airgid).
LA1212 Words; Órtha an Tinnis Imleann; Leasadh an Ghobáin (Leasú an Ghobáin).

Máire Nic Daibhéid, Mín na Bláiche
LA1281 Episode from her early life (Nuair a bhí mise i mo ghiosach); A story of her father.

Pádraig Ó Gallchobhair, Tulach na Séan, Coill Íochtar
LA1277 Fear a raibh mac aige (An Peacach); Maidin Fhoghmhair (Maidin Fhómhair).
LA1278 Beirt fhear a chaill caora; Bhí trí deirbhshiúirí agus dearthair ann (Bhí tríúr deirfiúraí agus deartháir ann); Numbers 1–30.

Jane Nic Ruaidhrí, an Leacán, Gleann Leirge
LA1214 An Sagart Deas.
LA1215 Bhí fear ina chomhnuidhe fá mhíle de Bhaile Átha Cliath (An Stocaí Ór); Numbers 1–30.
LA1216 Tá mé i mo Mháistir Scoile (An Máistir Scoile); Bhí fear ins an áit seo comh saidhbhir le Jew (Bhí fear ins an áit seo comh saibhir le Jew).

Ó Méith

Brian Mac Cuarta, Ardachadh, Cairlinn
LA1217 Micil Rice and a calf (Mícheál Ua Radhsa agus an Gamhain).
LA1218 Brighid Ní Chuarta agus an cat; Numbers 1–20.
LA1219 My father and a fishing rod (Mo Athair agus an tSlat Iascaireachta).

Brighid Ní Chaslaigh, Droim an Mhullaigh
LA1220 An Buachaill Láidir.
LA1221 Cearc ghoir (An Chearch Ghoir); Mac Dé agus Muire.
LA1222 Cionn gamhna; Patrún Ó Méith; Numbers 1–20, Days of the week.

Cáit Ní Ghuibhirín, Bábhún, Cairlinn
LA1223 A Nellie Bhán, a théagaií! a Nellie Bhán, a stór! (A Nellí Bhán); A Bhrollaigh ghléigeal agus a bhrollaigh chaoin (A Bhrollaigh Ghléigeal); A Nellie Bhán, go mbeannaí Dia Dhuit (An Bhean Chaointe); Numbers? (Baitsiléir beag mise); Prayer: An Eiséirighe is binn dá gcuala mé (An Aiséirí).

Aontroim

Mícheál Mac Thiarnáin, Cionn Uan
LA1202 Och! Och! Éiri (Ardaidh Chuain); uimhreacha.

Brian Mac Amhlaoibh, Baile Éamoinn
LA1201 An Mac Sgaipitheach (An Mac Drabhlásach). LA1203 Oisín i ndiaidh na Féinne; Cogadh na ngaisgidheach (Cogadh na nGaiscíoch).
LA1204 Cogadh na ngaisgidheach ar lean.

Cabháin

Seán Mag Uidhir, Log na gCnó, Teallach Eachach
LA1205 Siúd thall é (Siud thall é); An fear a chuaidh go hIfreann (An fear a chuaigh go hIfreann);
LA1206 Muileann Iarainn; An Págánach agus an Críosdaidhe (An Págánach agus an Críostaí); Confiteor; 1-30.
LA1207 Beárnaí 'n Chustom (Bearnaí an Chustaim); Cál Ceannainn san oíche; Grace after meals; Bail na gcúig n-aran & an da iasg; days of the week; Samhradh daor.

Ard Mhacha

Máire Ní Arbhasaigh, Cluain an Laig
LA1224 Úir Chillidh an Chreagáin (Úir Chill an Chreagáin); Aige Bruach Dhún Réimhe (Bruach Dhún Réimhe; Tá mé buaidheartha (Tá mé buartha).
LA1225 Tríona Ní Mhórdha (Caitríona Ní Mhóra); an óigbhean mhaiseach; 'Sé mo léan, etc. ('Sé mo léan go bhfacha mé); Numbers 1–20.

Doire

Eilís Ní Chléirchín, an Leaba, Baile na Scríne
LA1208 Sgéal an arbhair (Scéal an Arbhair); Sgéal an Bhrocháin (Scéal an Bhracháin); Sgéal Mháire Bheag Uí Cheallaigh (Scéal Mháiri Bheag Uí Cheallaigh); Sgéal Dhomhnaill Mhac Cionnaith; Phrases.
LA1213 Paidreacha; Tomhas: Tháinic éan gan Cleite (Tomhas); Bhí buachaill am amháin; Bhí bean ann uair amháin; Shiubhail mé Éire timcheallta; numbers.

Aguisín 4 | Appendix 4

Liosta na Rianta ar na Dlúthdhioscaí

Dlúthdhiosca 1: Dún na nGall

Rian	Scéal, scéalaí agus ceantar
1, 2	*Gruagach an Ghaiste*, Seán (Johnny Sheimisín) Ó Domhnaill, Rann na Feirste
3, 4	*Padaí Ultach*, Séamus Ó Caiside, An Cheapach, Teileann
5	*Soir go Bengal*, Pádraig Ó Siadhail, Ard Bán, Ros Goill
6	*An Saighdiúir a d'imir Cardaí sa Teampall*, Pádraig Mac Conaglaigh, Baile an Chnoic, Fánad
7	*Goll Mac Morna agus an Bhean Mhór*, Tomás Ó Gallchobhair, Baile an Chaisil, Ard an Rátha
8	*Murchadh Mór agus Murchadh Beag*, Seaghan Mac Meanman, An Ceann Garbh, Na Gleanntaí
9	*Bean Dhiarmuid Dhoinn*, Nóra Uí Chliútaigh, An Ghasaigh, Fánad
10	*Scéal an tSeanghabha*, Feidhlimidh (Dhómhnaill Phroinsias) Mac Grianna, Rann na Feirste
11	*Teagasc Críostaí an Chonnachtaigh*, Aodh Ó Dubhthaigh, Tulach Uí Bheaglaoich, Gort an Choirce
12	*Amadán Shliabh Gad*, Diarmuid Mac Giolla Chearra, Iorras, Cluain Maine
13	*Mac an Rí agus Níon an Ghreasaí Bróg*, Pádraig Ó Siadhail, Ard Bán, Ros Goill
14	*Triúr amadán*, Doiminic Ó Gallchóir, Doire an Chasáin, na Dúnaibh
15	*Goidé mar a Fuair mo Mhac Bás*, Tomás Mac Seagháin, An Cheapach, Teileann
16	*Oileán Ghabhla*, Séamus Mag Fhionnlaoigh, Gabhla
17	*Scéal an tSionnaigh*, Feidhlimidh (Dhómhnaill Phroinsias) Mac Grianna, Rann na Feirste
18	*Na Trí Naomh ar a mBealach go Toraigh*, Aodh Ó Dubhthaigh, Tulach Uí Bheaglaoich, Gort an Choirce
19	*An Fear Uasal agus an Fear Bocht*, Seán Ó Conagla, Doire Fhríl, an Fál Carrach
20	*Máire Ní Abhráin*, Maighréad Ní Dhomhnaill, Clochar na nGobhar, Baile na Finne
21	*An Claíomh Solais*, Phil Mac Giolla Chearra, Leitir, Iorras, Cluain Maine
22	*Goll Mac Morna agus Fianna an Domhain Thoir*, Nóra Uí Chliútaigh, An Ghasaigh, Fánad
23	*An Feirmeoir agus a Bhean Dhóighiúil*, Mánas Ó Creag, Tamhnach an Mullaigh, Baile Dhún na nGall
24	*Siubhán Ní Dhuibhir*, Róise Nic Cumhaill, Sraith an Arbhair, Mín Corbhaic
25	*Na Cupáin Tiontaithe*, Diarmuid Mac Giolla Chearra, Iorras, Cluain Maine

Dlúthdiosca 2: Tír Eoghain

Rian   Scéal, scéalaí agus ceantar

1   *Cnoc an Bhodaigh*, Eoin Ó Cianáin, an Fhormhaoil

2   *Fear Aosta agus a chuid Airgid*, Eoin Ó Cianáin, an Fhormhaoil

3   *An Fathach Mór Ó Cléirighean*, Eoin Ó Cianáin, an Fhormhaoil

4   *Leasú an Ghobáin*, Eoin Ó Cianáin, an Fhormhaoil

5   *Nuair a Bhí mise i mo Ghiosach*, Máire Nic Daibhéid, Mín an Chaorthainn

6   *An Peacach*, Pádraig Ó Gallchobhair, Coill Íochtar

7   *Bhí Triúr Deirfiúraí agus Deartháir ann*, Pádraig Ó Gallchobhair, Coill Íochtar

8   *Maidin Fhómhair*, Pádraig Ó Gallchobhair, Coill Íochtar

9, 10
    An Stocaí Óir, Jane Nic Ruaidhrí, an Leacán, Gleann Leirge

11   *An Máistir Scoile*, Jane Nic Ruaidhrí, an Leacán, Gleann Leirge

12   *Bhí Fear ins an Áit seo chomh Saibhir le Jew*, Jane Nic Ruaidhrí, an Leacán, Gleann Leirge

Dlúthdiosca 2: Lú

Rian   Scéal, scéalaí agus ceantar

13   *Mícheál Ua Radhsa agus an Gamhain*, Brian Mac Cuarta, Ard Ardachadh, Cairlinn

14   *Mo Athair agus an tSlat Iascaireachta*, Brian Mac Cuarta, Ard Ardachadh, Cairlinn

15   *An Buachaill Láidir*, Brighid Ní Chaslaigh, Droim an Mhullaigh, Ó Méith

16   *An Chearc Ghoir*, Brighid Ní Chaslaigh, Droim an Mhullaigh, Ó Méith

17   *Patrún Ó Méith*, Brighid Ní Chaslaigh, Droim an Mhullaigh, Ó Méith

18   *A Bhrollaigh Ghléigeal*, Cáit Ní Ghuibhirín, an Bhábhún, Cairlinn

19   *An Bhean Chaointe*, Cáit Ní Ghuibhirín, an Bhábhún, Cairlinn

20   *A Nellí Bhán*, Cáit Ní Ghuibhirín, an Bhábhún, Cairlinn

21   *An Baitsiléir Beag*, Cáit Ní Ghuibhirín, an Bhábhún, Cairlinn

22   *An Aiséirí*, Cáit Ní Ghuibhirín, an Bhábhún, Cairlinn

Dlúthdiosca 2: Aontroim

Rian   Scéal, scéalaí agus ceantar

23   *Ardaidh Chuain*, Mícheál Mac Thiarnáin, Cionn Uan, Gleann Duinne

24   *Oisín i ndiaidh na Féinne*, Brian Mac Amhlaoibh, Cluan Riabhach, An Gleann
Garbh

25   *An Mac Drabhlásach*, Cluan Riabhach, An Gleann Garbh

26, 27
Cogadh na nGaiscíoch, Cluan Riabhach, An Gleann Garbh

Dlúthdiosca 2: Cabhán

Rian   Scéal, scéalaí agus ceantar

28   *An Fear a Chuaigh go hIfreann*, Seán Mag Uidhir, Log na gCnó, Teallach
Eachach

29   *Siud thall é*, Seán Mag Uidhir, Log na gCnó, Teallach Eachach

30   *An Págánach agus an Críostaí*, Seán Mag Uidhir, Log na gCnó, Teallach Eachach

31   *Bearnaí an Chustaim*, Seán Mag Uidhir, Log na gCnó, Teallach Eachach

32   *Muileann Iarainn*, Seán Mag Uidhir, Log na gCnó, Teallach Eachach

Dlúthdiosca 2: Ard Mhacha

Rian   Scéal, scéalaí agus ceantar

33, 34
Úirchill an Chreagáin, Máire Ní Arbhasaigh, Cluain an Laig

35   *Bruach Dhún Réimhe*, Máire Ní Arbhasaigh, Cluain an Laig

36   *'Sé mo Léan*, Máire Ní Arbhasaigh, Cluain an Laig

37   *Tá mé Buartha*, Máire Ní Arbhasaigh, Cluain an Laig

38   *Caitríona Ní Mhórdha*, Máire Ní Arbhasaigh, Cluain an Laig

Dlúthdiosca 2: Doire

Rian   Scéal, scéalaí agus ceantar

39   *Scéal an Arbhair*, Eilís Ní Chleirchín, An Leaba, Baile na Croise

40   *Scéal Mháirí Bheag Ní Cheallaigh*, Eilís Ní Chleirchín, An Leaba, Baile na Croise

41   *Scéal an Bhracháin*, Eilís Ní Chleirchín, An Leaba, Baile na Croise

42   *Tomhas*, Eilís Ní Chleirchín, An Leaba, Baile na Croise

43   *Bhí Bean ann Uair Amháin*, Eilís Ní Chleirchín, An Leaba, Baile na Croise

Nótaí Eagarthóireachta

Baintear úsáid as an Chaighdeán Oifigiúil ach amháin sna háiteacha sin nach dtabharfadh sé cothrom na féinne do chanúint Chúige Uladh.

Bhí an Ghaeilge ag meath i mórchuid na gceantair ar bailíodh ábhar iontu i 1931. Tá lorg an mheatha sin soiléir ar chuid cainte go leor den mhuintir atá sa bhailiúchán seo, mar shampla, go minic ní bhíonn na cainteoirí cinnte faoi infhilleadh an bhriathair nó an ainmfhocail, bíonn an tuiseal ginideach in easnamh go minic, agus ní bhíonn an forainm ag réiteach leis an ainmfhocal. Níor ceartaíodh na 'meancóga' sin sna téacsanna seo.

Seo thíos treoir a léiríonn cuid de na rialacha a cuireadh i bhfeidhm maidir le heagarthóireacht ghinearálta na dtéacsanna.

- Úsáidtear na seanleaganacha stairiúla de na briathra neamhrialta, m.sh., *bheir, níor dhúirt, nach dtearn, tchífidh, labhrann* srl. Go hiondúil, leanadh *Leabhar Mór Bhriathra na Gaeilge, The Great Irish Verb Book* le Art Hughes, maidir le litriú na mbriathra.

- Coinníodh na foircinn *–eochaidh / -óchaidh* agus *–eochadh / -óchadh* san aimsir fháistineach agus sa mhodh coinníollach faoi seach.

- I gcorrchás bíonn leaganacha éagsúla den bhriathar in úsáid, go minic ag an chainteoir chéanna, m.sh., *teispeánfaidh, teisteanaidh, teiseanaidh*. Coinníodh na leaganacha éagsúla sna téacsanna.

- Nuair a úsáidtear *tá mé ag déanamh* sa chiall 'I think', scríobhtar *ag deánamh* le theacht níos fearr leis an fhuaimniú atá ag na cainteoirí.

- Coinníodh *gh* i ndeireadh na mbriathra *léigh, brúigh, nigh* san aimsir láithreach/fháistineach: *léigheann, léighfidh*.

- Coinníodh na leaganacha canúnacha de na hainmfhocail, m.sh., *leabaidh, tinidh* agus iolraí cosúil le *fuinneogaí, céadtaí, ceoltaí* fosta. Lena chois sin, má bhí litriú neamhchaighdeánach ag léiriú fuaim an fhocail níos fearr, úsáideadh an leagan sin, m.sh., *luthmhar, steomra*. Tá na leaganacha neamhchaighdeánacha sin sa ghluais atá ag deireadh an leabhair.

- Scríobhtar an frása *chun an bhaile*, a fhuaimnítear mar *'na bhailé*, mar *'na bhaile* mar a rinne Gordon MacLennan ina leabhar *Seanchas Annie Bhán*, rud a luíonn go maith leis an dóigh a ndeirtear an frása sna téacsanna seo.

Editorial Notes

The official standard is used except in cases where it does not reflect the Ulster Irish dialect adequately.

Irish was on the decline in the majority of the areas from which material was collected in 1931. This is evident in the speech of many of the speakers in this collection, for example, some of the speakers are uncertain about how to inflect the verb or the noun, the genitive is not used very often and at times the pronoun does not agree with the noun. These 'errors' are not corrected in the text.

The following list illustrates some of the rules applied with respect to the general editing of this text.

- The historical versions of the irregular verbs are used, for example, *bheir, níor dhúirt, nach dtearn, tchífidh, labhrann* etc. Non-standard spellings of verbs largely follow *Leabhar Mór Bhriathra na Gaeilge, The Great Irish Verb Book* by Art Hughes.

- The endings – *eochaidh /– óchaidh* are retained in the Future Tense and the endings – *eochadh/ – óchadh* in the Conditional Mood.

- In some instances different versions of the verb are used, often by the same speaker, for example, *teispeánfaidh, teisteanaidh, teiseanaidh*. These variations are recorded in the texts.

- When *tá mé ag déanamh* is used in the sense of 'I think', it is written *ag deánamh* to reflect the pronunciation of the speakers better.

- With verbs such as *léigh, brúigh, nigh, gh* is added in the Present and Future Tense: *léigheann, léighfidh*.

- Dialectal variations of the noun are retained, for example, *leabaidh, tinidh* and also plurals such as *fuinneogaí, céadtaí, ceoltaí*. In addition, if a non-standard spelling expresses the sound of a word more accurately, that version is used, e.g., *luthmhar, steomra*. The glossary at the end of this book contains the non-standard versions.

- The phrase *chun an bhaile*, which is pronounced de *'na bhaile'*, is represented as *'na bhaile* in these texts, following Gordon MacLennan in *Seanchas Annie Bhán*, as it most accurately reflects the sound of the phrase in these texts.

- Níl sampla ar bith de fhuaimniú *ná* mar *nó* sa bhailiúchán seo, mar sin de, is *ná* atá in úsáid síos fríd.

- Ní thagann na frásaí *ag dul* agus *a dhul*, mar a scríobhtar sa chaighdeán iad, le fuaimniú na bhfrásaí ag bunús chainteoirí an bhailiúcháin seo. Úsáidtear *ag goil* agus *a ghoil* seachas *ag dul* agus *a dhul* ach amháin sa chás amháin a ndeir aon chainteoir *ag dul*.

- Úsáideadh na foirmeacha malartacha de na réamhfhocail, m.sh., *daofa = dóibh, daoithe = di, faofa = fúthu* srl. San áit ar tháinig an caighdeán leis an chanúint úsáideadh an leagan sin.

- Úsáideadh an réamhfhocal *a* nó *(a) dh'* leis an ainm bhriathartha le cuspóir a chur in iúl, m.sh., *a ghoil, a dh'iarraidh*.

- Rinneadh idirdhealú ar *cupla/ cúpla* agus *fá/ faoi*. Is *cupla* a deirtear de ghnách ach amháin nuair atá an chiall 'twin' leis an fhocal.

- Ní gnách an *n* a fhuaimniú san airteagal roimh chonsain ach nuair a thagann guta nó fuaim guta roimhe. Is gnách gur *a'* a deirtear seachas *ag* fosta. Is *an* agus *ag* a scríobhtar sna téacsanna seo.

- Scríobhtar 'is' (agus) sna téacsanna seo leis na fuaimeanna *'s* agus *is* a chur in iúl.

- Tá *croí* agus *croidhe, luí* agus *luighe* in úsáid ag brath ar fhuaimniú an fhocail ag an chainteoir.

- Cloítear le leaganacha Bhunachar Logainmneacha na hÉireann, (www.logainm.ie) ó thaobh litriú Gaeilge na logainmneacha sna téacsanna. I gcorráit nach bhfuil leagan Gaeilge de logainm ar fáil ar an bhunachar sin, chuir Tionscadal Logainmneacha Thuaisceart Éireann leaganacha Gaeilge ar fáil.

- Úsáidtear [ ] sa téacs le cur in iúl nár tuigeadh an chuid sin den chaint.

- Nuair atá athrá i gceist nó nuair a théann an cainteoir rud beag in abar sa chaint, cuirtear sin in iúl tríd úsáid – (n-fhleasc).

- There is no instance of *ná* being pronounced as *nó* in this collection, therefore *ná* is used throughout the texts.

- The phrase *ag dul* and *a dhul* as written in the Standard do not equate with the pronunciation of those phrases by speakers in these texts. Therefore, *ag goil* and *a ghoil* are used instead of *ag dul* and *a dhul*, except in a single case where one speaker actually says *ag dul*.

- The alternative version of the pronouns are used, for example, *díofa = dóibh, daoithe = di, faofa = fúthu* etc. In cases when a speaker uses a version that is a Standard form, that version is used.

- The preposition *a* or *(a) dh'* is used with the verbal noun to indicate purpose for example, *a ghoil, a dh'iarraidh*.

- A distinction is made between *cupla/ cúpla* and *fá/ faoi*. *Cupla* is normally the version used except to express the meaning 'twin'.

- The *n* is not normally pronounced in the article when it precedes a consonant, or it is preceded by a vowel or a vowel sound. *Ag* is also usually pronounced as *a'*. Both *an* and *ag* are used in these texts.

- *Is* (and) is pronounced as *'s* and *is* in these texts. Both pronunciations are represented by *is* these texts.

- Both *croí* and *croidhe*, *luí* and *luighe* are used depending on the pronunciation of the individual speaker.

- The Placenames Database of Ireland (www.logainm.ie) was used for the Irish versions of the placenames. In a small number of cases Irish-language versions were not provided on this database, those were supplied by the Northern Ireland Placenames Project.

- Square brackets are used to indicate points at which the speaker could not be understood.

- When the speaker repeats himself or becomes confused – (n-dash) is inserted for purposes of clarity.

Gluais | Glossary

A
abhanna = abhainn
aichearra = aicearra
achan = gach aon
aidíos = admhaíos
aghad = agat
agna = ag a
aibhléis = aibéis
aidhéarach = aerach
aignidh = aigneach
áirid/áithrid = airithe
amhanc = amharc
ansúd = ansiúd
ar aist = ar ais
ariamh = riamh
aríst = arís
athara = athair gin.
athrú inné = arú inné

B
beathach = beithíoch
beathaigh = iol. beithíoch
bádaí = báid
baidhte = baoite
báigh = bá
báighte = báite
bainse = bainise
baitiléirí = baitsiléirí
basgaid = bascaed
báta = bád
beathach = beithíoch
beathach = capall
beinn = gean
bho = ó
bho = ua
bho'n = fán
bhua = uadh
bhuaidheann = bhuann
bíbh = bígí
bliantaí = blianta
bocsa = bosca
boinéadaí = boinéid
bróinte = bróanna
brúigh = brugh
buaidh (bain.) = bua (fir.)

buaim = fuaim
buidheach = bídeach
builbhín = builín

C
cagann = cogain
caefa = woman's lace cap
caidé = cad é
caiftín = captaen
caiple = capaill
cairdean = cairde
cáise = cáis
caortha = caoire
cárdaí = cártaí
cása = g. cáis
cása = case
casán = cosán
cé hacu = cé acu
céadtaí = céadta
ceairtlín = ceirtlín
ceanann = ceannaíonn
ceanglaithe = ceangailte
ceannacht = ceannach
céarna = céanna
ceartar = ceachtar
ceoltaí = ceolta
cha chuireann = cha gcuireann
chuigna = chuig a
cionnaí = cinn
ciorra = giorra
cisteanach = cistin
cisteanadh = cistin gin.
cistinigh = cistin tabh.
clí = clé
clog b. = clog f.
cloigeann b. = cloigeann f.
cluimhneach = cluimhreach
codlaigh = codail
coillidh = coill
coilleadh = coill gin.
collidheamha = coill, gin iol.
coineascar = tráthnóna
coinneachal = coinneáil
comh = chomh

comharsan = comharsa
comharsanaigh = comharsa ai.
comhráidh = comhrá gin.
comrád = comrádaí
Connachta = Connacht gin.
conneáilt = coinneáil
corthaí = tuirseach
cóthra = cófra
craith = croith
crathadh = croitheadh
creafadach = creathadach
crochte = crochta
croidhe = croí
croithnaithe = cronaithe
cruadhach = cruach
cruaidh = crua
crúith = crú
cruithleog = stook
cuartaigh, = cuardaigh
cuartú = cuardach
cuileat = cuireata
cumhaidh = cumha
cupa = cupán
cupla = cúpla

D
dadaidh = dada
dáiríribh = dáiríre
darna = dara
dearthára = gin. deartháir
deifre = deifir
deilg = dealg
deirfearaí = deirfiúracha
dena = dá
diabhaltaí = diabhalta
díchillt = dícheall
dídeáin = dídine gin
dinnéara = gin. dinnéar
Dís = beirt
díghe = dí, gin. deoch
dlíodh = dlí
dlítheamhnach − dlithiúnach
domh = dom
daoithe = dí
daofa = dóibh
dóiche = dócha
dóigheadh = dódh
dóighfeadh = dófadh

dreasóg = driseog
dubhán = duán
duisín/duisin = dosaen

E
eadairscín = eadráin
eadar = idir
éanacha = éin
éanach = gin. iol éan
éideadh = éide
Éirinn = Éire

F
fá = faoi
fá choinne = faoi choinne
fá dear = faoi deara
fágailt = ainm. br. fágáil
faoithe = fuithi
faoid = fút
faoiside = faoistin
far = mar
far sin = nó sin
fástaigh = fostaigh
fastaiste = fostaithe
fearthanna = fearthainne
feiceáilt = feiceáil
feilmeoir = feirmeoir
Féinn = tabh. Fianna
fiachailt = féacháil
fiatach = fiata
fideal, = fidil, fidhle, g.
fín = mín
flaithiúna = flaitheas
fo réir = fá réir
focla = focail
foluighste = folaithe
foscáil = oscáil
fostach = fostaíoch
freagar = freagra
fríd = tríd
fríthe = trithe
fuaigh = chuaigh
fuile = uile
fuiling = fulaing
furast’ = furasta

G
gabhaíl = dul
gabhailt = gabháil
gaibhte = gafa
gáirí (ag) = gáire (ag)
gasúr, gin. gasúra, iol. gasraí = gasúr
geabhta / geafta = geata
gearranaí = gearráin
gheo' = gheobhaidh
gní = déan
giosach = girseach
gnaithe = gnoithe
goidé = cad é
goirid = gairid
greimeannaí = greimeanna
guaileacha / guailneacha = guaillí
guidhe = guí

H
haet (Béarla) = ó "the devil have it"

I
i bhfogas = in aice
i bhfostach = i bhfostó
in achar = i ndeas
in áil = fá choinne
in éis = i ndiaidh
ine = in
ins = inis
inneamh = inmhe
inneoir = inneoin
inteacht/inteach/in'each = éigin
iongantaighe = iontaí
is = agus
is fhearr = is fearr

L
laetha = laethanta
le a = lena
leabaí = leaba
leaghadh = leá
leanstan = leanúint
léigheadh = léamh
léimtigh = léimnigh
ligint = ligean
lioprasaí = lobhra
lorgneacha = lorgaí
luighe = luí

lúthmhaire = lúfaire

M
macasamhailtsa = macasamhail-sa
maidín = maidin
maiseach = maisiúil
marbhadh = maraíodh
máthara = gin. máthair
mónadh = gin. móin
muirfidh = maróidh
muscalaidh = musclóidh
mur = bhur
mur = mura

N
nas = níos
neoin = nóin
nigh = ní
níon = iníon; níonach, gin. iol

P
páighe = pá
paróiste b. = paróiste f.
pighinn = pingean
pilleadh = filleadh
planta = planda
préataí = prátaí

R
rannt = roinnt
riúma = seomra
rófa = roimpu
roimhe/roime = roimh
róithe = roimpi

S
Sasanaí = Sasain
sáthadh = sá
scaifte = scata
scéith = gin. sciath
scríste = scíth
seachtmhadh = seachtú
seandhuine = seanduine
searbhannaí = searbhóntaí
séimhiacha = séimhe
seort = sórt
sháit = sháigh
sheasaigh = sheas

shoin = shin
singilte = singealta
siúchra = siúcra
slabhradh = slabhra
slóightí = slóighte
smúid = smúit
snáthád = snáthaid
snuaig = snua
sparrthaí = sparr
spáta = spéireata
speisealta = speisialta
steomra = seomra
strainséar = strainséir
strócadh = stróiceadh
suidhe = suí
sulma = sula

T
tamallt = tamall
tchí = a fheiceann
tcíocras = cíocras
téan / téana = déan

téanamh = déanamh
teasbain = taispeáin
teineamh /tineafa = tabh. tinidh
teisean = taispeáin
teisint = taispeáint
timcheallt = timcheall
tineadh = gin tinidh
tlig = teilg
tógáilt = tógáil
toigh = teach
tosach = toiseach
toisigh = tosaigh
tomhas = tomhais
tráigh = trá
treas = tríú
tuaigh = tua
tuighe = tuí
túsaigh = tosaigh
udaí = úd
uigheacha = uibheacha
uilig = uile

Leabharliosta Roghnaithe | Select Bibliography

Aarne, A, Stith Thompson, 1961. *The Types of the Folktale: A Classification and Bibliography.* Helsinki: The Finnish Academy of Science and Letters

Adams, G.B., 1964. The Last Language Census in Northern Ireland, *Ulster Dialects, an Introductory Symposium.* Cultra, Holywood: Ulster Folk Museum

Adams, G.B., 1973. Language in Ulster, 1820-1850, *Ulster Folklife* 19, pp 50–55

Adams, G.B., 1974. The 1851 language census in the North of Ireland, *Ulster Folklife* 20, pp 65–70

Adams, G.B., 1975. Language census problems, 1851–1911, *Ulster Folklife* 21, pp 68–72

Adams, G.B., 1976. Aspects of monoglotism in Ulster, *Ulster Folklife* 22, pp 76–87

Adams, G.B., 1979. The validity of language census figures in Ulster, 1851–1911, *Ulster Folklife* 25, pp 113–122

Almqvist, Bo, 1969. An fear nach raibh scéal ar bith aige, *Béaloideas*, Iml XXXVI–XXXVIII, 1969–1970

Brennan Harvey, Clodagh 1989. Some Irish Women Storytellers and Reflections on the role of Women in the Storytelling Tradition, *Western Folklore*, Vol. 48, No. 2 (Apr., 1989), pp 109–128

Danaher, Kevin, 1972. *The Year in Ireland.* Cork: Mercier Press

Evans, Emyrs, 1969. The dialect of Urris, Inishowen, Co. Donegal, *Lochlann* 4, 1–130.

Evans, Emyrst, 1972. A vocabulary of the dialects of Fanad and Glenvar, Co. Donegal, *Zeitschrift für Englische Philologie* 32, 167–265.

FitzGerald, Garret, 2003. Irish-speaking in the Pre-famine Period: A study based on the 1911 Cenus data for people born before 1851 and still alive in 1911, *Proceedings of the Royal Academy*, Vol 103c, No 5.

FitzGerald, Garret, 2004. Estimates of Baronies of Minimum Level of Irish speaking amongst Successive Decennial Cohorts: 1771–1781 to 1861–1871, *Proceedings of the Royal Academy*, Vol 84, No 3 (reprint).

Hamilton, Noel, 1974. *A phonetic study of the Irish of Tory Island.* Belfast: Institute for Irish Studies.

Holmer, Nils M., 1940. *On some relics of the Irish dialect spoken in the Glens of Antrim.* Uppsala: University of Uppsala

Holmer, Nils, 1942. *Irish language in Rathlin Island.* Royal Irish Academy. Todd lecture series 18.

Hughes, A.J., 2008. *Leabhar Mór Bhriathra na Gaeilge/The Great Irish Verb Book.* Béal Feirste: Clólann Bheann Mhadagáin

Hughes, Art, 1994. Gaeilge Uladh, *Stair na Gaeilge,* McCone, Kim et al eds.,
    Báile Átha Cliath: Roinn na Sean-Ghaeilge, Coláiste Phádraig, Maigh
    Nuad
Lucas, Leslie, 1979. *Grammar of Ros Goill Irish.* Belfast: Institute of Irish
    Studies.
Mac Giolla Chríost, D. 2005 *The Irish Language in Ireland, From Goídel to
    globalisation.* London: Routledge
MacLennan, Gordon W., 1997. *Seanchas Annie Bhán, the Lore of Annie Bhán.*
    Dublin: The Seanchas Annie Bhán Publication Committee
Ní Uallacháin, Pádraigín, 2003. *A Hidden Ulster, People, songs and traditions of
    Oriel.* Dublin: Four Courts Press
Nic Lochlainn, Sorcha, 2009. Aird a' Chuain, *The Glynns.* The Glens of
    Antrim Historical Society Journal.
Ó Baoighill, Pádraig, 1983. Cainnteoirí Dúchaise Thír Eoghain, *Irishleabhar
    Mhuineacháin,* Eagrán Speisialta. Múineachán.
Ó Baoighill, Pádraig, 2008. *Padaí Láidir Mac Culadh agus Gaeltacht Thír
    Eoghain.* Baile Átha Cliath: Coiscéim
Ó Baoill, Colm, 2000. The Gaelic Continuum, *Éigse,* 121–134.
Ó Baoill, Dónall P., 1992. *Amach as ucht na sliabh, Imleabhar 1.* Gaoth
    Dobhair: Cumann Staire agus Seanchais Ghaoth Dobhair i gcomhar
    le Comharchumann Forbartha Ghaoth Dobhair
Ó Baoill, Dónall P., 1996. *Amach as ucht na sliabh, Imleabhar 2.* Gaoth
    Dobhair: Cumann Staire agus Seanchais Ghaoth Dobhair i gcomhar
    le Comharchumann Forbartha Ghaoth Dobhair
Ó Baoill, Dónall P., 1996. *An Teanga Bheo, Gaeilge Uladh.* Baile Átha Cliath:
    Institiúid Teangeolaíochta Éireann
Ó Catháin, Séamas et al, 1977. *Síscéalta Ó Thír Chonaill.* Baile Átha Cliath:
    Comhairle Bhéaloideas Éireann, An Coláiste Ollscoile
Ó Conluain, Proinsias, 1989. The Last native Irish-speakers of Tyrone,
    Dúiche Néill 4, pp 101–118
Ó Cuinn, Cosslett, Ó Canainn, Aodh, Watson, Seosamh, 1990. *Scian a
    Chaitheadh le Toinn, Scéalta agus amhráin as Inis Eoghain agus cuimhne ar
    Ghaeltacht Iorrais.* Baile Átha Cliath: Coiscéim
Ó Dochartaigh, Cathair, 1987. *Dialects of Ulster Irish.* Belfast: Institute of
    Irish Studies, the Queen's University of Belfast
Ó Duibhín, Ciarán, 1991. *Irish in County Down since 1750.* Leath Chathail:
    Cumann Gaelach Leath Chathail
Ó Duilearga, Seamus, 1942. Irish Stories and Storytellers: Some Reflections
    and Memories, *Studies: An Irish Quarterly Review,* Vol. 31, No. 121,
    1942, 31–46
Ó Grianna, Conall, 1998. *Rann na Feirsde, Seanchas ár Sinsear.* Rann na
    Mónadh: Cló Cheann Dubhrann
Ó hEochaidh, Seán, 1949. Tomhasannaí ó Thír Chonaill, *Béaloideas 19*

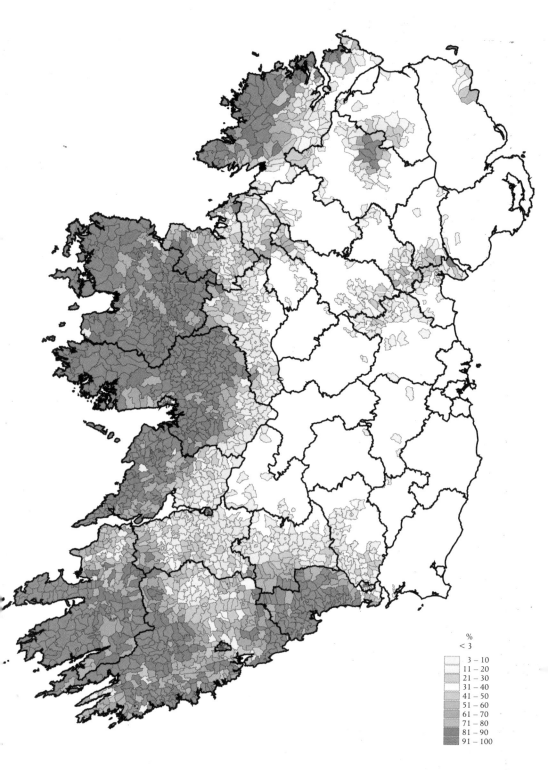

%
< 3
3 – 10
11 – 20
21 – 30
31 – 40
41 – 50
51 – 60
61 – 70
71 – 80
81 – 90
91 – 100

PRE-FAMINE IRISH SPEAKING BY ELECTORAL DIVISIONS

Based on 1911 population aged 60 and over

Source Garret FitzGerald, 2003